事例で学ぶ

生涯発達臨床心理学

杉原 一昭・次良丸 睦子・藤生 英行

編著

福村出版

[JCOPY] 〈出版者著作権管理機構 委託出版物〉
本書の無断複写は著作権法上での例外を除き禁じられています。複写される場合は，そのつど事前に，出版者著作権管理機構（電話 03-5244-5088，FAX 03-5244-5089，e-mail: info@jcopy.or.jp）の許諾を得てください。

まえがき

　21世紀は「心の世紀」であるといわれている。それは，環境汚染などの深刻な問題は未解決のまま残されているものの，物質の世界についての問題はほとんど解決したといっても過言ではないからである。少なくとも日本などの先進国では飢えで苦しむことはなくなったし，物不足で困ることも少なくなった。むしろ，食べきれない食べ物を前にして食べられないとか，使い切れない物を前にして悩むことが多くなった。

　本書は，そういう21世紀を迎え，子どもの発達と教育の問題についてのわかりやすい本をまとめようという意図のもとに企画された。すなわち本書の特色をまとめると次の3点になる。

（1）　各節では「事例」から始めるようにした。これは，子どもの教育の問題は具体的で，したがってそこで求められる解決法も具体的でなければならないからである。具体的な事例から始まって具体的な解決に至るのが教育の過程であるはずである。学問には抽象化が必要であるが，問題提起とその解法は具体的であるべきだというのが私たちの考えである。ここでいう「事例」は，調査のデータ，質問紙への回答，ある実験結果，日常のエピソード，テスト問題，臨床事例などさまざまなものが含まれる。各節では，そこで提示された事例を発展させて，発達と教育についての基本的な概念や事項が述べられている。各節の内容を学習したあとでもう一度「事例」を読むと，内容の理解がさらに深まるだろう。

（2）　本書では発達障害や病理現象を多く取り上げた。それは，発達や学習・教育の問題を取り上げるときに，成功裏にいく場合だけではなく，むしろうまくいかないときのことを考えた方がよく理解できることがあるからである。もちろん，いまの時代が生きにくくなり，不登校，いじめ，非行，発達障害，学級崩壊，家庭崩壊など，解決すべきさまざまな問題が山積しており，それらの問題解決は急務の課題であることもある。しかし，それだけではなく，障害や病理現象を見ていくと，逆に，あるべき発達や教育

の姿が浮き彫りになることも多い。他の類書ではあまり取り上げられない家庭病理（第6章），発達障害・精神病理（第7章），学校病理（第8章）を独立した章として設けた理由はここにある。

（3） 上述の2つの特色からもいえることであるが，「難しい内容をやさしく」述べるように心がけた点も本書の特徴である。各章の著者は，その分野の専門家で，研究者であると同時に実践的研究や臨床経験を豊富にもっている。したがって，各章は，実践的裏付けをもって専門的知識について記述されているといっていい。

このような特色を持った本書が，子どもの発達と学習・教育の勉学の糧となるように，多くの人に読まれることを期待している。

2001年6月　　　　　　　　　　　　編者代表　杉原一昭

目　次

まえがき

第1章　人間は発達する──発達と学習（発達理論）──9
1節　発達とは何か　……………………………………9
1-1-1　成長（生物学的基礎）と発達／1-1-2　進歩と退行／1-1-3　質的発達と量的発達／1-1-4　発達課題／1-1-5　生涯発達

2節　遺伝と環境　………………………………………16
1-2-1　遺伝説と環境説の対立／1-2-2　遺伝説の根拠／1-2-3　環境説の根拠

3節　発達理論　…………………………………………23
1-3-1　ゲゼル／1-3-2　ピアジェ／1-3-3　ブルーナー／1-3-4　エリクソン／1-3-5　ヴィゴツキー

4節　発達と教育　………………………………………26
1-4-1　発達段階に応じた教育／1-4-2　教育に応じた発達

第2章　人間は変化する──生涯発達の過程──31
1節　胎児期　……………………………………………31
2-1-1　さまざまな発達／2-1-2　妊娠にかかわるさまざまな問題

2節　乳児期〜幼児期　…………………………………36
2-2-1　乳児期の子どもの生活と発達／2-2-2　幼児期の子どもの生活と発達／2-2-3　乳幼児期の子どもの発達を支えるもの

3節　児童期〜青年期　…………………………………43
2-3-1　児童期の子どもの生活と発達／2-3-2　青年期の生活と心理／2-3-3　子どもをとりまく環境の変化と子どもの変化

4節　成年期〜老年期　…………………………………52
2-4-1　成年期／2-4-2　老年期

第3章　子どもは伸びる──認知発達──63
1節　言語の発達　………………………………………63

3-1-1 語彙の習得／3-1-2 文法と書きことば／3-1-3 文章理解と知識獲得／3-1-4 説明とコミュニケーション技術
2節 数概念の発達 ……………………………………………………72
3-2-1 数概念の始まりと保存／3-2-2 計数能力と足し算・引き算／3-2-3 文章題
3節 思考の発達 ……………………………………………………77
3-3-1 思考の発達段階／3-3-2 感覚運動期と前操作期／3-3-3 具体的操作期と形式的操作期

第4章 対人関係は発達する──対人的相互交渉 ────────85
1節 対人的愛情を育む ……………………………………………85
4-1-1 能動的な存在としての乳児／4-1-2 愛着／4-1-3 父親
2節 家　　族 ……………………………………………………93
4-2-1 家庭の機能と親の養育態度／4-2-2 きょうだい関係／4-2-3 現代家族の諸相
3節 友人・教師との関係 …………………………………………99
4-3-1 友　人　関　係／4-3-2 子どもの社会性と個性／4-3-3 教師との関係

第5章 性格を知る──パーソナリティの発達と形成 ────────110
1節 パーソナリティとは何か ……………………………………110
5-1-1 性格とは何か／5-1-2 性格学前史，気質，性格／5-1-3 人格変数としての愛他心，知能，コンピテンス／5-1-4 人格変数としての不安，自尊感情／5-1-5 不安の測定法
2節 パーソナリティ理論 …………………………………………119
5-2-1 性格類型論／5-2-2 特性理論／5-2-3 フロイトの精神分析理論／5-2-4 エリクソンの心理社会的発達理論／5-2-5 文化とパーソナリティ
3節 パーソナリティの形成と変容 ………………………………129
5-3-1 母子関係と子どものパーソナリティ形成／5-3-2 父子関係と子どものパーソナリティ形成

第6章　家族病理現象を分析する──家族関係とその病理 ──136

- 1節　ドメスティック・バイオレンスと家族病理 …………136
  - 6-1-1　家族内不和と家族の病／6-1-2　ドメスティック・バイオレンスと家族病理
- 2節　被虐待児と虐待する親の家族病理 …………141
  - 6-2-1　児童虐待とミュンヒハウゼン症候群／6-2-2　性的虐待と近親姦／6-2-3　被虐待児の特徴と虐待を受ける条件／6-2-4　虐待する親の特徴と虐待の予防策
- 3節　幼児期心的外傷とアダルトチルドレン …………147
  - 6-3-1　アダルトチルドレンの心理行動特性／6-3-2　アルコール依存症者の妻：共依存者／6-3-3　アダルトチルドレンと共依存者の役割と家族力動
- 4節　家族システム理論とラバーテ理論 …………155
  - 6-4-1　家族心理学の定義とその流れ／6-4-2　家族システム理論／6-4-3　ラバーテ理論

第7章　発達障害・精神病理を理解する──その発達と教育のあり方 ──160

- 1節　乳幼児期の発達と障害 …………160
  - 7-1-1　乳幼児期の愛着の形成とその剥奪／7-1-2　幼児・児童虐待／7-1-3　虐待等，幼児期早期に起こる問題への対処
- 2節　幼児期の発達とその障害 …………166
  - 7-2-1　幼児期の発達と発達障害／7-2-2　精神遅滞／7-2-3　自閉症／7-2-4　発達障害への教育的な対応
- 3節　幼児期から児童期の発達とその時期に顕在化する問題 ……172
  - 7-3-1　幼児・学童期の発達とその問題／7-3-2　学習障害／7-3-3　注意欠陥多動障害（ADHD）／7-3-4　学齢時に顕在化する障害に対する援助
- 4節　学齢期，思春期の発達と心の問題をもつ子どもたち ………179
  - 7-4-1　社会の変化と子どもたち／7-4-2　神経症／7-4-3　摂食障害／7-4-4　うつ／7-4-5　精神分裂病

第8章　学校病理 —————————————————— 189
1節　い　じ　め …………………………………… 189
8-1-1　学校におけるいじめの現状／8-1-2　いじめの態様と構造の理解／8-1-3　いじめをとりまく環境の理解／8-1-4　学校でのいじめの対応

2節　校内暴力（暴力行為） ………………………… 195
8-2-1　校内暴力の現状と理解／8-2-2　非行の現状と理解／8-2-3　女子生徒の性非行

3節　不　登　校 …………………………………… 199
8-3-1　不登校の現状／8-3-2　不登校の態様と理解／8-3-3　不登校の子どもを受け入れる側の必要条件／8-3-4　不登校への対応

4節　学　級　崩　壊 ……………………………… 204
8-4-1　学級崩壊とは／8-4-2　現代の子どもの実態／8-4-3　教師の学級経営の問題点／8-4-4　学級崩壊への対応

5節　校内の連携および関係機関との連携 ……… 210
8-5-1　生徒指導と教育相談の考え方／8-5-2　生徒指導と教育相談との連携／8-5-3　養護教諭の役割／8-5-4　関係機関との連携

第9章　検査の利用と研究法 ——————————— 216
1節　心理検査とは何か ………………………… 216
9-1-1　心理アセスメントにおける心理検査／9-1-2　アセスメントの種類／9-1-3　心理検査による心理アセスメント／9-1-4　心理検査実施に不可欠な条件／9-1-5　心理検査の形式からの分類／9-1-6　心理検査の目的面からの分類／9-1-7　テストバッテリー／9-1-8　発達上の問題をもつ子どもの測定・臨床

2節　研　究　法　編 ……………………………… 231
9-2-1　研　究　と　は／9-2-2　研究における変数とは／9-2-3　変数（データ）収集方法／9-2-4　研　究　方　法／9-2-5　発達研究の方法／9-2-6　統計的基礎知識

人名・事項索引

第1章　人間は発達する
―― 発達と学習（発達理論）

1節　発達とは何か

事例1-1　発達加速現象（巨大化と前傾化傾向）

　年代とともに子どもの身長が伸び，体重が増えるのは世界的な傾向であるといってもいい。図1-1はわが国の子どもの身長の経年的変化を示したものである。これでわかるように，第二次世界大戦後の驚異的な身長の伸びが注目される。と同時に，これが経済成長と同期的である点も興味がもたれる。明治時代から第二次世界大戦開始期ぐらいまでの緩やかな伸びは，外国の例とほぼ同じである。外国のデータでは1900年以降10年間で就学前児身長平均が1 cm ずつの伸び，体重は平均 0.5 kg ずつ重くなっている（Katchadourian, 1977）。ただし，思春期では身長で 2.5 cm，体

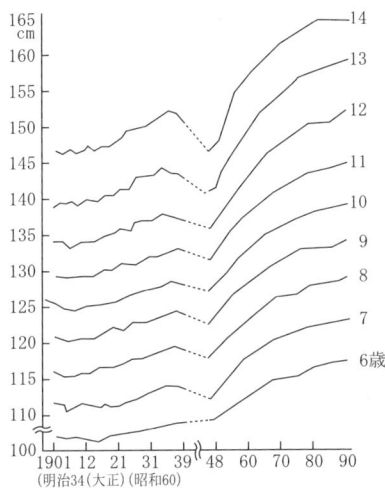

図1-1　年齢別身長（男子）の巨大化
（文部省資料，1995にもとづく）

> 重で2.5kgと急増しているが，これは思春期の発達上の特徴である。それが自然な伸びとすると，わが国の子どもたちの伸びは驚異的で，異常であるともいえる。身長・体重の伸びのような発達加速現象の巨大化現象だけではない。第二次性徴の面でも，第二次世界大戦直後から1975年の間に月経開始期が10年で11カ月ずつ早まっているというように，発達の前傾化現象がみられている。これらは，健康や栄養状態の改善，生活様式の変化，社会における社会経済的，技術面の発展と深く結びついていると思われる。

1-1-1 成長（生物学的基礎）と発達

成長とは，身体的変化のように生物学的な**発達**をいい，そこでは，変化の方向や順次性はほぼ一定である。ただし，野生児などの例でみられるように，極端な環境で育つ時は人間の成長も大きく変わることがある。

身体的成熟や成長と心理的な発達を含めて広義の発達というが，（狭義の）発達とは心理的発達をいい，生育の環境条件によっておおいに変わりうる。ピアジェの理論のように，認知能力には発達段階があり，その道筋は大きくは変わらないという説もあるが，最近の研究では，心理的発達は文化や教育によって大きく変わることが明らかにされている。

発達：狭義には身体的変化のような成長と区別され，心理的な変化に限られる。成長と（狭義の）発達を合わせて（広義の）発達という。

1-1-2 進歩と退行

広義の発達的変化は，身長・体重のように増大する変化だけではない。また身長・体重でも身長が伸びる伸長期と体重が増える充実期があるというように，一率に増大するわけではない。

発達的変化をグラフ化したものが発達曲線である。年齢を横軸にとり，身体的発達や語彙量の増大を表したものがそのよい例である。この発達曲線は量的な発達的変化を表示するには適しているが，思考様式の変化などの質的変化を示すのには適していない。

量的変化にせよ質的変化にせよ，発達的変化は増大やプラス

退行：以前の発達の状態に戻ること。

の変化だけではない。身長・体重もある年齢を過ぎれば減少する。素直な子が反抗期には素直ではなくなるし，下にきょうだいが生まれると赤ちゃん返り（発達的退行という）をするなどは，発達的変化が逆行する一例である。

　また，発達が順調に進むとは限らない。出生前，出生後の物理的，身体的，心理的要因によって心身の発達に障害が生じることがある。その程度は軽度から重度まで種々あるが，重度の場合は慢性的になりやすく，個別的に計画された特別なサービスが必要になる。

　そういう発達障害は発達初期の経験（初期経験）が重要である。発達初期に不適切な経験をすると，あるいは適切な経験をしないと，発達障害が起こりやすく，ある期間が過ぎると修復が困難になる。この時期を臨界期という。**刻印づけ（刷り込み）**がその好例である。

刻印づけ（刷り込み）：もともとガンの雛が親鳥の後追いをする現象を説明するために用いられた（ローレンツ，K.）が，初期経験が後の発達に重大な影響を及ぼす現象一般を指すようになった。インプリンティングともいう。

1-1-3　質的発達と量的発達

　発達的変化といっても2種類に区別することができる。ひとつは，身長や体重の経年的変化（増大）や語彙数の増加などのように変化を数値で表せる量的な発達である。その場面には，たとえ質的変化はあったにしても，それを問題としてとりあげない。

　もうひとつは，ハイハイ，つかまり立ち，つかまり歩き，ひとり歩きというような運動発達，あるいはピアジェの発達段階における思考様式の発達的変化にみられるような質的な発達である。

　この両者は無関係ではないが，いちおう分けて考える方がわかりやすい。

1-1-4　発　達　課　題

　発達課題とは「個人の生活の一定の時期に起きる課題で，そ

の成功的達成はその個人を幸福に導き，以後の課題の達成を導くものであり，またその失敗は，個人の不幸と社会からの不承認を招き，後の課題達成を困難ならしめるもの」(Havighurst, 1972) をいう。どのような課題をどの時期に解決しなければならないかは，文化（国）や時代によって異なる。たとえば「男らしさ・女らしさ」の獲得という課題は，いまのわが国では，とくに小さい時は発達課題としてはとりあげられなくなった。

しかし，赤ちゃん時代に母親との愛着関係を確固たるものにしておくことが必要であり，それが十分でないと後の発達にいろいろな問題が出ることがある。このように，子どもの発達上のさまざまな問題が指摘されているいま，発達課題の考え方は見なおされるべきであろう。

ここでは，ハヴィガーストの発達課題と，それと同様の考えにもとづくエリクソンの心理社会的危機 (psychosocial crisis) をあげておく（表1-1，表1-2）。

1-1-5 生涯発達
(1) 従来の発達心理学

従来の発達心理学の対象はほとんど乳幼児，児童，青年に限定されていた。それはこの年齢段階が，次のように考えられてきたからである。

① 増大，増加などのプラスに発達する時期で，青年期以降の発達は停滞，ないしは衰退・降下する。それは，とくに身体運動的発達で顕著である。

② 急激な発達的変化をする時期で，青年以降は発達したとしてもきわめて緩やかである。

青年が人生における完全な形（「完態」complete form）であるという概念はもともと身体的な面（成熟）でいわれていたものを心理的な面にも拡大したもので，そういう一般化には問題

表1-1 ハヴィガーストの発達課題（Havighurst, 1972）

(1) 乳幼児期（0〜5歳）の発達課題

- 歩行の学習
- 固形の食物をとることの学習
- 話すことの学習
- 排泄の仕方の学習（排泄習慣の自立）
- 性差および性の慎みの学習
- 生理的安定の学習
- 社会的, 物理的現実についての単純な概念の形成
- 両親やきょうだいなどとの情緒的な関係の成立
- 善悪の区別の学習と良心の発達

(2) 児童期（6〜12歳）の発達課題

- 日常の遊び（ボール遊び, 水泳など）に必要な身体的技能の学習
- 成長する生き物としての自己に対する健全な態度の形成
- 同年齢の友だちと仲良くすることの学習
- 男子あるいは女子としての適切な社会的役割の学習
- 読み・書き・計算の基礎的技能の発達・学習
- 日常生活に必要な概念の発達
- 良心・道徳性・価値観などの発達
- 人格の独立性の達成（個人的自立の達成）
- 社会集団・制度などに対する態度の発達

(3) 青年期（13〜18歳）の発達課題

- 同年齢の同性・異性との洗練された新しい関係の形成
- 男性または女性としての社会的役割の獲得
- 自己の身体的特徴・役割の受容
- 両親や他の大人からの情緒的独立
- 経済的独立の自信の確立
- 職業の選択とその準備
- 結婚と家庭生活への準備
- 公民として必要な知的技能と概念の発達
- 社会的に責任ある行動の希求とその遂行
- 行動の指針としての価値観や倫理体系の獲得

表1-2　エリクソンによる生涯発達課題（エリクソン，1989）

		1	2	3	4	5	6	7	8
Ⅷ	老年期								総合または完全性 対 絶望と嫌悪
Ⅶ	中年期							生殖性 対 停滞	
Ⅵ	成人初期						親密性 対 孤立		
Ⅴ	思春期 青年期					同一性 対 同一性拡散			
Ⅳ	学童期				勤勉性または生産性 対 劣等感				
Ⅲ	幼児期			積極性 対 罪悪感					
Ⅱ	幼児初期		自律性 対 羞恥と疑惑						
Ⅰ	乳児期	基本的信頼 対 不信							

がある。つまり，青年は長い生涯発達の途上にあるだけであり，まだ未熟な段階である。また，文明が進むと青年期の終了は先送りされる傾向がある。これから，「引き延ばされた青年期」とよばれる現象が顕著になっている。

(2)　従来の発達観批判

①　従来の発達観では，未分化な心性から分化した心性へ，混沌としたものから統合されたものへ，小さかったり，少なかったものが大きくなったり，多くなったりするというように，発達は一方向性であると考えられていた。しかし，発達の方向性は，そのように一方向ではなく，時には逆方向にいったりす

る。たとえば，よく話をしていた子どもが人前では話をしなくなったり，素直な子が反抗的になることはよくあることである。

② 確かに，退行現象（赤ちゃん返り）という発達上の逆戻りは従来も指摘されていたが，それは病理的なことで，通常は発達過程（段階）は生物学的に決まっていて，発達は不可逆的であるというのが従来の発達観であった。しかし，病理的ではなくとも，状況によっては，幼児性が顕著になる子どもや大人も出てくる。

③ 従来の発達観では，発達は年齢に強く規定され，発達段階は時代や文化からは比較的に独立したもので，発達は普遍的にみられる現象であると考えられてきた。しかし，研究が進むにつれ，発達はそれほど一般的なものではなく，心身の領域によっても，時代や文化によっても，大きく異なっていることが明らかにされつつある。

(3) 生涯発達的視点の必要性

従来は，人間の発達についての心理学は児童心理学とよばれてきた。それが発達心理学とよばれ（ピアジェは自分の理論を発生的認識論とよんだが），研究対象は青年期までになった。それがいまや生涯発達心理学とよばれるようになった。その理由として以下のことがあげられる。

① 胎児期・周産期の発達的意義の認識

胎児にも驚くべき認知能力があることや，誕生時の記憶もあるらしいことが示され，また，望まれない妊娠で生まれた子どもには後々発達上の問題があることが明らかにされるなど，出生前の心理学の重要性が認識されるようになった。

② 高齢社会の到来

医療の進歩などにより，寿命が伸び，高齢者が増えた。その結果，従来の常識的な「おとな」や老人のとらえ方から科学的な「おとな」や老人の理解が必要になってきた。発達は青年期に終わるのではなく，成人期や老年期でも発達し続ける面があ

ることが明らかになった。たとえば，知恵，社会的問題解決能力，結晶性知能（常識，ことばの意味など）は青年期以降も発達するのである。また，高齢者が何に生きがいを見出すかを明らかにすることが緊急で，重要な課題となっている。

③ 発達に及ぼす社会文化的・時代的影響

人間の発達は年齢だけによって規定されているのではなく，社会文化的な要因によって大きく影響されることが明らかになった。学校教育が子どもの発達に強く影響しているし，戦争体験は人間の一生に深くかかわっている。わが国では，戦争，団塊の世代，安保闘争，共通一次（センター）入試，バブル経済，バブル経済崩壊などが，大人だけではなく子どもの発達にも強い影響を与えた。

2節　遺伝と環境

事例1-2　知能における遺伝と環境の影響調査

小見山（1964）は，親の職業や社会階層と小学5年生の子どもの知能との関係を調べた。職業を表1-3にあるように7段階に分け，社会階層は親の職業・収入・親の教育程度・家庭の住居様式のそれぞれの水準を総合し，6段階に分けた。そして，それぞれに属する子どもの集団式知能検査の平均成績（知能偏差値）を算出したものが表1-3である。

表1-3　親の職業・社会階層と子どもの知能の関係(小見山, 1964)

職　業	知能偏差値（平均）	社会階層	知能偏差値（平均）
専　門	56.40	Ⅰ	57.86
管　理	53.38	Ⅱ	54.03
事　務	51.55	Ⅲ	48.07
販　売	51.04	Ⅳ	46.51
熟　練	48.44	Ⅴ	43.73
半熟練	47.92	Ⅵ	43.50
非熟練	45.59		

1-2-1　遺伝説と環境説の対立

　人間の発達が遺伝的に決まるのか，環境のさまざまな条件によって決まるのかの，いわゆる「氏か育ちか」問題は古くて新しい問題である。

　遺伝説をとるか環境説をとるかは，事例にあるようなデータをどう読むかにも大きく影響する。社会階層と知能の関係をみると，たしかに親の社会階層が高い子どもの知能指数（平均）は高い。また，親の職業と子どもの知能指数にも同様の関係がある。しかし，その解釈には対照的な２つがある。

　ひとつは，これは知能が遺伝することを示しており，社会階層の高い親の知能は高いし，その親の高い知能が職業水準に影響し，したがって子どもの知能も高いというもので，遺伝説の証拠とされる。それに対して，社会階層や職業水準の高さは子どもの生育環境のよさを示しているに過ぎないとするものである。つまり，よい教育的環境の下で育った子どもの知能は順調に発達したのであって，これは環境説の証拠であるとされる。

　後者の説は欠如仮説ともよばれている。これは，社会階層や親の職業が低い子どもや黒人の子どもなどは，いわば文化遮断児とでもよばれる子どもたちであって，文化的なものから遮断された環境で生育したので知能の発達が阻害されたのだとする説である。とくに乳幼児期の生育環境の影響は大きく，アメリカで黒人や少数民族の子どもたちの知的能力（知能や学業成績）が劣るのは，彼らの生育環境の貧弱さからきているととらえられている。そのような考えから，黒人や少数民族の子どもたちが小学校入学までに劣悪な環境の影響を受けないように，よい教育環境を与え，白人の子どもと同じスタートラインに立たせることをねらったヘッドスタート計画が実施された。これによって，幼児教育ブームや，セサミストリートという幼児番組が発展してきたのである。

　ヘッドスタート計画には莫大な連邦政府の予算がつぎこまれ

た。それに対して当時のハーバード大学のジェンセン教授は強い反論を展開し，知能の発達に関する遺伝説対環境説の激しい論争を引き起こした。つまり，ジェンセンは知能の80％は遺伝によって決まっているので，教育によって知能や学力を高めようとしてもムダで，ヘッドスタート計画の有効性はきわめて低く，税金のムダ使いだと批判した。黒人と白人ではもともと知的能力に質的差異があり，水準Ⅰの知能（感覚・運動的思考能力，機械的記憶）では両者は差はないが，水準Ⅱの知能（抽象的思考能力）では白人の子どもは黒人の子どもより優れているという独特の知能論を展開し，大きな論争をよんだ。その論争は，『IQ論争「知能は測れるか」アイゼンク対ケイミン』によく現れている。ここで注目されるのは，**双生児研究**の同一のデータでも異なった解釈をするという点である。

1-2-2　遺伝説の根拠

遺伝説の根拠として用いられる方法のひとつが家系調査法である。これは，ある家系には，数学や音楽や絵画などに優れた才能を発揮した多くの人がいることを示すことによって，そういう才能が遺伝によって決まっているという証拠にする方法である。図1-2はゴールトンによるダーウィン一族の家系で，これは「遺伝的天才」（1860）を示す証拠とされた。

カリカック家の家系調査も遺伝説の有力な証拠とされている。カリカックは2人の女性と子どもを設けた。1番目の正常な妻の子孫500名はすべて正常であったのに対し，2番目の売春婦の妻の子孫488名のうち，正常者は46名に過ぎず，他は低能者，私生児，アル中，買春婦などであったという。

わが国では，絵画の狩野家，ノーベル賞受賞者の湯川秀樹の小川家などが有名である。

家系調査法では同一家系に同じような優秀者が出ているという事実はあるが，それが遺伝だけによって起きていると結論づ

双生児研究：双生児には遺伝的素質が同一の一卵性と，きょうだいと同じ二卵性がある。両者の対の差異（同一）から遺伝と環境の影響の度合いを査定する。

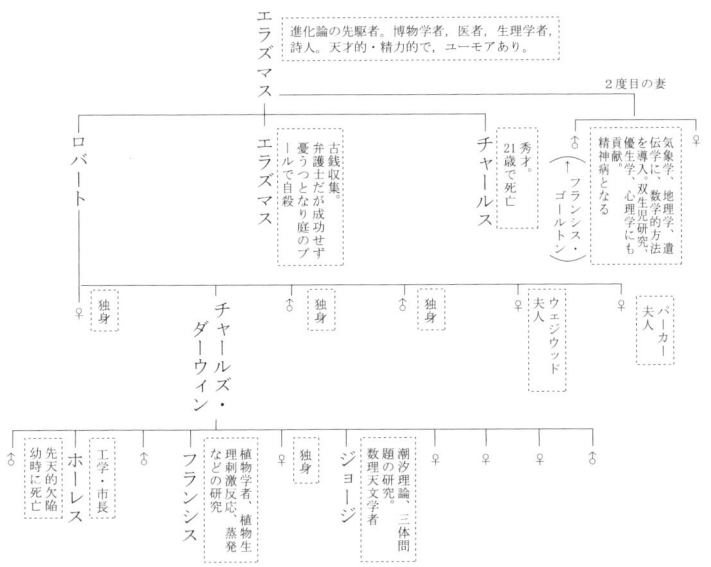

図1-2　ダーウィンの家系（ゴールトン，1860）

けることはできない。同一家系では教育環境も類似しているからである。

　遺伝説の根拠として用いられるもうひとつは双生児研究法の結果である。双生児には一卵性と二卵性があるが，一卵性双生児は遺伝的素質は同一であるので，双生児の対間にみられる差は環境の影響を示すと考えられている。他方，二卵性双生児は兄弟姉妹と同じくらいに遺伝的素質は類似している。したがって，対の差は環境と遺伝の両者の影響を受けているとみなされる。単純に考えれば，〔二卵性双生児の対の差〕−〔一卵性双生児の対の差〕＝環境の影響，となるが，ここでは遺伝と環境の相互作用が無視されているので，必ずしも正しいとはならない。

　知能（指数）が遺伝で決まるか，環境（教育）で決まるかについては，昔から興味がもたれ，多くの研究がなされた。表1-4には，縁戚関係にない2人，養子と親，別々の家庭で育てら

相関（係数）：
2つ（この場合は双生児）の数値に完全な相関関係があると1となり，相関関係がないと0となる。逆の相関関係があるとマイナスとなる。

れた一卵性双生児など，さまざまな対の知能指数の相関が調べられている。結果からわかるように，遺伝を無視することはできないが，それだけで説明がつくわけではない。遺伝と環境の相互作用が重要になる。

その相互作用が無視された研究の例には，二卵性と一卵性の差をみる研究や選択交配の影響を調べたソンプソン（1954）の研究がある。図1-3にあるように，同一の親から生まれたネズミでも，頭のいい子どもどうしと頭の悪い子どもどうしを次々に交配させると，7代後にはまったく別系統のネズミのようになってしまう。遺伝の力の凄さを示す興味ある結果ではあるが，ここでは環境の影響をまったく無視しているという欠陥がある。

1-2-3　環境説の根拠

人間の発達に環境要因がどれくらい重要な役割を果たしているかを示しているのが「野生児」の研究である。野生児とは，誕生後の早い時期に親（人間）の養育を受けないで，人間社会から隔絶された環境でおもに動物と一緒に生活した子どもを総称したものである。今まで野生児として報告があったのは30例ぐらいであった。そのなかでも，『アヴェロンの野生児』（イタール，1801）と『狼に育てられた子』（ゲゼル，1941）が有名である。

前者は，1799年にフランスのアヴェロンという森で発見された11～12歳の少年（ヴィクトールと名づけられた）を5年間にわたって献身的に訓練した若き精神科医イタールの報告書である。訓練の結果，食事の習慣や衣服を着るなどの生活習慣を身につけさせることはできたが，言語発達は不十分のままであった。

後者は，インドの密林で発見された推定年齢8歳と1歳1カ月のアマラとカマラ姉妹の記録である。この姉妹は発見当時，オオカミと同様に，夜の遠吠え，食物に口を近づける食事方法，服を着なくても平気などという行動をしていた。カマラは発見

表1-4 知的能力の相関（係数）：実測値と理論値（ジェンセン，1978）

相関の種類	研究数	実測値中央値 r^*	理論値[1]	理論値[2]
血縁なし				
別々に育った子ども	4	−.01	.00	.00
養い親と養子	3	.20	.00	.00
いっしょに育った子ども	5	.24	.00	.00
傍系親族				
またいとこ	1	.16	.14	.063
いとこ	3	.26	.18	.125
おじ（おば）と甥（姪）	1	.34	.31	.25
きょうだい，別々	3	.47	.52	.50
きょうだい，いっしょ	36	.55	.52	.50
二卵性双生児，異性	9	.49	.50	.50
二卵性双生児，同性	11	.56	.54	.50
一卵性双生児，別々	4	.75	1.00	1.00
一卵性双生児，いっしょ	14	.87	1.00	1.00
直系親族				
祖父母と孫	3	.27	.31	.25
親（成人した）と子	13	.50	.49	.50
親（子どものとき）と子	1	.56	.49	.50

注）＊（信頼性の不備による）希薄化修正していない相関。
　　1．同類交配と部分的優性を仮定している。
　　2．任意交配と相加的遺伝子，すなわち，もっとも単純なポリジーン・モデルを仮定している。

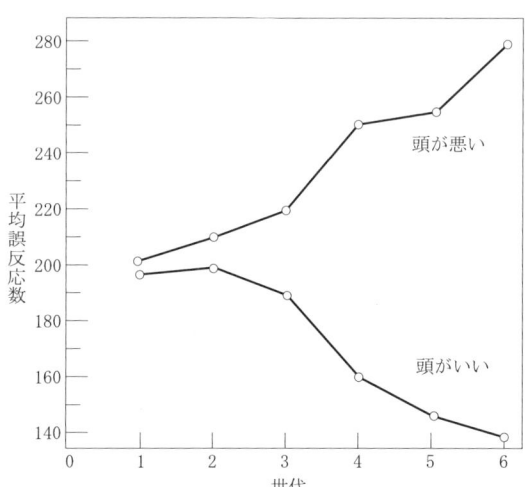

図1-3 頭のいいネズミどうし，頭の悪いネズミどうしの交配結果
（ソンプソン，1954：ジェンセン，1978より）

後1年足らずで死亡したが,シング夫妻の懸命の努力にもかかわらず,アマラが支えなしで二足歩行ができたのは11歳になってからであった。ことばも「ママ,いらっしゃい」ぐらいしか話さなかったという。

これらの例は,人間だから二本足で歩き,ことばを話すのではなく,少なくとも人間社会のなかで生活することが必要であることを示している。

この考えを発展させると「条件づけの原理によって環境を整えればどのような人間にも育てることができる」という極端な環境主義者であったワトソンの主張と同じになる。ワトソンはいう。「私に何人かの健康な乳児と,この子らを上手に育てるために私が考え出した世界を与えてください。そうすれば,私はこの子らの中から任意に1人を選び出し,その子を訓練し,どんな専門家(医者,法律家,芸術家などの他泥棒さえも)にでも作り上げて見せます。そのとき,子どもの能力や祖先の職業や民族などについては一切考慮する必要はありません。」

遺伝説と環境説は,遺伝も環境もという折衷説に落ちついているようにみえるが,根本的には今でも対立したままである。それが教育理論,**レディネス**のとらえ方などに強く影響している。杉原ら(1986)は,遺伝説にもとづく発達観を「宿命的発達観」,環境説にもとづく発達観を「操作的発達観」とよび,両者を表1-5のようにまとめている。このような対照的な考え

> **レディネス(準備性)**:学習や訓練で効果をあげるためには,それに必要な心身の条件が準備されていなければならないが,その状態をいう。レディネスを待つやり方と積極的に作り出すやり方がある。

表1-5 2つの発達観の対照 (杉原・海保,1986)

宿命的発達観	操作的発達観
遺伝的素質重視	環境的要因重視
行動の生得性	行動の学習性
人間の不変性	人間の可塑性
教育の限定的意味	教育可能性
レディネス 発達段階 } 重視	レディネス 発達段階 } 軽視

方の違いは4節の「発達と教育」でも論じている。

3節　発達理論

> **事例1-3　量の保存実験**
>
> 　ピアジェは「ものの見え方が違っても，ものの数量は変わらないという確信」を保存概念とよんだ。それは，数，長さ，面積などのさまざまな次元（パラメーター）についていえるが，量についてもいえる。
> 　同形同大の粘土の球を2つ用意する。子どもにそれを示し，2つの球が「どちらを食べても同じだけ食べられる（物質量）」「天秤ばかりに載せると釣り合う（重さ）」「2つの同じ入れ物に同じだけ水を入れ，粘土の球をひとつずつ入れると水面の高さは同じになる（体積）」ことを確かめさせる。その後，子どもの見ているところで，2つの球の片方を，ソーセージ型またはドーナツ型またはいくつかの小さな球に変形ないし分割する。そのあとで，両方とも「同じだけ食べられるか（物質量）」「天秤ばかりは釣り合うか（重さ）」「水面は同じ高さになるか（体積）」を問う。その結果，変形後は量が変わるとする非保存児，変形後も量は変わらないとする保存児，変形の種類によって保存できたりできなかったりする移行児の割合は表1-6の通りである。年齢にともなって，物質量，重さ，体積の順で保存概念が獲得されていることがわかる。
>
> **表1-6　物質量・重さ・体積の保存の理解**（波多野，1969による）(%)
>
> | 暦年齢
タイプ | 5歳 | 6歳 | 7歳 | 8歳 | 9歳 | 10歳 | 11歳 |
> |---|---|---|---|---|---|---|---|
> | 物質量： | | | | | | | |
> | 　非保存 | 84 | 68 | 64 | 24 | 12 | — | — |
> | 　移行的 | 0 | 16 | 4 | 4 | 4 | — | — |
> | 　保　存 | 16 | 16 | 32 | 72 | 84 | — | — |
> | 重　さ： | | | | | | | |
> | 　非保存 | 100 | 84 | 76 | 40 | 16 | 16 | 0 |
> | 　移行的 | 0 | 4 | 0 | 8 | 12 | 8 | 4 |
> | 　保　存 | 0 | 12 | 24 | 52 | 72 | 76 | 96 |
> | 体　積： | | | | | | | |
> | 　非保存 | 100 | 100 | 88 | 44 | 56 | 24 | 16 |
> | 　移行的 | 0 | 0 | 0 | 28 | 12 | 20 | 4 |
> | 　保　存 | 0 | 0 | 12 | 28 | 32 | 56 | 80 |

　事例1-3はピアジェの行った研究であるが，この現象をどの

ように解釈するかは発達理論によって異なる。ゲゼルやピアジェの理論では，この発達段階は生物学的に決まっており，表1-6の年齢は時代や国によって若干変わっても，順序性は大きく変動したり，逆転したりすることはないと考えるであろう。それに対し，ブルーナーやヴィゴツキーの理論では，発達の仕方は文化的条件によって変わるので，発達段階は固定的なものではなく，したがって条件が変われば，表1-6は大きく変わる可能性があるということになる。

1-3-1　ゲゼル（Gesell, A.L., 1880-1961）

　アメリカの小児医学者。子どもの発達の生物学的基礎を重視したが，学際的な研究を通して，発達を環境との関連のなかでダイナミックにとらえようとした。ただ，子どもの行動の発達にはその前提条件として身体的成熟があり，それを中心としたレディネスがそなわっていない段階でいくら訓練や練習をしても効果がないとした。双子の階段登りの研究が有名である。

1-3-2　ピアジェ（Piaget, J., 1896-1980）

　スイスの発達心理学者。ピアジェ自身は自分の学問を「発生的認識論」とよんだ。成熟した認識に至るまでには，一定の順序性をもった段階を経るという理論を確立した。目前にないものについても考えることができる表象のない「感覚運動期」，ひとつの論理構造のなかに個々の心内活動を位置づける操作という働きがない「前操作的思考期，ないし直観的思考期」，論理的思考も可能になるが具体的な世界についてしか思考活動がなされない「具体的操作期」，現実にはない世界についても思考でき，思考様式が整う「形式的操作期」へと発達するという，認知機能の発達段階説（図1-4）を提唱した（第3章参照）。自己中心性，保存概念，道徳性の発達などの広範で独創的な研究と理論を提唱し，発達心理学に多大の影響を与えた。

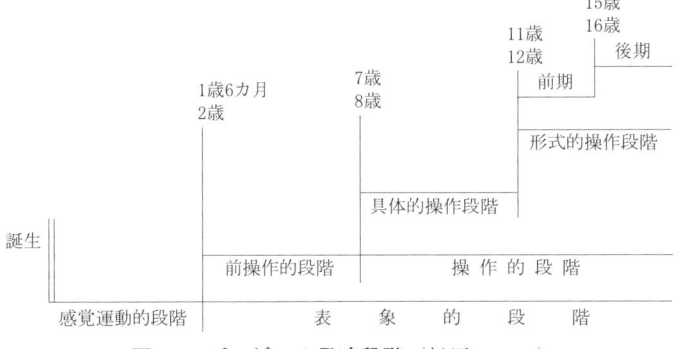

図1-4 ピアジェの発達段階（杉原，1992）

1-3-3　ブルーナー（Bruner, J.S., 1915-　）

アメリカの心理学者（後に一時，イギリスで研究した）。認知にはモティベーションが関与しているという「ニュールック心理学」を提唱した。また，旧ソビエトのスプートニク打ち上げにショックを受けたアメリカが大胆な教育改革を提唱した際，その中心となり『教育の過程』をまとめた。学習でレディネスを考える必要はなく，教育内容を構造化し，上手に教授することが重要であることを説いた。後に，教授理論，表象の発達，発達の比較文化的研究などで研究を重ね，認知発達における文化的相対性を主張した。

1-3-4　エリクソン（Erikson, E.H., 1902-1994）

ヨーロッパからアメリカに移住した精神分析学者で，生涯発達の心理社会的危機理論を提唱した。彼は，人間の生涯を8つの時期に分け，各時期には克服すべき心理社会的危機があり，それをうまく乗り越えることによって人間は徐々に人格を形成していくとしている（人格の漸成理論，表1-2参照）。そのなかでも，青年期にアイデンティティ（自我同一性）を確立することが重要であるとしている。

1-3-5 ヴィゴツキー（Vygotsky, L.S., 1896-1934）

旧ソビエトの心理学者。かれは，子どもの思考などの精神活動は，初めは子どもと大人とのやりとりを通して（精神間活動として），次に子どもの精神内活動として発達するという。つまり，大人とのやりとりや他の子どもとの協同を通してしかできなかったことが，次には独力でできるようになる領域があり，この2段階を経て思考などの精神活動は発達するという考えである。これは「発達の最近接領域理論」とよばれ，成熟重視や発達段階説とは対照的に，発達における教育の役割を重視した理論である。

4節 発達と教育

> **事例1-4　8歳児にも2次関数を教えることができる**
>
> 　ブルーナーは『教育の過程』のなかで，「どの教科でも，知的性格をそのままにたもって，発達のどの段階の子どもにも効果的に教えることができる」という仮説を提唱し，それを検証するために試みたもののひとつが「8歳児に2次関数を教える」というものである。
> 　ここでは，図1-5のような大小の正方形や長方形の板で遊ばせ，因数に分解すること，因数間の加法・減法を用いて関係づけること，そして最後に2次関数の考え方を習得させる。
> 　具体的な展開は次の通り。
> ①各板を「xとxの板」「xと1の板」「1と1の板」とよぶことを学習する
> ②「xとxの板」よりも大きい正方形をつくる（例，一辺が「$x+2$」の正方形）
> ③図1-5(a)のような新しい構成をつくる
> ④図1-5(b)のような，応用問題を学習する
> 　このような変異と対比の学習を通して，8歳児にも2次関数の記号的理解をさせることができたという。

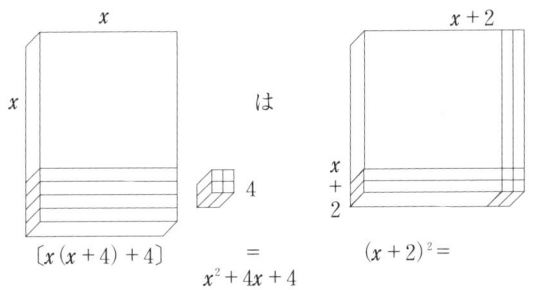

(a) 図のような $x\times x$, $1\times x$, 1×1 の板を用いて, $x\times x$ が1枚, $1\times x$ が4枚, 1×1 が4個で, $[x(x\times 4)+4]=(x+2)^2=x^2+4x+4$ であることを理解させ, このようにして, 8歳児にも因数分解を教えることができる。

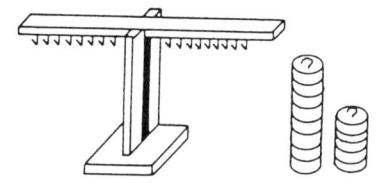

(b) たとえば $x^2+4x+4=(x+2)^2$ を, x を5とし, 右方の5番目に5個(x^2), 4番目に5個($4x$), 1番目に4個のおもりをかけると, 左方の7番目に7個のおもりをかける, つまり $(x+2)^2$ とつりあうことを発見させる。

図1-5　8歳児に2次関数を教えるプログラム(ブルーナー, 1963)

1-4-1　発達段階に応じた教育

　小・中学校学習指導要領第1章「総則」第1「教育課程編成の一般方針」には「児童（生徒）の心身の発達段階や特性を十分考慮して」教育課程を編成し，教育効果をあげることがうたわれている。年少児に習得不可能な内容を教育しようとしても効果があがらないのは当然である。そこで発達段階が問題となる。

　発達段階についてはピアジェの理論が有名である（1-3-2参照）。ピアジェは次の4つの段階をあげた。

① 感覚運動期（0〜1歳6カ月ないし2歳頃）　外界の感覚刺激に対する運動反応をするだけの段階で，目の前に見えない物や感覚刺激として入ってこないことについては考えることができない。つまり表象（re-presentation）という働きがない段階である。

② 直観（前操作）的思考期（　〜7,8歳頃）　目の前に実際に見えないことについても考えることができるようになるが，見た目（直観）が優位で，どう見える（感じられる）かで判断される。個々の判断を全体のなかでまとめること（「操作」という）ができないので，事例1-3のような直観的な判断をする。

③ 具体的操作期（　〜11,12歳頃）　個々の判断を全体のなかに位置づけることができるので，事例1-3の場合，どう見えたかではなく，こうでなければならないというように，論理的必然性に従って判断するようになる。とはいえ，まだ具体的事象の範囲で論理的思考が可能なのであって，現実には存在しないことについては思考することができない。

④ 形式的操作期（12,13歳〜　）　抽象的で，現実には存在しない形式的事象（たとえば虚数など）でも論理的に思考することが可能になる。したがって「もし……ならば，……となるはずである」というように仮説演繹的に考えることもできるようになる。

　ピアジェの発達理論は，包括的で，一貫性がある。各段階の年齢は社会的，文化的条件によって若干異なっているが，この4つの段階の出現順序は一定していると考えられている。

　しかし，このような発達段階は本当にあるのかどうかについては議論がある。たとえば，学校教育制度のない国の子どもの発達には当てはまらない（発達の文化的相対性の原理）し，子どもの発達の様相は一般的なものではなく心身の機能の領域によって異なる（発達の領域固有性）という研究がある。また，

このような一般的な発達段階は教育課程の編成にはあまり役立たないともいわれている。

1-4-2 教育に応じた発達

人間がどのように発達するのかは，どのような教育（家庭教育や学校教育）を受けたかによって決まる，という考えがある。これは「教育に応じた発達」理論とよぶことができる。

この考えはヴィゴツキーの「発達の最近接領域」理論（1-3-5参照）によく示されている。それによると，高次精神活動の発達には2つの水準があり，はじめに，精神間活動として，協同，援助，教授・学習のなかで示される発達水準（これを「明日の水準」という）があり，次に，精神内活動として，自力でできる発達水準（これを「今日の水準」という）があるという。「明日の水準」は広義の教育によって達成されるものであり，それがまずあり，その後に自分のものとなる発達水準がくることになる。

このことを明確に主張したのが，ヴィゴツキーの後継者であるダビドフのカリキュラム理論である。かれは『教科構成の原理』という著書のなかで，どのように発達するかはどのようなカリキュラム構成をするかによって決まるといっている。たとえば，ふつうは，自然数とその四則計算から始まり，次により一般的な量の学習へと進むが，それは「数の概念から量の概念」へと発達すると考えられているからであるという。しかし，数はより一般的な量の特殊な表示なので，「量（一般）から数（特殊）へ」というカリキュラムで教育すれば，理解が容易になり，子どもはそのように発達するという。まさに，発達は教育に依存すると主張されている。

事例1-4もこれと同じ考え方にもとづいているといえよう。

「教育は発達に依存する」という主張と「発達は教育に依存

する」という主張のどちらが正しいかは，遺伝説と環境説のどちらが正しいかの議論と同様に，簡単に結論を出すことはできない。両者の主張をよく理解し，そのよい点を取り入れていくべきであろう。

【引用・参考文献】

ブルーナー，J.S. 鈴木祥三・佐藤三郎(訳) 1963 教育の過程 岩波書店
ダビドフ，B.B. 駒林邦男・土井捷三(訳) 1975 教科構成の原理 明治図書
エリクソン，E.H. 小此木啓吾(訳) 1973 自己同一性 誠信書房
エリクソン，E.H. 村瀬孝雄・近藤邦夫（訳） 1989 ライフサイクル，その完結 みすず書房
ゲゼル，A.L. 生月雅子（訳） 狼にそだてられた子 1967 家政教育社
ゴールトン，S.F. 原口鶴子（訳）1916 早稲田大学出版部
波多野完治(編) 1969 ピアジェの発達心理学 国土社
Havighurst,R.J. 1972 Developmental tasks and education. David Kckay.
ヴィゴツキー,L.S. 柴田義松(訳) 1962 思考と言語 明治図書
イタール，J.M.G 1801 中野善達・松田清（訳） 1978 アヴュロンの野生児――ヴィクトールの発達と教育 福村出版
山本多喜司（監修） 1991 発達心理学用語辞典 北大路書房
ジェンセン，A.R. 岩田勇児（監訳） IQの遺伝と教育 1978 黎明書房
小見山栄一 1964 標準検査の心理学的研究 金子書房
杉原一昭(編著) 1992 発達と学習 協同出版
杉原一昭 2000 子ども破壊 立風書房
杉原一昭・海保博之(編著) 1986 事例で学ぶ教育心理学 福村出版

第2章　人間は変化する
——生涯発達の過程

1節　胎児期

> **事例2-1　子どもができたら？**
>
> 　さて，次のような状況にあなたが陥ってしまったとする。その時，あなたはどういう選択をするだろうか。
>
> > ① あなたは，今，大学3年です。
> > ② あなたには，今，つきあっている人がいます。その人（彼／彼女）は，同じ大学の同級生です。
> > ③ 2人の間に子どもができてしまいました。つまり，あなたが女性であれば，あなたが。男性であれば，あなたの彼女が妊娠してしまったのです。病院で医者に診てもらったら，妊娠3カ月と言われました。
>
> 　以上のような質問を数十人の20歳前後の大学生にしてみた。それに対する回答の一部を紹介しよう。
> 〈Aさん：女性，19歳〉「自分は学生で親に養ってもらっている身だから，今の自分に子どもができたら困る。生活力もないし，親にもものすごく怒られると思う。でも，子どもを堕ろすことはできない。親は，私のした行為にあきれ，信用してもらえなくなるかもしれないけれど，誕生した小さな命を殺してしまうことはできない。まわりの友だちは『悪いけど堕ろす。自分がやりたいこともあるし，今は無理』と言う人が多い。確かにそう思うが，命だけはおとせない。また，もし，堕胎することで，それ以降妊娠できない体になったらせつないということもある」。
> 〈Bさん：女性，20歳〉「今，子どもができたら産めないと思います。まず，親に絶対言えないし，大学に通いながらの子育ては難

しいと思います。学生でまだ自立していないので，子育てをするお金もないし，まだ，子どもの自分が子どもを育てる自信はない。将来自分のやりたいこともあるし」。

　このように男女を問わずみんな迷いながらも，自分なりの選択をしていた。この質問のあとに，お母さんのお腹の中にいる胎児の発達の様子をまとめたビデオを見てもらった。Bさんは，その後次のような感想を述べた。

　「自分は，今，子どもができても産まないと思ったけれど，ビデオを見て，自分のお腹の中に宿っているひとつの命を失くしてしまうことができるだろうかと考えた。赤ちゃんはお腹の中にいる時でも外の音が聞こえていて，尿を出して，一生懸命生きているのだと感じた。こういう映像を見てしまったら絶対に子どもを堕ろすことは無理だと思った。お腹の中にいる時から，もうひとりの人間だから，その命を殺してしまうことはできないだろう」。

　さて，この節では，その胎児期にある子どもの発達についてみていくことにする。

2-1-1　さまざまな発達

　「人」としての発達は，母親の胎内から出たあと，すなわち，出生後から始まるわけではない。精子と卵子の受精の時から，それは始まっている。

　受精後，数日を経て受精卵が子宮に着床し，ほぼ8週間の間でさまざまな臓器の基本が形成されていく（胎芽期）。この時以降，出生までの間（胎児期），母胎の中で，脳，からだ，感覚，運動等，さまざまな側面で著しい発達がみられる。

　身体面においては，図2-1に示されるように，段々と「人」としての様相を整えてくる（図には母体の変化も示される）。

　脳の発育も，妊娠10週以降では，1日に2億個のニューロンが作られ，20週ではその数は150億個にまで達する。30週までに，神経繊維が作られ，脳波の活動も盛んに見られるようになる。このように日々発達を遂げ，7カ月を過ぎる頃には，大脳

第2章 人間は変化する　33

月	初　　期		
	第 2 月	第 3 月	第 4 月
週	4 ～ 7	8 ～ 11	12 ～ 15
胎児の発育	身長約2cm 体重約4g ・まだ胎芽とよばれる ・頭と胴が分かれ、尾が短くなり、手足が伸びてくる ・目、口、耳などが判別できるようになる	身長約9cm 体重約20g ・心臓、肝臓が活動しはじめる ・頭、胴、四肢がはっきり区別できる	身長約16cm 体重約120g ・このころから胎児の発育がもっとも活発になる ・血液が体内を流れはじめる ・胎盤が完成する
母体の変化	・つわりがはじまる ・基礎体温は高温が続く ・下腹がはったり腰が重くなる	・尿の回数が多くなり便秘になりやすい ・乳房が目立ってはってくる ・このころまでがもっとも流産が起こりやすい	・安定期に入る ・つわりがおさまり食欲もでてくる ・乳首のまわりが黒ずんで乳房がひとまわり大きくなる

月	中　　期		
	第 5 月	第 6 月	第 7 月
週	16 ～ 19	20 ～ 23	24 ～ 27
胎児の発育	身長24～26cm 体重約350g ・活発に動きはじめる ・髪の毛やつめがはえる ・心臓の動きが活発になり、聴診器で心音が聞ける	身長32～34cm 体重600～800g ・羊水の中で動きまわっている ・全身にうぶ毛がはえている ・乳房がますます発達する	身長37～39cm 体重1.1～1.3kg ・心臓の音がはっきり聞きとれる ・頭を下にしてうずくまっている
母体の変化	・体重がふえ下腹がやや目立つようになる ・早い人は胎動を感じはじめる	・体重がさらにふえる ・ほとんどの人が胎動を感じる ・乳房がますます発達する	・おなかの上部もふくらんでくる ・足にむくみや静脈瘤があらわれやすい ・貧血になりやすい

月	後　　期		
	第 8 月	第 9 月	第 10 月
週	28 ～ 31	32 ～ 35	36 ～ 39
胎児の発育	身長42～44cm 体重1.7～1.9kg ・胎内での位置がほぼ一定する ・手足の筋肉もじょうぶになり活発に動くが、まだ皮下脂肪は少ない	身長46～48cm 体重2.4～2.7kg ・全身に皮下脂肪がつき丸味をおびた体つきになる ・このころまでに生まれてしまうと早産になる	身長49～51cm 体重2.9～3.4kg ・外形上の発育は完了する ・お産が近づくとあまり動かなくなる ・子宮外での生活に十分対応できる
母体の変化	・妊娠線がでてくる ・胃がおしあげられ食事がつかえる ・下腹部、乳首のまわり、外陰部が黒ずんでくる	・心臓や胃が圧迫され動悸がしたり胃がつかえたりする ・下腹やもものつけ根に重みを感じる ・おりものも、ややふえてくる	・体重は妊娠前より約10kgふえている ・子宮の位置が下がりおなかが前につきでる ・動作にふくなり下半身や背中、腰が疲れやすくなる

図2-1　胎児の発育と母胎の変化（中西，1995）

半球の基本的構造はほぼできあがってくる。

　このことにともない，運動機能，感覚機能もめざましい発達を遂げる。たとえば，10週の胎児は，羊水の中で，頭部を曲げたり，回したり，体をねじったり，手，足を曲げたり，伸ばしたり，口を開けたり，閉じたり，手の指を開いたり，閉じたりすることができる。感覚系でも，7週半ばで口の周辺への刺激に対し，体が曲がるという反応が見られはじめ，週が進むにつれて，胸，足への刺激に対しても，体を曲げたり，ねじったり，回したりという反応へと発展していく。12週を過ぎる頃から，乳児期に見られる反射的な反応も見られはじめ，22週にはくちびるをすぼめるという授乳の際見られるような反応も出てくる。

　聴覚においては，妊娠8カ月には，胎外の音を感じ，それに反応できるようになる。また，胎内で聞いた音（母親の心臓の音，声）に誕生後反応することから，音を記憶しているらしいことも明らかにされている。また，慣れの研究からその学習能力についても認められはじめている。

　このように一般に予想される以上に，母親の胎内にいる頃から人としての発達はすでに始まっており，しかも，めざましい発達を示しているのである。

　これらの胎児期にある子どもの発達に影響を与える要因として，これまで母胎の年齢，栄養摂取量，運動量，母胎の妊娠時の飲酒等，さまざまな外的な要因の影響がいわれている。また，母親の心理的な不安が胎児の動きに即結びつくという事実から予測されるように心理的な要因の影響もけっして小さくない。むしろ，母親の胎内にいるだけに直接にその影響を受ける可能性も大きい。今後，ますます，心理的な観点からの研究が必要となってこよう。

2-1-2　妊娠にかかわるさまざまな問題

　さて，妊娠中の母親の気持ちはどうなのだろうか。「望んで

いた妊娠」と「望んではいなかった予定外の妊娠」では、妊娠中の母親の気持ちには当然違いがあるだろうし、後述するように出産後の子どもに対する気持ち、行動にも違いが出てくる。

また、それらの気持ちは、①妊娠を告げられた時、②つわりの時、③胎動を感じた時、④お腹が膨らんだ時、⑤臨月に入った時、⑥陣痛の時、⑦分娩直後、⑧はじめてわが子と対した時、と出産に至る経過のなかでも状況の変化に応じて変わりうるものである。大学在学中（21歳の時）に、妊娠、出産を経験したある女性は、それぞれの時期の気持ちを表2-1のようにまとめている。

胎児にかかわる問題として最近話題になっていることに、「出生前診断」があげられる。出生前の子どもに障害があるかを「羊水検査（注射針を羊膜の内部へ差し入れ羊水を採り、そこに混入している幼児の細胞の遺伝子の染色体異常を調べる）」や「トリプルマーカーテスト（妊婦の血液を採取し、分泌されているホルモン量の違いからダウン症候群の可能性を予測する）」などによって診断するのである。

あらかじめ、障害の有無の可能性がわかることによって、親は産む・産まないの判断を迫られることもありうる。出生前診

表2-1　妊娠・出産における各時期の感情（佐藤、1998）

妊娠当初	計画外妊娠であるが、産みたい
つわりの時期	唯一、妊娠していることがつらいと思った
胎動を感じた時	胎児の存在を感じることができて、毎日が楽しい
お腹が膨らみ始めた時	特別な感情はなく、妊婦であることを実感する
臨月に入って	お腹が急に重くなり、早く出てきて欲しいと思う反面、分娩に対する恐怖感があった
陣痛時	痛みに耐えることに必死で、産み終えて楽になっている自分を想像していた
分娩直後	産まれた子のことより、無事に乗り越えた自分を誉めた
我が子と対面して	自分が産んだという実感より、ただただ小さくてかわいい
授乳した時	母親になった実感が湧いてくる

断は，命の選別にもつながる，すぐれて「倫理」上の問題となっているのである。

2節　乳児期〜幼児期

事例2-2　赤ちゃんが来た

漫画家の石坂啓さんは，リクオ君という自分の子どもの成長の様子と子どもに対する自分の気持ちを飾ることなく正直に綴った文章を2冊の本にまとめている（『赤ちゃんが来た』『コドモ界の人』朝日新聞社刊）。
　そのなかから，リクオ君の性格についての一説を紹介しよう。

ほやほやの人格

　年末が近づくとただでさえ時の流れに「はやいナー」と感じるのに，今年は赤んぼの成長が追いうちをかけている。はやいナー。去年の今ごろはまだ出現もしていなかったのに，今は目の前で五，六歩歩き出している。
　「赤ちゃん期」のおわり，って感じである。うすぼんやりと外界を見まわしてた赤んぼが，どんどん覚醒（かくせい）して自分を形づくっているようだ。眠っていた個性をとり戻している，といってもいい。小説『アルジャーノンに花束を』の主人公が，だんだん目ざめて意識がはっきりしていく過程にも似てる。ああ，こいつはホントはこういうヤツだったのかー，と驚かされる。
　こいつはホントはけっこう強情だったんだナー。ゴンと柱で頭をぶつけたりすると，意外そうな顔をして，ソロソロともう一回自分で頭をぶつけにいく。ダメでしょと言ってもきかない。何度も確認して気がすむようだ。単に石アタマなのかもしれないが。
　くい意地のはってるヤツでもある。「マンマ」という単語にすばやく反応し，うれし泣きをする。大粒の涙をためてるんだから本気だ。哺乳（ほにゅう）ビンで牛乳を飲んでてもカラになると，突然大声をあげて泣き，ボロボロ涙をこぼす。ナニゴトかというほどの悲しい声……。ちゃんとあげてるでしょ，と言いたくなる。
　「高い高い」をするとビビッた顔をして，身をすくめる。ちょっと鈍いヤツかもしれない。動物も鳥も魚も好き。うちの猫で鍛えたおかげか。散歩中の犬にはあいさつするし，空を飛ぶカラスを目で追い，ひっくり返りそうになって見上げてる。
　赤ん坊が出現してさらにその内側から，こんどは「人格」が出現しているみたい。はじめて外気に触れる，ほやほやの新芽。危なっかしい足どりでヨロけながら，でも全身が喜びいっぱいの歩きかた。
　いや，ほんとうは大人だって，毎日その新陳代謝をくり返してるはず

なんだが……。
　　　　　出典）石坂 啓 1993 赤ちゃんが来た 朝日新聞社

　さて，この節では，リクオ君だけではない，人の乳児期〜幼児期にかけての生活環境の変化とそれにともなう発達の状態について概観していく。

2-2-1　乳児期の子どもの生活と発達

　出生以後，子どもの成長はきわめて速く，身長も体重も，あっという間に，2倍・3倍になっていく。

　視力は，3〜5歳で大人に追いつくが，4週で0.03，6カ月で0.2，12カ月で0.4と徐々に上がっていく。視覚活動も，生後，数カ月，まだ，首もすわっていない時期であっても，子どもは起きている時は，まわりにあるさまざまな物に対し視線を巡らしたりしている。しかも，当初はただ対象物の1点を眺めるに留まっていた状態から，急速に，その輪郭をたどるようになってくる（図2-2）。

　また，見る物に対しての好みもそこには見られる。より人の顔に近いものに関心をもち，微笑する時間も長い（図2-3）。

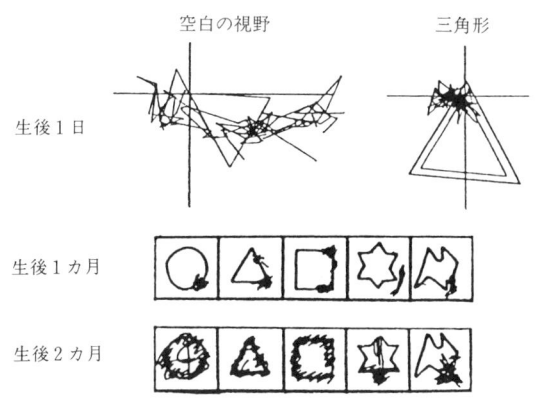

図2-2　乳児の視覚的走査の発達（Salapatek & Kessen, 1966；Salapatek, 1975；高橋，1990）

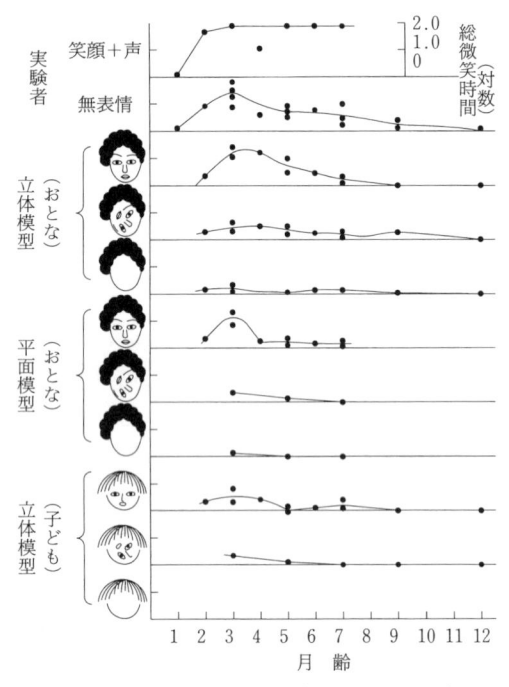

図2-3 社会的微笑の発達（高橋，1974）

　このような能動的な行動は「見る」ということだけではなく行動全般に及んでいる。今寝たままの状態であっても，子どもはそこから手を伸ばし，まわりの物に「触れる」「握る」という行動によって，直接，人や物などの対象に働きかけている。
　これらの行動を繰り返すことによって，子どもはしだいにその手触り，硬さ，大きさなどの対象の性質を認識していくようになる。そして，それは，しだいに心のなかでのイメージ（心的表象）へと育っていくのである。
　さて，生後3カ月ぐらいになると子どもは自力で上体を起こせるようになり，寝返りもうてるようになる。4カ月でお座り，10カ月でハイハイができるようになる。これらの身体機能の発達により，子どもは自分をとりまく環境を自発的に広げ，深めることができるようになる。はうことができるようになっ

た子どもは，自分の興味や関心のおもむくまま，はってその場所へ行き，いろいろな物を触ったり，時には口に入れたりする。

　今まで，関心をもっていても近づくことのできなかったものに，自発的に自分から近づけ，自分をとりまく世界を広げ，そこからさまざまな刺激を受けることができるようになるのである。このことは，乳児をとりまく生活環境に大きな変化をもたらす。それまでは，自分では移動ができなかったために，その環境に能動的にかかわってはいたが，かかわれる環境の幅や質には制約があった。しかし，ハイハイができるようになったことで，自分から積極的に外へ向けて活動ができるようになり，その生活環境は急速に広がっていくのである。

　さらに，1歳を過ぎ歩けるようになると，子どもをとりまく生活空間は一気に広がりを見せる。今まで家の中が中心であった子どもをとりまく世界が，自力で家の外へ出るということにより，これまで見たことも触ったこともない「未知なるもの」と出会うこととなる。また，動くことによって止まって見ていただけでは見えなかった側面からものを見ることができるようにもなる。自分で移動し，その範囲にある物を，見たり，聞いたり，触れたりする。その繰り返しのなかで，まわりの物に対してしだいになじみが出てくる。また，なじみの出来事の手順を把握するようにもなる。このような生活環境のなかでの経験の広がりと深まりが子どもの発達をさらに深めていく基礎となっていくのである。

2-2-2　幼児期の子どもの生活と発達

　幼児期になると，子どもの活動の範囲は急速に広がってくる。それまでの「家の中」「家族」中心の生活に，幼稚園をはじめとした「家の外」も活動の範囲に含まれてくる。また，人間関係も，「大人中心」の世界に同年代の「子ども」が加わってくる。

　さらに，3歳以降，ことばを獲得したことにより，子どもは

外界を知るためのきわめて大きな武器を手に入れたことになる。つまり、ことばをコミュニケーションの手段として用いることによって、子どもが得る情報はそれまでと比べものにならないほどに広がり、深まりを増してくるのである。「あれは何」「どうして、そうなるの」など、この時期みられる子どものうるさいほどの「質問」は、知りたいことが山ほどある子どもの好奇心の表れである。そして、ことばを介しての大人からの答えによって子どもは知識を得、その好奇心が満たされるのである。

また、この**ことばの獲得**により、子どもの認識はさらに深まりと広がりをみせることになる。子どもは大人からの話しかけやかかわりのなかで、それらの事物、動作、概念などあらゆるものに名前があることに気づく。そして、自分でもそれらのことばを使うようになる。

そのような過程のなかで、自然にことばは子どもの心的表象として機能しはじめる。本来的に、ことばは抽象性を備えており、実態のない概念であってもことばによってその内在する意味を表すことができる。このようなことばを心的表象として用いることによって、子どもの認識に秩序がもたらされるきっかけが生まれる。つまり、実態のあるもの、ないものも含めて子どもをとりまくさまざまなものが、あるものは上位の概念として、あるものは下位の概念として区別され、分類されていくのである。

しかし、この時期の子どもの認識は大人のそれとは異なる。大人と比べるとその心的操作はいまだ不十分であり、結果として、その判断には混乱や誤りがつきまとう。ピアジェは、幼児期の段階を前操作的（自己中心的）段階と位置づけているが、「自己と他者・外界、すなわち主観と客観の未分化、自己の視点と他者の視点の区別ができない」ことが幼児期のもっとも大きな思考の特徴といえよう。

つまり、客観的な視点がとれず、ものごとを自分を中心とし

ことばの獲得：喃語（生後10カ月ぐらいまで）の時期、一語文（1歳半頃まで）の時期、二語文・多語文（1歳半以降）の時期を経て、ことばの獲得に至る。

て，つまり，「目の前に見えていること（知覚体制）」によって判断したり，考えたりすることしかできないのである。自己中心的思考といわれる由縁であり，このため，子どもの判断や行動に混乱や誤りが多いのである。

2-2-3 乳幼児期の子どもの発達を支えるもの

この時期の子どもにさまざまな刺激をもたらす存在の中心は，母親，父親をはじめとした「大人」である。「大人」は，寝ている子どもに「触り」「抱きあげ」「話しかけ」「あやし」「おっぱいをあげる」というようにさまざまな刺激をもたらし，子どもはそのような大人からの刺激に「反応」し，さらに，それは，また，大人による子どもへの刺激をもたらす。

大人のもたらすこのような刺激に囲まれ，それに反応するという相互作用的な環境のなかに子どもたちはいるのである。子どもにとってそれらの存在なしには，生死も含めて，その発達はありえない。

また，父母の存在の意味は，たんに子どもに応答的な，刺激をもたらす環境を提供するというだけではない。それ以上に重要なことは，父母の存在が，子どものなかに情緒的な安定をもたらすということである。ボウルビィは，アタッチメント（愛着）ということばを用いて，親と子どもとの間に存在する「特別な情緒的な結びつき」を表現しているが，父母に対するこの愛着の存在が子どもの情緒的な安定にかかわっているのである。

父母から十分な愛情を感じて育った子どもは，「自分は人から愛される存在である」「人や世のなかは自分を受け入れてくれる・信頼できる存在である」という「人」に対しての「基本的な信頼感」というべき考えを抱く。一方，父母から十分な愛情を感じることなく育った子どもは，「自分は愛されるに値しない存在である」「人や世のなかは自分を拒否する・信頼できない存在である」という考えを抱く。

このような考え（内的ワーキングモデル）は，いったん形成されると本人が意識しない部分で働き，簡単には変化しない（戸田，1991）。

乳児期に，このような他者に対する信頼感を欠いた子どもは，その後の人との対応に関しても積極的でない一方で，逆に，満たされないものを追い求めようとする行動をとろうともする。

表2-2に望まれずに生まれ・育った子どもの行動の特徴の変

表2-2　望まれなくて生まれた子どもの追跡調査
　　　　——対照群と比較したおもな特徴（小嶋，1991）

子どもの年齢	望まれなかった妊娠群の子どもとその家族環境の特徴
出生時～乳児期	出生時の体重・身長の差なし 先天性奇形・微細脳障害・視力障害・聴力障害の率に差なし 母乳を与える期間が短い
就学前期～小学校入学時（回顧報告）	気だてのわるい子どもだったとする母親の率が多い 入学に際する適応には大きな差なし 子どもが教師を嫌ったとする母親の率が多い
9歳 （3年生） UP＝220人 AP＝220人	学校を嫌う子どもの率が多い 勤勉でないと教師に評定される 興奮しやすいと教師・母親の両方に評定される 級友に拒否されやすく，級友があげる不適応の兆候を多く示す ウェクスラー検査による知能指数の差なし 国語の成績がわるい 欲求不満状況への反応が適切的ではない 子どもがとらえた家族関係には目だった差なし 全般的不適応の兆候が強い 母親が夫に拒否的態度をとる（ソーシャルワーカー・精神科医） 母親が行う子どもの養育，家庭―学校の協力が低い（教師） 家庭の文化的水準・家庭内生活に差なし（教師）
14～16歳／ 16～18歳 UP＝216人 AP＝215人	教師による知能の査定には差なし 学業成績全体が低く，中等教育にすすまないものの率が高い 多くの項目で，母親・教師から望ましくない評定を受ける 子どもは母親の関心が低いと報告するが，敵対的とは受けとめない 子どもは母親の指示性が低いと報告する 子どもの報告した母親の行動と父親の行動との相関が低い
21～23歳 UP＝160人 AP＝155人 （112組）	人生の満足度が低く，それを親のせいにするものが多い 仕事の満足度が低く，賃金・上役・同僚などの不満をもつ 愛情関係での失望を経験したものの割合が高く，性経験が早い 精神的健康度が低く，全般的に心理社会的不安定度が高い 結婚している50組で，結婚の満足度が低い 子どものある34組で，自分の母親を育児情報源とする母親が少ない

注）UP：望まれなかった妊娠群　AP：受け入れられた妊娠群（対照群）
　　（Matejcek *et al.*, 1979；プラハ報告にもとづいて作表）

化を示す。

　ここに示されるように，乳幼児期の父母を中心とした大人からの「思いっきりの愛情」は，子どものその後の発達にきわめて大きな意味をもつのである。

　しかし，ここで注意したいのは，「愛情」と「甘やかし」は別物であるということである。

　子どもに自己コントロールをもたらし，適切な生活習慣を確立し，社会化へと誘うことに大きな役割を果たすのは，「かまいすぎない」「甘やかしすぎない」親のしつけである。

　しつけは特定の行動の型を親が一方的・強制的に子どもに押しつけるものではない。子どもの欲求と社会的規範のなかで生じる葛藤に子どもが対処できるように，親がその信念にもとづいて社会化へと導く（それが時には強制にみえるかもしれないが）一連の養育の過程なのである。

3節　児童期〜青年期

　事例2-3　新聞の見出しにみる現代の子どもたち

　ここ，10年近くの間，最近の子どもについていろいろなことがいわれるようになっている。
　そこで，ここ5年くらいの新聞記事のなかから最近の子どもについて気になったタイトルを拾ってみた。
〈小学生・中学生・高校生〉
○体かたく非力な現代っ子　　○広がる「ムカつき」の輪
○増える「視線平気症候群」　○ケータイの友達は300人
○干渉したくないし，されたくもない　でも友達の数は競う
○疎遠でも親友　難解，若者流「仲良し」の定義
〈友達　100人以上18.5%　親友10人以上20%以上〉
○「居場所探し」神経疲れ
○目立ちたくない，スカート丈みんなで短く
○いい子の仮面・息苦しい　　○悩み方わからぬ子どもたち
○知らぬ親と隠す子　　○過剰な期待と見栄に崩れていく優等生
○学級崩壊：軽くなった学校の存在：現状とその背景要因

○中学生の凶悪犯罪：幼児的万能感背景に
○援助交際：性ではなく生き方の問題
○自尊感情満たされず街へ
〈大学生・社会人青年〉
○大学生の学力低下　　○増える20代無職の若者
○他者との距離に戸惑い：謝恩会で床に座る
○取引先ともためロ
○何故か自信満々の「オレ様」：反面，落ち込みも激しく，弱さをさらけ出せず
○金銭感覚は「ケセラセラ」：欲しい物はローンで即：返済，親任せ
○主役は自分「新家族」：役割分担は柔軟に：身勝手さ目立つ例も
○私はキャリア・サーファー：軽やかに職を転々：能力発揮にこだわり
○努力を嫌う風潮広がる：社会との結びつき回復を
○新「常識」に期待と困惑：節度の喪失／行く末楽しみ

　これらの記事のなかでは，普通の子どもの行動から，いわゆる問題行動といわれる行動，はては殺人などの犯罪などに焦点を当て，「なぜ」という観点からさまざまな分析が行われている。実際のところは，「これだ」という単一の原因などありえず，個々の子どもにさまざまな要因が重なりあいながらその行動へ影響していると思われる。

　さて，この節では子どもの変化にも言及しながら，児童期〜青年期の発達についてみていく。

2-3-1　児童期の子どもの生活と発達

　児童期（6，7歳〜11，12歳）になると，「小学校」への入学により，子どもは大きな環境上の変化を迎える。身体的，生理的な発達に加えて，学校での友だちや教師との間でのさまざまな経験，授業を通して得られるさまざまな抽象的で体系的な知識など，これまでの「家」での生活では得られなかったさまざまな経験，知識を「学校」を通して自分のものにしていくのである。

さて，身体的にはこの時期は，図2-4，図2-5，図2-6に示されるように思春期の第二次性徴期の前に位置し，安定の時期にある。

ところで，この時期の子どもの身体面の発達状況について，1950年代半ばに，「発達加速現象」がはじめて指摘された。発達加速現象とは，「成長加速現象（以前の子どもと比べるとより身長は高く，体重は重くなるというように身長と体重など

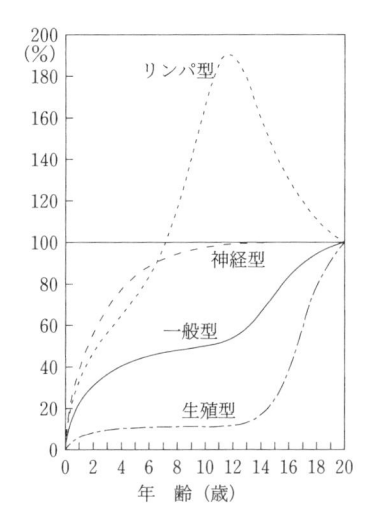

図2-4　スキャモンの発育曲線
（Scammon, 1930）

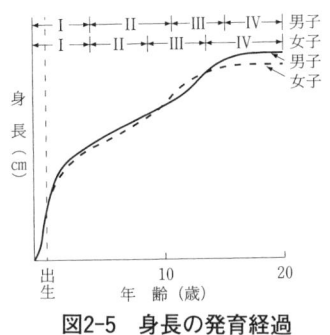

図2-5　身長の発育経過
（高石・宮下，1977）

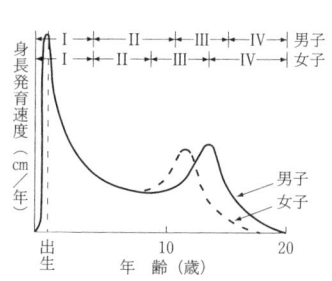

図2-6　身長の年間発育量の経過
（高石・宮下，1977）

の成長速度が時代とともに促進されるという現象)」「成熟前傾化現象（初潮や精通などの成熟の指標となる現象の発現時期が時代とともに低年齢化する現象)」によって示される現象であるが，この現象は数十年来，さまざまな全国規模での調査によって確認されてきた。

しかし，1980年以降になり，身長，体重などの成長加速の停滞がみられるようになり，これらの現象も一応の安定期を迎えたようである。その反面，「走る（50m走，持久走)」「跳ぶ（立ち幅跳び)」「投げる（ソフトボール投げ)」などの基礎的な運動能力の長期的な低下が指摘されるようにもなってきている。

知的機能面では，小学5年の頃（11～12歳）を境に子どもの発達に大きな節目が訪れる。この時期以降，仮説にもとづいて論理的な操作ができるようになり，命題間の論理的な関係についての理解も可能となってくる。また，現実の世界に対してだけでなく，可能性の世界についても論理的に思考できるようになってくるため，自分の導き出した仮説演繹的な推論（操作）が現実と矛盾したものであっても，現実にひっぱられることもなく判断できるようになってくる。ピアジェのいう，認知機能の**形式的操作**段階に入ったのである。

しかし，このような操作が日常生活のなかのすべての状況において発揮されるわけではない。「成人でも，なじみのない領域においては形式的操作を発揮できない」など領域に固有で，文脈に依存したものである。

この認知的操作の能力は，小学校以降，中学，高校と，体系的にいろいろなことを学んでいくなかで，知識だけではなく，それらの知識の整理の仕方，活用の仕方などを身につけることによって，さらにその発達が促進されていくことになる。

社会性については，乳児期から幼児期にかけて，遊びのなかで徐々に人間関係がみられるようになるものの，友だちとの人間関係が大きな意味をもちはじめるのは，この時期以降である

形式的操作：特徴として，①仮説から理論的に推論して，結論を導き出せる，②どのような仮説が可能かを組織的に探索できる，③理論的に推論して，どの仮説が正しいか判断できる，④変数間の関数関係がわかる，⑤いくつかの変数の値を統制して，ある変数の効果を調べることができる，⑥事象の可能な組み合わせを組織的に列挙することができる，⑦ある傾向に合致する事例と合致しない事例を知って，相関関係を把握できる，⑧現象の確率的性質を認識できる，などがあげられる。

(松尾, 1999)。表2-3に, 児童期から青年期にかけての仲間関係の発達状況を示す。

2-3-2 青年期の生活と心理

青年前期（思春期：12, 13歳～17, 18歳）の大きな特徴として, 2-3-1で触れた第二次性徴期への突入があげられる。身体的に, 10歳を越える頃から, 17, 18歳頃までに, ホルモンの影響も受けながら身長, 体重, 性的機能（初潮, 体型の変化等）などで大きな変化を経験し, 青年後期（18～24, 25歳）になりいわゆる「大人」の体へとなっていく。

知的側面では, 先に記した形式的操作という思考の発達を基盤として, 青年期にある子どもは自分の内なる世界へと思考の対象を向けていくようになる。

「自分とは何者か」「いったいどこへ向かって, どこへいくのか」という青年期特有の「揺れ」「自我同一性（アイデンティティ）獲得のための模索」もこのような思考的な基盤があって

表2-3　仲間関係の発達（保坂, 1996）

ギャング・グループ
　児童期後期の小学校高学年頃にみられる仲間集団。基本的に同性の成員から構成される集団で, 男児に特徴的にみられる。同じ遊びをするといった同一行動を前提とし, その一体感が親密性をもたらす。権威に対する反抗性, 他の集団に対する対抗性, 異性集団に対する拒否性などが特徴である。大人から禁じられていることを仲間といっしょにやることが,「ギャング」と呼ばれるゆえんである。

チャム・グループ
　思春期前期の中学生にみられる仲間集団。基本的に同性の成員から構成される集団で, 女児に特徴的にみられる。同じ趣味・関心や部活動などを通じて結びついた集団で, 互いの共通点・類似性をことばで確かめあうことがしばしば行われる。自分たちだけでしかわからないことばを作りだし, そのことばが分かるものが仲間であるという同一言語により集団の境界線を引くというのも特徴的である。サリヴァン（1953）はこの時期の友人関係を特に重視し, それによって児童期までの人格形成の歪みを修整する機会になると指摘した。

ピア・グループ
　高校生ぐらいからみられる仲間集団。男女混合で, 年齢に幅があることもある。ギャング・グループやチャム・グループとしての関係に加えて, 互いの価値観や理想, 将来の生き方などを語り合うような関係で結ばれている。共通点や類似性を確認しあうだけでなく, 互いの異質性をぶつけ合い, 自己と他者の違いを明らかにしながら, 自分らしさを確立していくプロセスがみられる。異質性を認め合い, 違いを乗り越えたところで自立した個人として互いを尊重し合って共存できる状態が生まれてくる。

はじめて可能になったことである。自分を他者の関係のなかでみつめ，他者の自分に対する反応を基準に自分をとらえるためには，自分からの視点だけでなく，他者の視点に立てることが前提となってくるのである。

　また，「理想を求め，現実のギャップのなかで悩める」のも，理想とするあるべき姿があり，それを現実の自己と対比することではじめて可能となる。そこには，複数の視点に立てることも含めて，高度で抽象的な思考能力が必要となる。時間的な展望にしても同様である。これまでの自分を振り返り，現在の自分の姿，これからの自分の姿を思い浮かべるためには，過去，現在，そして，これからという時間軸のなかで自分がおかれている社会的・一般的状況を理解し，今，自分があることの因果関係を理解する必要がある。そして，そのうえでこれからの自分を予測していくのである。形式的操作能力という基盤なしには，これらの悩みはありえない。逆にいえば，形式的操作ができるようになったからこそ，これらの悩みをもてたのである。

　青年期においては，このような悩みをかかえつつ，模索し，「自分はいったい何ものか」「どこからきて，どこへいくのか」などの自分探しを行い，それをみつけることによって自我同一性を獲得していくのである。

　しかし，この自我同一性の獲得へと一気に至るわけではない。西平（1990）は，青年前期（思春期）から青年中期における心理的状況と，青年中期から後期にかけてのそれとを，第一次心理的離乳と第二次心理的離乳とよび，その特徴の違いを表2-4のように説明している。

2-3-3　子どもをとりまく環境の変化と子どもの変化

　「今時の若者は……」とよくいわれる。このことばは，はるかローマ時代からいわれつづけているともいわれている。

　しかし，事例2-3の新聞の見出しのように，身体的にも，心

表2-4　第一次・第二次心理的離乳（西平，1990）

第一次心理的離乳 （思春期から青年中期）	第二次心理的離乳 （青年中期から青年後期）
a　脱衛星化現象（desatellization） 　〈環境〉としての両親からの離脱・ 　独立を求める（子どもっぽさ）	a′　再衛星化現象（resatellization） 　　人格的な一対一の対応，親密感・相 　　互活性化の発生
b　独立の要求の急増と依存の要求の 　残滓	b′　独立の要求の緩和と依存の消滅
c　〈行為化〉的な反抗行動 　　──口答え，寡黙，暴力，かんしゃく	c′　反抗の継続と抵抗の発現 　　──話し合い，議論，趣向の一致
d　愛と力（尊敬）の次元の分化・葛藤	d′　愛と力の次元の再統合化
e　エディプス的誘引と反発（羞恥）	e′　エディプス的諸特質の解消
f　対抗同一性としての趣向選択 　（服装・化粧・言葉づかい）	f′　対抗同一性の理想化転移 　　（異性交友や職業選択での） 　　リーウェイ現象
g　見捨てられる不安，甘え願望 　〈楽園喪失〉，孤立感，悲哀	g′　共感・同情の強まりと客観的批 　　判，感謝の念の発生
h　死と再生の〈死の側面〉 　否定・離反・破壊・自己嫌悪	h′　死と再生の〈再生〉の側面 　　肯定・建設的・相互性

理的にも，行動的にも児童期から青年期にある子どもたちにさまざまな変化が起こっていることは確実なように思われる。

　それらの事例の背景にある心理的な要因を探ってみると，そこには「自己」「自我」と「他者」「社会」という軸があるように思える。「自分」というものをきわめて大事にしている一方で，あまりに，その「自我」なるものが弱く，もろい。「自我」がもろいがゆえに，ある程度のストレスにさらされた時，「キレて」しまい，わけがわからなくなってしまう。対人関係では，自分が傷つきたくないがゆえに，「本音を出さない」。結果的に人間関係は希薄化してくる。それでいて，人間関係を求めている。集団から仲間はずれされたくないがために，つい，まわりに合わせてしまう。つまり，「自我」がまわりとの葛藤のなかで鍛えられていないのである。

　このように，子どもの変化の側面のひとつは，子どもの「自我」と深くかかわる問題でありつつ，それは，「他者」とのかかわり，社会性の問題とも深くかかわっているのである。

　さて，それではこのような変化はいったい何によってもたら

されたのだろうか。基本的には，子どもをとりまく環境の変化をひとつの大きな要因として考えることができる。子どものおかれている状況が変わったがゆえにこのような変化がみられるようになったのである。

それでは，子どもをとりまく何が変わったのだろうか。いろいろな要因があげられるように思うが，いくつか，あげてみる（大川，1999）。

1つは，よくいわれるように家族の変化であろう。少子化（1999年時点での合計特殊出生率：1.34人）によって，親（や祖父母まで）がひとりの子どもに多くの時間，お金をかけ，かかわりをもてるようになった。そして，このことが，子どもに対する過保護・過干渉をもたらすひとつの要因となった。

たとえば，今の子どもは「6つのポケット（財布）を持っている」という。「父」「母」「父方の祖父母」「母方の祖父母」のそれぞれのポケットである。子どもが欲しいものを「欲しい」といえば，あるいは，そういわなくても買ってもらえる土壌がここにはある。子どもにとって，「欲しいものが手に入って当たり前」「手に入らない状況にあったことがあまりない」のである。つまり，子どもは我慢しないでいいし，また，する必要もない。

極端ないい方をすれば，そのような状況におかれた子どもには我慢する心が育ちようがない。我慢する経験をしていないからである。しかし，小学校に入学し学校での生活も始まると，子どもはさまざまな「我慢」を強いられる。「したくない」ことを「しなければならない」のである。友だちとの葛藤もそうであるし，わからない授業を聞くのもそうである。そして，我慢できなくなった時，「キレて」「暴力行為」「学級崩壊」へと向かっていくのではないだろうか。

「我慢させる」「させない」という点では，先に触れたように子どもの「しつけ」にかかわる部分が大きい。子どもに対する

親や大人の意図的なかかわり方が重要となってくるのである。

　2つ目は，子どもをとりまく情報に大人との垣根がなくなってきたことがあげられる。子どものまわりにはさまざまな情報が満ちあふれている。テレビ，新聞，雑誌，口コミなどさまざまな媒体を通して，リアルタイムで生の情報が子どもたちの耳に届く。大人の目から見れば子どもには触れさせたくない情報も多い。タレントの不倫，援助交際，官僚・政治家の汚職などなど枚挙に暇はない。しかも，テレビやビデオに生まれた時から接し，携帯電話，インターネットを使いこなす子どもたちは，大人以上の情報収集力をごく自然に，当たり前のようにもっている。そのような子どもたちにとって，大人が「怖い」「尊敬すべき」対象ではなくなってしまったとしても不思議ではない。

　これらの環境要因以外にも，子どもに変化をもたらした要因としてメディアの発達，遊びの変化にともなう「間接経験の過剰化」「実体験の不足」が指摘されよう（杉原，1995）。また，受験体制による成績中心主義からもたらされた「価値観の単一化」も子どもだけでなく大人や社会全体に大きな影響を与えている。つまり，「小，中，高でいい成績をとり，受験戦争に勝ち残っていい大学を出て，役人になる。あるいは，いい会社に就職する。そういう人が人生の成功者である」とする「受験での成績」というひとつの尺度ですべてを測ろうとする価値観である。「もっといろいろと人を判断する尺度はある」「世のなか，そんなものではない」とわかっていても，「でも，いい大学に行きたいし，いいところに就職したい」という呪縛から抜けきれないでいる。このことが，子どもの心理面にさまざまな影響を及ぼしているのである。

　以上のように子どもにさまざまな変化をもたらしたのは，時代の変化にともなう子どもをとりまく環境要因の変化に負うところが大きい。しかし，それらの変化について「よい」「悪い」ということはできない。そうなってしまったのである。問題は

それらの変化をどうとらえ，そして，どのようにしたいかである。子どもをとりまく最大の環境要因である大人の姿勢が問われるところである。

4節　成年期〜老年期

事例2-4　家族の役割の生涯発達

人は，母親の胎内で育ち（胎児期），誕生以降，乳児期，幼児期，児童期，青年期と，家庭，学校，とそれぞれがおかれた場で順調な発達を遂げていく。

しかし，発達はここで終わるわけではない。青年期以降の一般的なライフコースとしては，高校や大学を卒業し，社会に出ていき，そこで自力で生活のためのお金を稼ぎ，自分の人生のパートナーを見つけ，自分の家族をつくりあげていく。親の庇護を離れ，自分の足で社会のなかで生活していき，自分が子どもを育てあげるという大きな役割を担うのが，成年期なのである。そういう意味では，青年期までは社会に出るための準備期間ということもできる。さて，表2-5をみてほしい。

ここに，「家族」という役割の，成年期〜老年期にかけての私たちのこれから歩むひとつの方向性が示されている。

表2-5　家族のライフ・サイクル段階別にみた基本的発達課題
（望月・本村，1980）

	基本的発達課題（目標）	役割の配分・進行	対社会との関係
婚前期	・婚前の二者関係の確立 ・身体的・心理的・社会的成熟の達成	・正しい性役割の取得 ・結婚後の妻の就業についての意見調整	・相互の親族や知人の是認の確保
新婚期	・新しい家族と夫婦関係の形成 ・家族生活に対する長期的基本計画 ・出産計画	・性生活への適応 ・夫婦間の役割分担の形成 ・夫婦の生活時間の調整 ・生活習慣の調整 ・リーダーシップ・パターンの形成	・親や親戚との交際 ・近隣との交際 ・居住地の地域社会の理解 ・地域の諸団体活動への参加
養育期	・乳幼児の健全な保育 ・第２子以下の出産計画 ・子の教育方針の調整	・父・母役割の取得 ・夫婦の役割分担の再検討 ・リーダーシップ・パターンの再検討	・近隣の子どもの遊戯集団の形成 ・保育所との関係 ・親族との関係の調整（祖父母と孫）
教育期	・子の能力・適性による就学 ・妻の再就職と社会活動への参加 ・子の進路の決定 ・家族統合の維持	・子の成長による親役割の再検討 ・子の家族役割への参加 ・夫婦関係の再調整 ・余暇活動の設計 ・家族の生活時間の調整 ・妻の就業による役割分担の調整	・老親扶養をめぐっての親族関係の調整 ・PTA活動への参加 ・婦人会，地域社会活動への参加 ・婦人学級・成人学級など学習活動への参加 ・夫の職業活動の充実
排出期	・子どもの就業・経済的自立への配慮 ・子の情緒的自立への指導 ・子の配偶者選択・結婚への援助	・子の独立を支持するための役割 ・子の離家後の夫婦関係の再調整 ・子の離家後の生活習慣の再調整	・地域社会活動への参加 ・奉仕活動への参加 ・趣味・文化活動への参加

老年期	・安定した老後のための生活設計 ・老後の生きがい・楽しみの設計	・祖父母としての役割の取得 ・やすらぎのある夫婦関係の樹立 ・夫婦としての再確認 ・健康維持のための生活習慣	・子どもの家族との関係の調整 ・地域社会活動・奉仕活動・趣味・文化活動参加の維持 ・子どもの家族との協力関係の促進 ・老人クラブ・老人大学への参加 ・地域活動への参加（生活経験を社会的に生かすこと）
孤老期	・ひとりぐらしの生活設計	・子どもによる役割の補充 ・社会機関による役割の補充	・社会福祉サービスの受容 ・老人クラブ・老人大学への参加 ・新しい仲間づくり，友人関係の活用

この節では，家族に限らない，成年期～老年期にかけての全般的な変化について概観していく。

2-4-1　成　年　期

25～65歳を成年期とするならば，この間，人は，家庭生活，職業生活のうえで，さまざまな変遷を経験していく。家庭生活では，事例2-4で示されるように，平均的には，パートナーの選択，結婚，新婚生活，子どもの誕生，子育て，子どもの独立，孫の誕生等を経験し，それぞれの段階での課題に対処していく。

一方，職業生活では，①準備，②確立，③維持，④引退という段階のなかで，同様にさまざまな課題に対処していくことになる。

このように，成年期は，家庭，職業，地域のなかでの人間関係を軸として，それぞれの段階においていろいろな課題を背負った時期である。この意味では，いわゆる学業面，友人関係で，親あるいは年長者などの保護下にあったそれ以前の時期とは大きく異なる。かなりの部分を，周囲の助けを借りながらも，自分を中心として，自力で解決していかなければならないのである。

しかも，この時期は長く，その課題は多様である。この時期にどのように対処しのりきっていくかが，その後の人生を充実して過ごしていくうえで，きわめて大切なこととなってくる。

心身の特徴としては，この時期は，年齢幅が25～65歳と広いため，加齢にともないさまざまな側面で変化が見受けられるよ

うになる。

　生理的側面では，機能の上昇が一般的であった青年期までとは異なり，機能の低下が，程度の差はあれ確実に起こる（図2-7）。

　しかし，それでも，個人差はあるが，老年期とは異なり，成人期は日常生活を送っていくうえでは，十分な機能を有している。したがって，特別な場合を除いて，その低下が日常生活に影響を及ぼすことはほとんどない。

　体力面の年齢変化では，男女ともに40歳代が低下のひとつの分岐点であることがわかる（図2-8）。しかし，日頃の運動は体力維持にとって非常に重要な要因となってくる（図2-9）。

　心理的な面ではどうだろうか。先に，青年期は，「自分探しの時期」「ゆれている時期」だということをみてきた。成年期に至った人たちは，心理的に安定しているのだろうか。

　図2-10に，氏原（1990）による成年期における自我同一性のラセン式発達モデルを示す。青年期の自我同一性の形成期という葛藤の時期を経て，成年初期の安定期に入るが，中年前期に

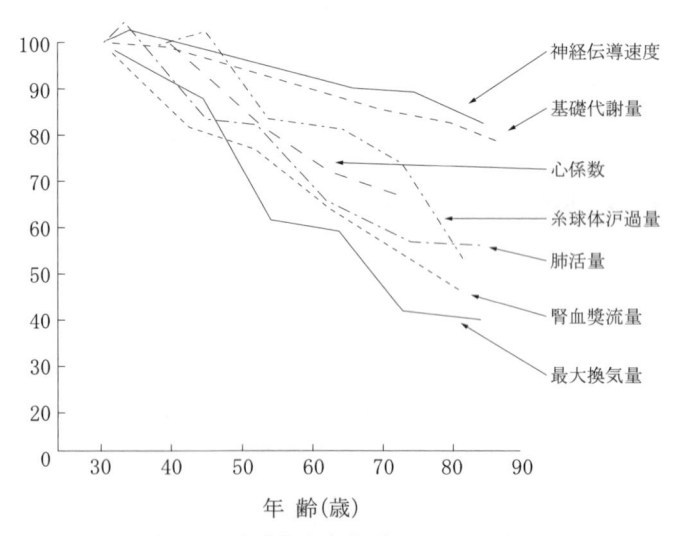

図2-7　生理面の変化（Shock，1971）

そのおかれた状況の変化（心身機能の変化の認識等）を受けて，再び葛藤の時期に入る（自我同一性危機期）。そして，その危機を乗り切った後は，しばらく安定の時期に入るが，定年退職等の自己内外の状況の変化を感じる時に再び葛藤が始まるのである。まさに，悩んでいるのは青年だけではないのである。

2-4-2 老年期

1950（昭和25）年のわが国の平均寿命は，男性59.6歳，女性63.0歳であり，いずれも65歳に達していなかった。したがって，

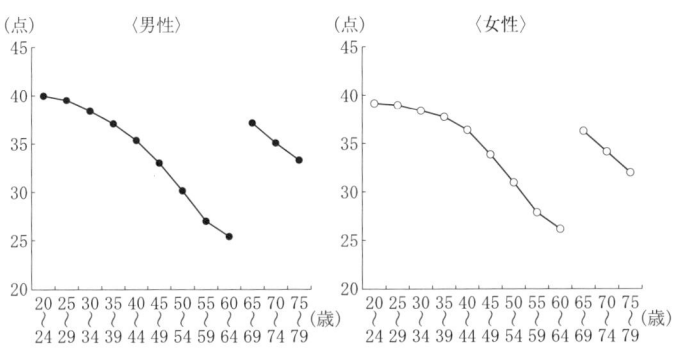

(注) 1．合計点は，新体力テスト実施要項（握力，上体起こし，長座体前屈等）の「項目別得点表」による。
2．20歳〜64歳，65歳〜79歳及び男女の得点基準は異なる。
3．数値は，移動平均をとって平滑化している。

図2-8　成年および高齢者の加齢に伴う新体力テスト合計点の変化
（文部省平成11年度体力・運動能力調査結果による）

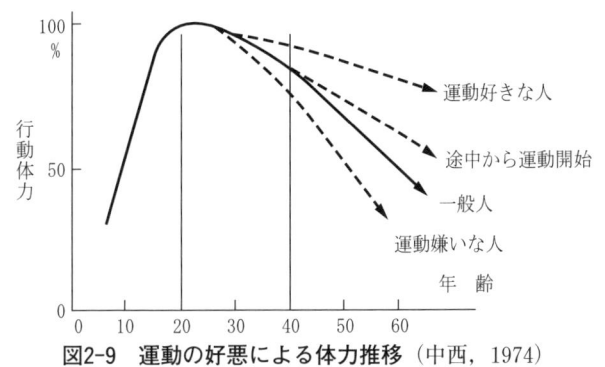

図2-9　運動の好悪による体力推移（中西，1974）

当時，老年期は社会的にも学問的にも大きな問題となりえなかった。しかし，2000年現在，男性76.25歳，女性82.51歳となり，平均寿命は飛躍的に伸びた。

65歳からこの死亡するまでの間が，いわゆる老年期ということになるが，医学の進歩などにより死亡する直前までこの時期を健康に過ごせる人も増えてきており，この時期は，さらに延びることも予想されている。この意味で，老年期は現代社会がつくり出した発達段階であり，今後，ますます注目される時期であるということがいえよう。

身体的変化としては，成年期以上に顕著であり，外的には，毛髪の変化（白髪，脱毛），爪の変化，皮膚の変化，眼の変化（老人斑，角膜，水晶体の混濁），脊柱の変化などが，見受けられるようになる。

五感のなかで，視覚，聴覚，味覚，嗅覚の4つについては，加齢にともなう変化が認められる。視覚では，視力（ものをはっきり見る），暗順応（暗さに慣れる），水晶体の調節能力（近くのものを見る）に低下が認められる。ただし，白内障（手術による治癒可能），緑内障，糖尿病性網膜症等の疾病を患わない限り，老眼鏡などの使用により日常生活に大きな支障がもたらされることは少ない。聴覚では，低音に比べ高音が聞き取りにくくなる。また，まわりがうるさかったり，ことばが不明瞭であったり，早口であった場合，ことばを聞き取りにくくなる傾向が高まるなど，会話に支障が出てくる。

味覚については，酸っぱさ，塩からさ，苦さを感じるまでの閾値が高くなる。嗅覚についても，同様に閾値は加齢にともない高くなる。このように，味覚についても，嗅覚についても，これまでと同じ感覚を得るためには，より強い刺激が必要となってくる。残る触覚（とくに痛覚）については，低下に関する一貫した結果は得られていない。

このように，遺伝，生活環境の違いなどによってその時期，

第2章 人間は変化する　57

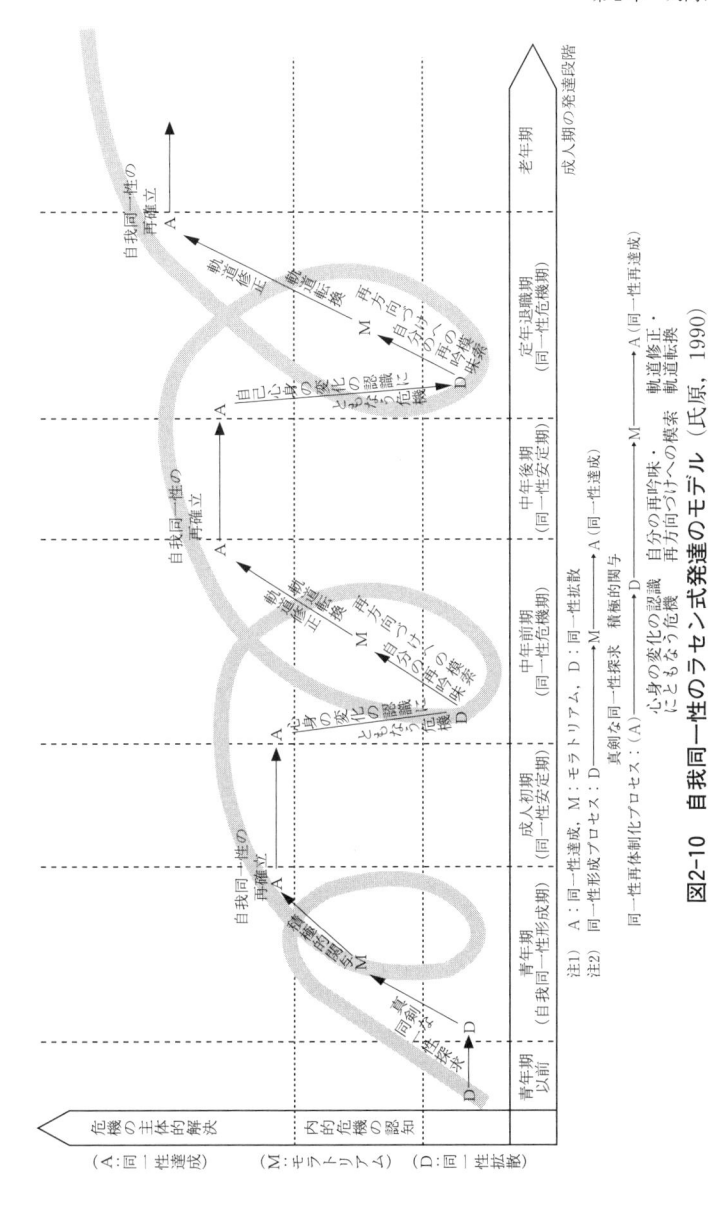

図2-10　自我同一性のラセン式発達のモデル（氏原, 1990）

注1) A：同一性達成、M：モラトリアム、D：同一性拡散
注2) 同一性形成プロセス：D → M → A（同一性達成）
　　 同一性再体制化プロセス：(A) 真剣な同一性探求 積極的関与 → M 自分の再吟味・再方向づけへの模索 → A（同一性再達成）
　　 心身の変化の認識にともなう危機 軌道修正・軌道転換

程度などには個人差はあるけれども，老年期になると生理的機能，感覚能力の低下は確実に起こる。そして，これらの低下が以下の4つの機能の低下をもたらす。①予備力の低下：日常的に活動を行うことには大きな支障はないが，それ以上の活動が要求される事態には十分に対応できない。走れば息切れするなど，無理がきかなくなる。②防衛反応の低下：病原体の侵入に対する白血病の防衛活動および免疫反応の発動が衰えるために，疾病に対する抵抗力が衰え，病気に感染しやすくなる。③回復力の低下：組織の疲労，損傷に対する自然回復力が低下し，回復までに時間がかかるようになる。④適応力の低下：環境の急激な変化に適応することが難しくなる。

　しかし，人はこのような機能の低下に合わせて，生活様式，態度等を変えることにより，それらの影響を最小限にとどめることができる。また，「近くのものが見えにくくなったから老眼鏡をかける」「人の声が聞こえにくくなったから補聴器をつける」など，外的な補助手段を積極的に講じることにより日常生活への影響を軽減することもできる。この意味では，病気などにより重篤な障害を負わない限り，通常の加齢にともなう低下の日常生活への影響は，それほど心配するほどのものではない。

　それでは，知的能力はどうだろうか。年をとると低下の一途をたどると以前には考えられていた。たしかに，「思い出せない」「新しいことを覚えられない」などの記憶力の低下は確実に起こる。しかし，これも，脳血管障害など，病気による脳のダメージによるものでない限り，日常生活上の障害をもたらすものではない。

　ホーンとキャッテル（Horn & Cattell 1966）は，成人期以降の知的能力に焦点を当て，それを大きく結晶性能力（crystallized intelligence）と流動性能力（fluid intelligence）の2つに分類し，それぞれの能力の加齢変化を追ったモデルを提唱して

いる（図2-11）。

　結晶性能力とは，生涯を通しての経験の積み重ねにより獲得される能力であり，意図的な学習過程と関連した知的能力のレベルを反映している。これは，おもに，「語の意味」「社会的知識・スキル」を測る言語的なテストによって測定される。この能力は，図に示されるように，経験の積み重ねにより獲得されるために，一生涯を通じて伸び続ける。

　一方，流動性能力は，結晶性能力とは対極にあり，とくに神経系の機能のもとで決定される能力である。偶発的な学習過程と関連した知的能力のレベルを反映している。「置換：記号を数字に置き換える」など，おもにスピードと関連した非言語的なテストによって測定される。この能力は，神経系の機能と関連するため成人に達する前後にピークに達する。

　ここにみるように，老年期は低下だけの時期ではない。人は実社会に出て以来，人生上のさまざまな経験を積み重ねていく。そのなかで，いろいろなことを学び，「人生の知恵」を身につけていく。これらの経験が結晶したものが結晶性能力なのである。

　さて，この時期に，人は，「退職」「収入の減少」「家族の病気」「親しい友人の死」「配偶者の死」等，社会面，家庭面で身体・精神的健康にマイナスの影響を及ぼす重要なライフ・イベ

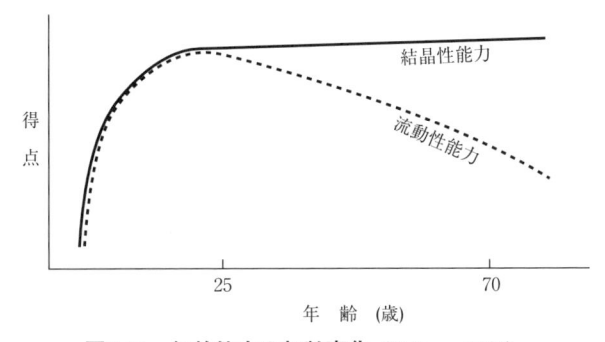

図2-11　知的能力の加齢変化（Baltes，1980）

ント（life events）を経験する。一方，「健康」「収入」「社会的活動への参加」「レジャーの参加」「高い教育」「高い社会的地位」「家族や友人との親密性」等の生活経験は，プラスに影響を及ぼす。

　ニューマンとニューマン（Newman & Newman, 1984）は，エリクソンにもとづき，この時期に対処すべき課題として次の4つをあげている。①老化にともなう身体的変化に対する対応：先にみたように加齢にともない生理機能，感覚機能等は低下していく。これらの変化に合わせて日常生活を調整する機能をできるだけ維持するために規則正しい生活を送る，適度な運動を怠らないなどの具体的な対応を個人的に構ずることがこの時期の重要な課題となってくる。②新しい役割や活動へのエネルギーの再方向づけ：子どもの独立・結婚による親としての役割の変化，孫の誕生による祖父母としての役割の獲得，定年による職場での役割の喪失，地域社会における新しい役割の獲得，配偶者の死去による家族のなかでの自己の役割の変化とそれへの対応など，それまで個人が家庭，社会などで果たしていた役割は，この時期に経験するさまざまなライフ・イベントによって変化していく。そして，それまでの活動のエネルギーを新たに方向づけることでこれらの変化に対応していくことが課題となる。③自分の人生の受容：人生の最後の段階として，これまでの自分の人生を振り返り，満足いくことも，満足いかないことも，すべて，そのものを自分のものとして受け入れることが課題となる。④死に対する見方の発達：人は，成人期，老年期を通して親，親友，年輩の知人，年下の知人，あるいは，子ども，配偶者など，さまざまな死を経験する。それらの死を受け入れると同時に，近くに迫っている自分の死を受け入れることが課題となる。

　ここにみるように，いわゆる老年期の発達課題は，それ以前の発達段階のそれとは質的に異なる。すなわち，それまでの課

題が,「何かを得るため」「獲得のため」であったとすれば,老年期の課題の中心は,(もちろんすべてではありえないが)「獲得したものを喪失し,その喪失に適応していく」ことなのである。

【引用・参考文献】

Baltes, P. B., Reese, H. W. & Lipsit. L. P.　　Life-span developmental psychology. *Annual Review of Psychology*, **31**, 65-110.

Horn, J.L. & Cattell, R.B.　1966　Refinement and test of the theory of fluid and crystallized intelligence. *Journal of Educational Psychology*, **57**, 253-270.

保坂　亨　1996　子どもの仲間関係が育む親密さ──仲間関係における親密さといじめ（現代のエスプリ353）pp.43-51.

石坂　啓　1993　赤ちゃんが来た　朝日新聞社

小嶋秀夫　1991　親となる過程の理解　我妻　堯・前原澄子（編）母性の心理・社会学（助産学講座3）医学書院　pp.79-111.

Matejcek, D., Dytrych, Z. & Schuller, V.　1979　The prague study of children born from unwanted pregnancies. *International Journal of Mental Health*, **7**, 63-77.

松尾直博　1999　人間関係の発達　桜井茂男・大川一郎（編）しっかり学べる発達心理学　福村出版　pp.107-122.

望月　嵩・本村　汎（編）1980　現代家族の危機　有斐閣　pp.12-13.

中西光雄　1974　壮年の体力　体育の科学, **24**, 304-311.

中西由里　1995　胎児と母親　麻生　武・内田伸子（責任編集）人生への旅立ち──胎児・乳児・幼児前期（講座生涯発達心理学2）金子書房　pp.35-64.

ニューマン, B.M. & ニューマン, P.R.　1984　福富　護（訳）1988　新版　生涯発達心理学　川島書店

西平直喜　1990　成人になること──生育史心理学から　東京大学出版会

大川一郎　1999　子どもの発達と環境　桜井茂男・大川一郎（編）しっかり学べる発達心理学　福村出版　PP.9-22.

Salapatek, P.　1975　Pattern perception in early infancy. In L.B. Cohen & P. Salapatek (Eds.) *Infant perception from sensation to cognition*, **Vol.1**. Academic Press, pp.133-248.

Salapatek, P. & Kessen, W.　1996　Visual scanning of triangles by the human newborn. *Journal of Experimental Child Psychology,* **3**, 155-167.

佐藤伸枝　1998　妊娠の受容と母親になる心理過程について　つくば国際大学卒業論文

Scammon, R.E.　1930　The measurement of man. In J.A. Harris, C.M. Jackson, D.G. Paterson & R.E. Scammon (Eds.) *The measurement of the body in childhood.* University Minesota Press.

Shock, N.W.　1971　The Physiology of Aging. In C.B.Vedder (ed.) *Gerontology.* Charles.C.Tohmas Publischer, pp. 264-279.

杉原一昭　1995　今,子どもが壊されている――不思議の国のアリス現象　立風書房

高橋道子　1974　乳児の微笑反応についての縦断的研究　心理学研究, **45**, 256-267.

高橋道子　1990　乳児の認知と社会化　無藤　隆・高橋恵子・田島信元(編)　発達心理学入門Ⅰ――乳児・幼児・児童　東京大学出版会

高石昌弘・宮下充正(編)　1977　スポーツと年齢――身体発達と年齢　大修館書店

戸田弘二　1991　Internal working Models研究の展望　北海道大学教育学部紀要, **55**, 135-145.

氏原　寛　1990　中年期の危機　小川捷之・斎藤久美子・鑪幹八郎(編)　ライフサイクル（臨床心理学体系第3巻）　金子書房　pp. 178-192.

第3章 子どもは伸びる──認知発達

　高度情報化社会のなかでは，人間の認知発達について考えることが重要になってくる。なぜなら，社会に流通するどんな情報であっても，それは人間の認知活動との関係でしかとらえることができないからである。情報は人間に認知されてはじめて生きてくるのである。となれば，この時代に生きる人間にとっては，人間の認知活動がどのような道すじをたどって発達するのかを知ることが高度情報化社会でよりよくいきるための基礎的な要件になろう。

　そこで，本章においては，子どもの認知活動がたどる発達の道すじを明らかにしよう。まず，言語に焦点を当てて，その発達を明らかにしよう。次に，数の発達を考える。最後に，思考の発達をとりあげて，その発達を考えてみよう。

1節　言語の発達

　事例3-1　子どもの心をつかむ紙芝居の「仕掛け」

　約9割の幼稚園で週に1回以上の割合で，紙芝居が演じられている（松原，1986）。演じられる時間帯は食事の前後になることもあれば，お帰りの前になることもあって，定まっていないようである。とはいえ，紙芝居が演じられる曜日は決まっていることが多いから，その日がくると，子どもたちは紙芝居の始まりを朝から心待ちにする。
　それでは，どうして，子どもたちは紙芝居が好きなのだろうか。たくさんの理由があろうが，紙芝居に取り入れられた多彩な「仕掛け」が子どもたちの心をつかんで離さないでいることは意外と知られていない。こうした「仕掛け」の例として「ぬき」をみてみよう。

紙芝居では，次の新しい画面が始まる時，子どもから見て右から左へと，画面が引き抜かれる（図3-1, 図3-2）。これを「ぬき」とよぶ。「ぬき」は素早くなされることもあれば，ゆっくり間をおいてなされることもある。紙芝居を作る段階で，どうすれば子どもの心をつかまえることができるかを考えて，作り手はあらかじめ「ぬき」を仕掛けている（山本，1993；1998）。

　子どもは多彩な「仕掛け」に導かれながら，紙芝居を楽しみ，豊かな物語経験を積むことになる。このような経験は人間の言語習得の基礎となる。そして，物語に取り入れられたたくさんの「仕掛け」が言語習得を彩り豊かなものとしている。さまざまな支えがあって，人間の言語習得は進むようである。それでは，言語はどのように習得されるのであろうか。

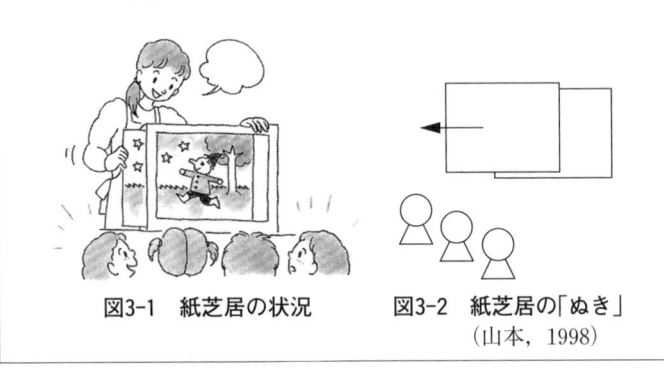

図3-1　紙芝居の状況　　図3-2　紙芝居の「ぬき」
（山本，1998）

　ここでは，言語の発達について考える。まず，語彙の発達がどのように進むかについてみてみよう。次に，文法と書きことばとがどのように発達するかを考えてみよう。さらに，子どもの文章理解と知識獲得とはどのようなものかを明らかにし，最後に，コミュニケーション能力について考察しよう。

3-1-1　語彙の習得

　言語の習得はおおむね次のような流れをたどる。つまり，言語以前の段階から片言期へ，そして羅列期へ，さらには安定期へと進む（表3-1）。この流れは，言語の種類には関係なく，共通に進む流れである。

　1歳前後になると初語が現れる。これは母親を表す「ママ」

や食べ物を表す「マンマ」であることが多い。これは，幼児にとって構音が容易であることとも関係している。初語の獲得が出発点となって，一語文が始まる。ひとつの単語で意味を伝えることが可能になるのである。ただし，「ワンワン」と言った場合に，「イヌ」に加えて「ウシ」やその他の動物が意味されることもある。ひとつの単語で伝える意味は多い。

その後，幼児の語彙は飛躍的に増える。とくに，3歳から4歳半にかけては，年間に約700語の新しい語彙を獲得する。ただ，語彙の獲得とはいっても，理解語彙と使用語彙とで違いがあると言われている（福沢，1987）。理解語彙とは，理解レベルを基準にした場合に獲得されていると考えられる語彙である。また，使用語彙とは使用レベルを判断基準にした場合に獲得されていると考えられる語彙である。

6歳頃には，使用語彙は3000語程度になり，理解語彙については5000語にまで増える。この間に語彙が獲得されるスピードはかなり速い。1日に獲得される語彙が約10単語であるという報告もある。このような急速に進む語彙獲得には，他者との会話がきわめて重要な役割を果たす。「ことばのキャッチボール」といわれるように，幼児は他者へことばを投げかけたり，他者

表3-1 言語の成立（杉原，1986より作成）

(1) 言語以前
　a．泣き声
　b．喃語
　c．身ぶり

(2) 片言期
　a．一語文 「マンマ」 擬声語
　b．二語文 「ママ　イヌ」(ママ,犬がいるよ)
　c．三語文 「オオキイ　キントト　キエネ」
　　　　　　（大きい金魚，きれいね）

(3) 羅列期
　多語文 「オシッコシタイ」
　　　　 「ワッテ　オジサン　オモシロカッタ」
　　　　 (オシッコがワッテ出てきて，おじさんがびっくりして，おもしろかったね)

(4) 安定期
　a．主語＋が＋述部
　b．年間約700語の語彙習得（3歳から4歳半）
　c．文法的
　d．従属文（だから），接続詞，助動詞

からの投げかけを受け取ったりする。たとえ，今までに聞いたことのない単語であっても，文脈を利用して，その意味をつかまえることになる。しかし，この時期に，ことばを投げかける他者を失ったり，他者からの投げかけを欠いた状況におかれたりすると，幼児の言語習得にとっては重大な問題をかかえることになる。

さらに，児童期に入ると語彙の数も一段と増加する。6歳で約5000語を越えるまでに増えた語彙数は，10歳にもなれば約1万2000語にまで急増する。また，児童がよく知っていることばは熟知語とよばれるが，この熟知語は学年が上昇するにしたがって増大する。この熟知語を調べてみると興味深いことがわかる。それは，学年があがるにつれて，熟知語の内容が変わるという点である（図3-3）。

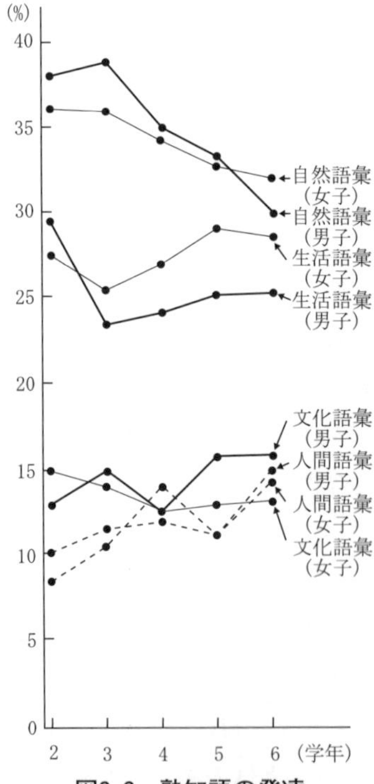

児童の学年があがるにつれて，自然についての熟知語が減少し，人間についての熟知語が増加する。つまり，低学年の児童では，「やま」や「イヌ」のような自然に関するものが中心であったのに対して，高学年の児童では，「みんな」や「けんか」のような人間に関するものが中心になる。これは，児童の関心が変化したためであると考えられる。ここからすると，高学年の語彙習得が所属する社会への参加という意味をもつと考えられている。そして，語彙は社会的な知識のかなめになる。

図3-3　熟知語の発達
（福沢，1987）

表3-2 各年齢で出現した格助詞の種類
(鈴木, 1987)

1歳に出た格助詞	1歳8カ月	って, を
	1歳9カ月	が, へ, に
	1歳11カ月	の, と, で
2歳に出た格助詞		から, まで
3歳に出た格助詞		より

3-1-2 文法と書きことば

　子どもは発達するにつれて，一語文から二語文へ，そして多語文へと複雑な文をつくることができるようになる。ここには文法能力の習得が関係している。この文法能力の基礎には構文能力を位置づけることができるが，構文能力の発達は，助詞の獲得や接続詞の獲得などとして現れる。

　たとえば，助詞の獲得について考えてみよう。1歳頃から2歳頃にかけて一語文から多語文へと移行する。そして，2歳半からは文の構造がさらに複雑になり，ひとつの文が単文から埋め込み文や並列文へと移行する。このように，文構造の複雑化にともなって，助詞を用いた適切な語順を採用することができるようになる（表3-2）。

　日本語の構文においてとくに難しいとされる「は」と「が」の使い分けについては，「が」の方が「は」よりも先に獲得され，「は」が使い分けられるのは6歳以降である。幼児が構文能力を習得するためにもっとも重要な点は，いかにして幼児がことばを道具として対象化できるかである。ことば自体を対象化する能力をメタ言語能力とよんでいるが，このメタ言語能力が重要になる。

　児童期になると，幼児期に育成された構文力は，作文力となって花開く。しかし，幼児期の構文力が児童期の作文力へと円滑に移行するわけではない。むしろ，児童は戸惑いを感じたり，

混乱したりもする。児童は書きことばを習得するために，それまでに身につけた話しことばを改めて編成しなおすことが必要になってくるためである（茂呂，1992）。

それでは，児童期の作文力がどのように発達するかについて考えてみよう。一般に，作文を行うには，単語が羅列できればよいというわけではない。話題をつなぎあわせ，全体として意味のまとまった構成に練りあげる作業が重要になる。これを体制化とよぶ。この能力は，学年を経るにつれて，出来事と出来事の関係を時間的につなぐ段階から，因果的につなぐ段階へと発達し，小学校6年生にもなると，出来事が有機的に結びつくように体制化できるようになる（山本・天沼・杉原，1989）。言い方を換えると，話題（トピック）を有機的に結びつけるようになってはじめて，作文は意味のまとまったものになる。ただし，それがさらに組織的に構造化されるにはしばらく時間を要するようである。大学生でも，このレベルに達した者は少ないようである。

3-1-3　文章理解と知識獲得

子どもたちは，毎日，さまざまな文章に触れて，そこから新しい知識を獲得している。教科書や参考書といった勉学に用いる文章だけでなく，案内文や宣伝文あるいは取扱説明書まで，子どもたちのまわりには，たくさんの多様な文章があふれている。ここでは，子どもの文章**理解**と知識獲得について考えてみよう。まず幼児期について考えたあとで，児童期の文章理解を明らかにしてみる。

そもそも，文章は物語文と説明文とに大きく分けられる。物語文とは，物語，小説，随筆などの文学作品を総称するものであって，情緒性に重点がおかれた文章である。また，その理解は読解を基礎として鑑賞にまで及ぶ。一方，説明文とは，典型的な説明文や解説文だけでなく，論説，報道，記録などの文学

理解（comprehension）：人間が，外界の事象についての情報を選択的に取り入れ，それを符号化・統合・推論によって既有知識に関連づけることで，一貫した表象を構成すること。文章理解では構成される表象の違いから，表層構造，テキストベース，状況モデルと大きく3つに区分されている。

表3-3　絵本への興味の発達（高木，1987）

	1位	2位	3位
2歳児	生活経験が描かれているもの(16)	動物や車など動くものが登場(15)	くり返しのあるもの(9)
3歳児	動物や車など動くものが登場(15)	くり返しのあるもの(13)	生活経験が描かれているもの(12)
4歳児	動物や車など動くものが登場(15)	未知への興味が感じられるもの(11)	くり返しのあるもの(10)
5歳児	未知への興味が感じられるもの(12)	動物や車など動くものが登場(11)	心情的に感動する話(10)

＊　（　）は20冊中この要素の入っていた冊数。

以外のものを広範に含む文章のことである。これは論理性を基礎とする文章であるため，その理解では，順序，筋道，叙述などの的確な読解が要求される。

　一般に，幼児期においては，語り聞かせや読み聞かせによって，物語文に触れることが多いと思われる。この場合，絵本や紙芝居が用いられる。これらが児童文化の中核をつくってきたことから示されるように，幼児期の文章理解は物語文の理解が中心になる。これは，幼児期に豊かな物語の経験を積むことが，筋道にそった予測や推理の基礎をはぐくんだり，想像性や創造性の源を提供したりすると考えられるためである。

　それでは幼児の物語理解とはどのようなものなのであろうか。幼児期では，年少から年長へと発達するに従って，幼児にとって人気の高い絵本の内容が異なってくる（表3-3）。年少児では生活経験と関連の高い内容に人気が集まるが，年長児では自分の経験よりも，未知の世界を知らせてくれる内容に人気が集まる。年少から年長へと発達するにつれて，物語の人気度が変化していることから，物語の理解過程に質的な変化が起こっていると推察できる。それは，主観的理解から客観的理解への発達としてとらえることができるようである（高木，1987）。ここ

で主観的理解とは，幼児が経験したことがらに関係づけることができる内容のみを理解する場合である。また，客観的理解とは，物語の展開構造を考え，関連する手がかりを使いながら，理解する場合である。

5歳頃には，主観的理解から客観的理解への変化が生じる。この頃になると，客観的理解を進めるために，文章構造の果たす役割が大きくなる。あらかじめ，物語の展開構造についての知識をもたせることで，客観的理解が促される。ちなみに，このような知識は**物語文法**とよばれるが（Rumelhart, 1975），この物語文法を習得することで，幼児期の物語経験は豊かなものになる。また，この時期では，画面構成や挿し絵なども客観的理解には重要な要素となっている。これらの形式的な要素が客観的理解を支援しているのである（事例3-1参照）。

児童期に入ると，自分で文章を読むことが多くなる。文章を理解するためには，自分がすでにもっている既有知識を用いながら，文章についての一貫性のあるまとまった表象をつくりあげることが必要になる。文章理解には，次のような要因が関係している。ひとつは文章を伝達する側の要因（伝達意図や読み手の既有知識についての予測）であり，もうひとつは文章に付随する要因（文章表現，題，見出し，挿し絵，表など）であり，さらには読み手側の要因（文章に関するさまざまな知識やモニタリングなどの精神操作）である（内田, 1982）。児童は，文章を読解する過程を通じて，自分の体験を越えた新たな知識を獲得できるようになる。

ところで，文章からの知識獲得を考えるには，文章に書かれた内容の読み取りを考えるだけでは不十分であろう。それに加えて，読み取った内容をいかに生かすかについても重要になってくる。たとえば，児童は学校や家庭でたくさんの説明文から知識を獲得している。この説明文のなかには，手順や操作方法を説明した，いわば「手続き的説明文」も含まれている。「プー

物語文法（story grammer）：昔話や民話などの物語には，設定・目標・展開・結末といった一定の構造や規則が見出されるが，物語がもっているこの一般的構造規則を物語文法とよぶ。語り部が物語を伝承できるのは，知らず知らずのうちに物語文法を習得しているためである。

ル掃除の仕方」や「図書館の使い方」のような説明文である。このタイプの説明文から知識を獲得するには，内容の読み取りに加えて，獲得した知識を実際の状況で使えるかどうかが問われる（小嶋, 1996）。もし，実際に知識を使うことができなければ，文章から知識を獲得したことにならない。この種の知識獲得には，図などのビジュアル要素を文章に添えることが有効である。

3-1-4 説明とコミュニケーション技術

児童期には，読み書き能力，すなわち**リテラシー**の基礎的な要素が習得される。すでに述べたように，小学校6年間に，語彙，文法，作文力，理解力といったリテラシーを支える土台ができあがる。しかし，これらの要素が組み合わさった説明技術やコミュニケーション技術となるといっそうの経験を要する。

説明やコミュニケーション技術では，知識を相手に伝えることが求められる。しかし，どんなに送り手が労力を費やそうと，知識が完全に「伝わる」とは限らない。いくら送り手が「伝える」ことをしたつもりであっても，受け手に「伝わる」保証は何もないのである。とくに，事実や意見を伝える説明の場合，相手に正確に「伝える」ことが求められる。そして，同時に「わかりやすく伝える」ことが求められることになる（岸, 1993）。実は，こうしたことは子どもにとって大変苦手なものである。なぜなら，説明では知識をもたない受け手に知識を伝えるわけであるから，つねに，受け手の知識状態をつかんだうえで，的確に「伝える」ことが求められるからである。

これまで，日本の教育では，説明やコミュニケーション技術は軽視されてきた。とくに，「わかりやすい」説明ということになると，子どもたちは決定的に経験不足である。もっとも，説明やコミュニケーション技術の不足は子どもたちだけでの問題ではない（海保, 1995）。その後の発達を経たとしても，説明やコミュニケーション技術がはぐくまれることは一般にはな

リテラシー（literacy）：人間の読み書き能力をリテラシーとよぶ。狭義には，日本語の場合，仮名や漢字の読み書き能力，ならびに，文章理解や文章産出に必要な技能や知識をさす。広義には，種々の記号や媒体を用いた情報伝達能力をさし，メディアリテラシー等もそのひとつと考えることができる。

かった。そのため，これが災いして，「わかりにくい」説明や表現が氾濫することになった（海保，1992）。そして，今，取扱説明書の「わかりにくさ」が問題になっている。これからの情報化社会を生きるうえで，説明とコミュニケーション技術が不足していることは重大な問題であり，文章表現のみならずレイアウト技術などの視覚表現も含めて考えるべきであろう。

2節　数概念の発達

> **事例3-2　経験を通して学ぶ算数**
>
> 　稲垣・波多野（1989）は，ブラジルのキャンディ売りの子どもたちが，生活のなかで毎日行っている「算数」を紹介している。ブラジルでは，5歳から15歳くらいの子どもが，街のあちこちでキャンディを売り歩く姿を目にするという。キャンディ売りの子どもは，きびしい経済情勢のなかで利益を出すために，高度な「算数」を行っているのである。以下では，稲垣・波多野（1989）が紹介する事例をさらにくわしく取り上げてみよう。
> 　12歳になるキャンディ売りは，その日，1箱30本入りのキャンディを8000クルゼーロで卸売り店から購入して，3本1000クルゼーロで売っていた。この子どもは次のように答えている。
>
> 観察者「1箱でいくら売るの？」
> 子ども「1万クルゼーロで売るよ」
> 観察者「どんなふうにして値段をつけたの？」
> 子ども「（図3-4を指さしながら）こんなふうにして数えるんだ（3本1組で1000クルゼーロにしたものを示す）。これ（3本1組のもの）2個で2000クルゼーロ，もう2個で4000クルゼーロ，もう2個で6000クルゼーロ…，もう2個で1万クルゼーロ。3本1000クルゼーロで売ろうと思ってるので，こんなふうに数えるんだ。こうすれば箱の分全体で1万クルゼーロになる」
> 観察者「1箱分売ったらどのくらいもうかるの？」
> 子ども「1箱8000クルゼーロで買って，それを1万クルゼーロで売るんだから，もうけは2000クルゼーロだよ」。

このキャンディ売りの子どもがどれくらい体系的な算数を身につけているかを調査したところ，加減算や割合の問題などで，学校に長く通っている子どもよりも優れた成績をとったという。このキャンディ売りは日々の体験を通して自ら「算数」を学びとったということができる。それでは，数概念はどのように習得されるのだろうか。

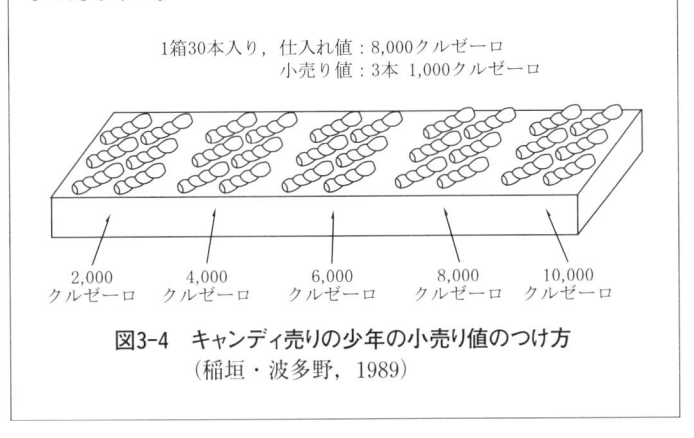

1箱30本入り，仕入れ値：8,000クルゼーロ
小売り値：3本　1,000クルゼーロ

2,000クルゼーロ　4,000クルゼーロ　6,000クルゼーロ　8,000クルゼーロ　10,000クルゼーロ

図3-4　キャンディ売りの少年の小売り値のつけ方
（稲垣・波多野，1989）

3-2-1　数概念の始まりと保存

　子どもは学校で算数や数学を学ぶことにより，数と初めて出会うわけでない。事例3-2が示すように，学校教育以外での場面でも，子どもは数についての経験をたくさん積んでいる。いいかえるなら，子どもは生活の至るところで数と出会っている。また，数との出会いは，年齢によって規定されることもなく，数の始まりは幼児期にまでさかのぼることができる。
　さて，幼児期の体験のなかで，幼児は数概念の基礎を獲得する。なかでも，保存概念を獲得することはとりわけ重要になる。つまり，数の保存とは，物質が見かけなどの非本質的な特徴を変化させても，その数に変化はないことをいう。
　幼児に，図3-5に示すように，白黒5個ずつ並べてある碁石を用いて，数の判断をさせてみる。問1では，白い碁石と黒い碁石とがひとつずつ対応させてある。こうしておいて，「白と

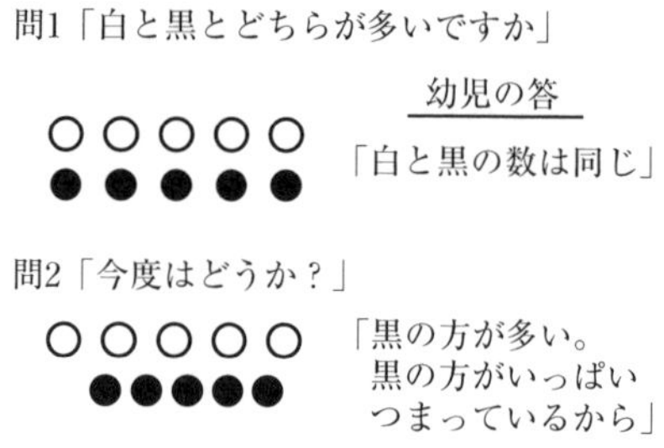

問1「白と黒とどちらが多いですか」

〇〇〇〇〇
●●●●●

幼児の答
「白と黒の数は同じ」

問2「今度はどうか？」

〇〇〇〇〇
●●●●●

「黒の方が多い。
黒の方がいっぱい
つまっているから」

図3-5 数の保存概念の欠如の例
（杉原, 1986）

黒とどちらが多いですか」と幼児に質問する。幼児は、「白と黒の数は同じ」と答えることができる。

ところが、問2では、幼児の反応は異なったものとなる。ここでは、白と黒の碁石は対応関係がくずれている。黒の碁石の密度が高くなり、向かって右側に寄っている。このような場合には、幼児は「黒の方が多い」と答えてしまう。理由を問うと、「黒の方がいっぱい。つまっているから」と碁石が配列された見かけに反応してしまう。つまり、直感的判断のみがあり、数の保存概念はない。

また、数概念の基礎には、系列化が必要になる。これは、長さが異なり順不同に並んだ棒を長さの順に並べさせる課題で調べることができる。棒の長さを長い順に並べることができるためには、棒Aと棒Bあるいは棒Cとの相対的な順序関係を理解していないといけない。幼児期の子どもの多くは、この系列化が困難である。

さらには、数概念の基礎には、全体と部分といったクラスの包摂関係の理解が必要になる。たとえば、赤玉10個と白玉5個を見せて、全部の玉と赤玉とどちらが多いかを幼児に問う。幼児は全体―部分関係をとらえることができず、「赤玉が多い」と答えてしまう。

3-2-2　計数能力と足し算・引き算

　小学校に入ると算数の授業が始まる。そして，早々に，引き算や足し算が教えられることになる。もっとも，引き算や足し算の前提となる能力はそれ以前から獲得されている。この能力は**計数能力**とよばれる。これは，物体の個数を数える能力のことである。単純な計数能力は，すでに3，4歳で獲得されている。「1から10まで数えてみなさい」と求めると，数えることはできる。つまり，幼児期の段階から，日常生活の体験を通じて，物体の数を数えあげることができる。

　そうであるから，小学校に入り，足し算を学習することになっても，単純なものならそれほどの混乱はない。なぜなら，すでに獲得している「数えあげ」を用いれば，難なく足し算ができるからである。たとえば，「3たす2は何か」と求められても，頭の中で，「3，4，5」と数えあげれば，「5」という解が導き出されるのである。引き算も同じように解くことができる。小学校に入った当初，足し算や引き算はそれほど難しいものではない（吉田，1996）。

　ところが，繰り上がりや繰り下がりが登場すると，事態は一変する。それまで，「数えあげる」ことで解けた足し算や引き算ができなくなってしまうといわれている。たとえば，引き算について考えてみよう。それまで，引き算を正しく計算できるものの割合はかなり高かったのに対して，繰り下がりのある引き算が出てくる2年生や3年生になると，正しく計算できる子どもの割合が一気に低下するようである（表3-4）。約2割から3割の子どもが誤ったやり方で，繰り下がりのある引き算を計算してしまうといわれている。

　3年生になると，教科書に分数や割合が登場する。しかし，これらの習得においても，子どもたちには混乱がある。もともと，分数や割合は，整数とは違って複雑な概念である。小学校の6年間を通じて徐々に獲得されるのである。

> **計数能力**(counting)：物体の個数を数えたり，唱えたりする能力のこと。この計数能力は，足し算や引き算などを学習するための前提となる。また，単純な計数能力は発達的にかなり早い時期に獲得される。

表3-4 引き算における学期ごとの各方略群の割合（％）
（吉田，1996）

	1 年	2 年			3 年	
	3学期	1学期	2学期	3学期	1学期	2学期
適 切 群	84	56	63	64	63	60
誤り方略群	2	30	25	13	20	27
その他群	14	14	12	23	17	13

3-2-3 文 章 題

小学校の高学年になると，文章題が多く登場し，その比重は高まる。それにつれて，「計算はできるが，文章題はできない」という声が子どもたちから聞かれるようになる。また，計算に問題のない子どもが文章題にはとりかかろうとしない場面に出くわすことになる。そうした場合，教師はおうおうにして，「問題をしっかり読みなさい」と指導をするが，問題の本質は解決されておらず，子どもの文章題嫌いは減少することはない。それでは，文章題を解くためには，どのような能力が必要となるのであろうか。

文章題を解決するには，次の4つの段階を経ることになる（Mayer，1985）。第1は，問題を読んで命題を**表象**する段階である。第2は，表象された命題を統合する段階である。第3は，この表象にもとづいて問題解決のためのプランをたてる段階である。第4に，プランに従って計算を実行する段階である。これら4つのプロセスを経て，文章題は解決されるにもかかわらず，第1のプロセスや第2のプロセスは見過ごされる傾向にある。つまり，文章題を解くための指導では，第3と第4のプロセスが強調され，第1と第2のプロセスは軽視されることが通常であると考えられている（吉田，1996）。

もしも，文章題として書かれた内容と，その読解によって構成された表象とが一致するなら，第1プロセスと第2プロセス

表象（representation）：外界の物事を頭の中で書き換えたものが表象であり，書き換える心の働きを表象作用とよぶ。表象は書き換えの型によって，イメージ表象，命題表象，メンタルモデルに区分される。なお，情報分野においては表現と訳される場合もある。

は，さして問題はない。結果として，文章題の解決において，第4プロセスである計算が占める比重は高まることになる。しかしながら，文字通り，文章題はあくまでも「文章」を用いた問題なのであって，単なる計算問題の集合へと帰すことはできない。つまり，第1プロセスと第2プロセス，すなわち，問題を表象する能力は文章題では中心的な能力となる。じつは，子どもにとって，これをいかに解決するかが難しいのである。このことは，文章題の解決が総合的な視点でとらえなければならないことを示している。

3節　思考の発達

事例3-3　幼児と大人の思考にみる「共通点」

　幼児期のものの考え方はまだ論理的になっていない。この時期の思考様式は，自己中心的思考，あるいは直感的思考と特徴づけられている。この自己中心的思考の例としては，ひとつにアニミズムがある。これは，すべてのものに心があり，生きていると考える心性である。たとえば，「太陽が追いかけてくる」とか，「木が騒いでいる」といった考え方である。

　杉原（1992）は，「○○にはこころがあり，考えたり感じたりしますか」と幼児に質問をなげかけ，それに対する答えから，発達段階を導き出している。段階1は「すべてのものにはこころがある」と考える段階。段階2は「運動するものにはこころがある」と考える段階。段階3は「自分で動くものにはこころがある」と考える段階。段階4は「こころがあるのは動物だけである」と考える段階である。

　ところで，一般に，大人は幼児とは違って，論理的に考えるといわれている。しかし，大人でも幼児と似たような考え方をすることがある。海保（1995）は次のような例をあげている。ファックスが出始めのころの話である。ある事務所にファックスが導入された。年配の課長がそれを使って1枚の書類を送ろうとした。しかし，「どうしてもできない」と言う。しまいには，「故障らしい」と大声で言う。「何度やっても書類が出てきてしまって送れない」。送信の終えた書類はファックスの下部から出てきてしま

っていいのである。ところが，この課長はファックスという機器が書類を相手に「運んでくれる」と思ったらしい。だから，書類が出てきてしまって，手元に残ることを不思議に思ったのだ。

　大人でも，複雑に見える状況におかれた時や不思議に満ち満ちた場面では，思い違いをする。これは，「自分なりに勝手な解釈をする」という点では，幼児のアニミズムに似ている。これはメンタルモデルとよばれている。アニミズムもメンタルモデルも，どちらも自分なりに解釈をつけることで，目の前の複雑で不思議な世界がいっきに整理がついて見通しが立つからである。それでは，幼児はどのように自分なりに考えて世界を生きているのであろうか。以下の節で考えてみよう。

> **操作**(operation)：ピアジェ理論における基本用語のひとつ。対象に対する働きかけのうち，内化されて，ひとつのまとまった体系に組み込まれたものを操作という。操作の獲得は，具体的操作期以降である。
>
> **スキーマ**(schema)：人間の理解や学習に利用される既有知識のことで，構造化された知識の単位がスキーマである。スキーマと矛盾する情報が入力されると，スキーマとの整合性を保とうとするために，歪曲が起こる。類似の概念にスクリプトやフレームがある。

3-3-1　思考の発達段階

　発達段階として，思考がたどる発達の道すじを示したのが，ピアジェである（ピアジェ・イネルデ，1966）。ピアジェは，人間の発達が，個体とそれを取り囲む環境とが均衡を保つような方向で進むと考えた。この点から，ピアジェの理論は均衡化の理論とよばれる。この理論では，0歳から15歳頃までの思考の発達が，感覚運動期，前**操作**期，具体的操作期，形式的操作期とよばれる4つの段階に分けられている（1章，図1-4参照）。

　これらの各段階では一定の均衡が保たれているが，均衡がくずれると次の発達段階に進むと考える。ピアジェの理論では，発達を進める推進力の働きをするものとして，次の2つの心の働きがあげられている。そのひとつは同化であり，もうひとつは調節である。同化とは，外界に働きかけて，認知的図式（シェマ，**スキーマ**）のなかに外界の情報を取り込むことである。ちょうど，食物を消化・吸収するようなもので，入力情報を認知的図式に取り込むことである。一方，調節とは，外界からの働きかけに対して，既存の認知的図式では対応できない時に，それに合うように認知的図式を修正することである。つまり，うまく取り込めない情報が入ってきた時に，取り込めるように，

認知的図式を組み立てなおすことである。同化が認知的図式をいっそう強固なものにするのに対して，調節は認知的図式の形成につながる。

ところで，ピアジェ理論では，思考の発達には，若干の年齢的な前後があるにしても，本質的には，学校教育や文化によっては影響を受けないと考える点に特徴がある。しかし，このような考え方に異論を唱える者もいる。それらの代表者としては，ブルーナー（1966）やヴィゴツキー（1962）をあげることができるだろう。ブルーナーやヴィゴツキーの理論では，学校教育や文化が大きな影響を及ぼすと考える。わけても，ヴィゴツキーの理論は文化の役割を強調する点に特徴がある。これら3つの理論は，重点の置き方は異なるにしても，いずれも，考える力がどのような発達の道すじをたどるのかを示したものである。

以下では，ピアジェ理論におけるそれぞれの段階について考えてみよう。

3-3-2　感覚運動期と前操作期

誕生から2歳ごろまでを感覚運動期とよぶ。この時期は，いわば「赤ちゃん」とよばれる時期であり，感覚や身体的運動を通じて外界の認知を行う時期である。たとえば，赤ちゃんは，すでにこの時期から，外界に強い関心を示すようになり，活動が能動的になる。生後4カ月になると，赤ちゃんは自分をとりまく環境の変化に対して反応するようになり，生後8カ月にもなると新しい対象を探索する探索行動が現れはじめる。ただし，この時期の前半では，目の前にあるものを頭の中で再現することができず，いわゆる表象が形成されていない。そのため，たとえば，赤ちゃんにおもちゃのガラガラを見せて，突然に目の前から隠してしまったとしても，不思議に思ったり，それを探索しようとすることはしない。したがって，この時期では，目の前にある物に対しての探索が中心である。

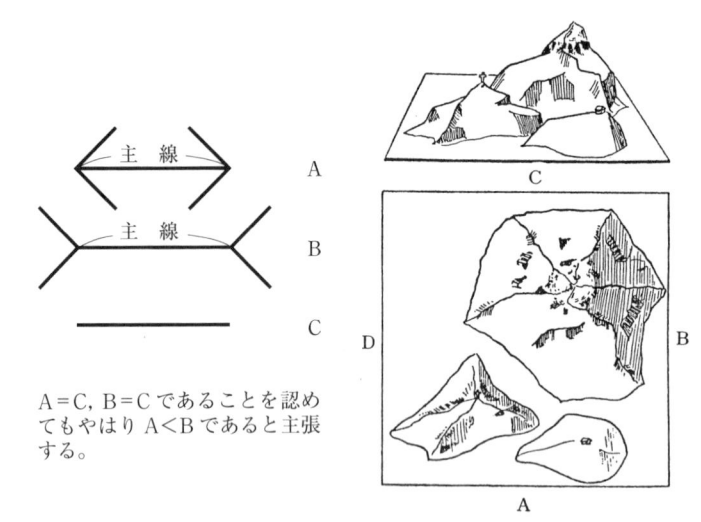

A＝C，B＝Cであることを認めてもやはりA＜Bであると主張する。

図3-6　直感的思考の例
（杉原，1986）

図3-7　「三つ山問題」（小安，1996）

　2歳ごろから7，8歳ごろまでの時期を前操作期とよぶ。この時期は幼児期にあたる時期であり，小学校入学までの期間にあたる。この時期の思考は，論理的というよりも，直感にたよったものである。そのため，長さが同じ棒であっても，見え方が異なると，それにひきずられて長さが違うと判断をしてしまうことになる。たとえば，図3-6のような主線の長さを判断させる場合について考えてみよう。ここで，A＜Bと見えるが，A＝CかつB＝Cであることを確かめた後でも，この時期の幼児は，「AよりBは長い」と判断してしまう。つまり，長さの判断が「どう見えるか」という見かけに支配されてしまうのである。これは，幼児の判断が直感的であるためであり，2節で述べた数の保存がなされていないためである。
　また，この時期の幼児は，自己の視点と他者の視点を分化させることができない。そのため，この時期の心性は自己中心性とよばれている。たとえば，図3-7のような山の模型をつくり，人形を立たせて，人形の視点から見た山の風景を答えさせる。

いわゆる「三つ山問題」である。幼児の反応を総合すると，この時期の幼児は，自分の視点が人形の視点であると考えてしまう。この時期の幼児が示す自己中心性は他にもある。たとえば，時計や雲などの物にも心があるとするアニミズム（事例3-3）や，自分の心に描いたものは実際に存在すると考える実念論もみられる。

3-3-3　具体的操作期と形式的操作期

7，8歳ごろから11，12歳ごろまでが，具体的操作期とよばれる時期である。この時期からは，それぞれの心的な活動をひとつの体系にまとめる心の働きが活発になる。このような働きは操作とよばれる。3-3-2で述べた主線の長さの判断を例にとってみよう。前操作期では，A＝C，B＝Cが別々にとらえられ，ひとつに体系化されなかった。そのため，見かけにまどわされ，A＜Bと判断してしまう。これは，それらをひとつの体系にまとめる心的な活動が未獲得であったためである。

ところが，具体的操作期になると，幼児はA＝CとB＝Cとをひとつの体系のなかに位置づけてとらえることができる。したがって，いくらA＜Bと見えても，A＝Cであり，かつB＝Cという関係が保たれている限り，「AよりBは長い」と判断することはない。A＝Bという判断が導き出されるのである。つまり，見かけがいくら変形しようとも，物質の本質的特徴は変化しないという保存概念が獲得されているためである。このように，操作を獲得した子どもは，論理的思考の獲得に向けてスタートをきったということができる。

11，12歳ごろから始まるのが形式的操作期である。中学生時代はこの時期に入る。この時期では，言語や記号を用いて仮説演繹的な推理ができ，命題操作や順序組み合わせ思考が可能になる。つまり，「もし～なら，～となるはず」という思考ができるようになる。たとえば，化学製品の混合実験でみられる思

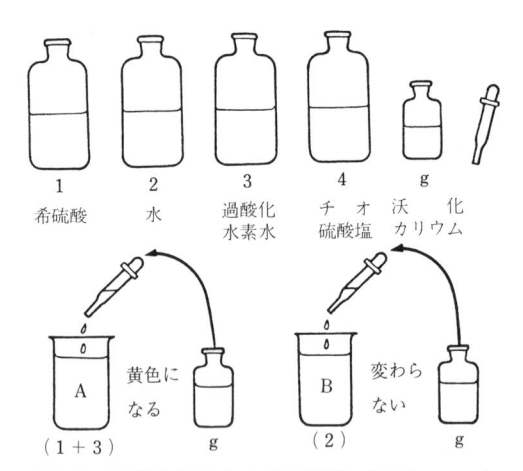

図3-8 液体の組み合わせの問題（杉原，1986）

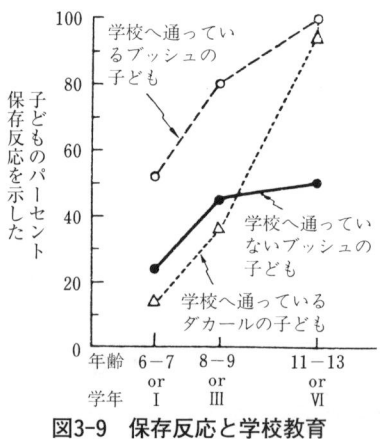

図3-9 保存反応と学校教育
（ブルーナーほか，1966）

考をとりあげてみよう。図3-8のように，無色無臭の液体を混ぜて，黄色の液体をつくるように求める。具体的操作期の段階にある子どもでは，1とg，2とg，3とg，4とgとを組み合わせたら，「できない」とやめてしまう。しかし，形式的操作期の子どもは，すべての組み合わせを頭の中に入れておくことができ，①1と3とgはその組み合わせの一部であること，②もし2が水なら，1と3とgと2で変化がないはず，③1と3とgと4で黄色い液体が無色に戻るなら，4は黄色い液体を中和する薬品であるはず，などと仮説演繹的思考ができるようになる（杉原，1986）。

ところで，ブルーナーは，ピアジェの考え方とは異なり，保存の獲得には学校教育が大きな影響を与えるという。アフリカのセネガルに住む子どもたちに液量保存の実験を行ったところ，学校教育を受けている子どもは，欧米の子どもと同じように，保存概念を獲得していた。しかし，学校教育を受けていない子どもたちは保存概念を獲得していなかった（図3-9）。ブルーナーは，学校で教える書きことばが思考の発達を進めるのではないかとしている。たしかに，書きことばは状況から独立して行われる活動である。そのため，その経験を積むことは，見かけに依存する考え方を解き放ち，状況によって左右されない論理的な思考を獲得するための力となったと考えるのである。

【引用・参考文献】

ブルーナー，J.・オリバー，R.R.・グリーンフィールド，P.M. 1966 岡本夏木ほか（訳）1971 認識能力の成長（上・下）明治図書

福沢周亮 1987 児童の語彙 福沢周亮（編） 児童のことば（子どもの言語心理1） 大日本図書

稲垣佳世子・波多野誼余夫 1989 人はいかに学ぶか――日常的認知の世界 中公新書

海保博之 1992 一目でわかる表現の心理技法 共立出版

海保博之 1995 説明を授業に生かす先生 図書文化

岸　学 1993 説明的文章の表現力とその指導 若き認知心理学者の会（編） 認知心理学者教育を語る 北大路書房

小嶋恵子 1996 テキストからの学習 波多野誼余夫（編） 発達と学習（認知心理学5） 東京大学出版会

小安増生 1996 認知の発達 大村彰道（編） 教育心理学Ⅰ 東京大学出版会

松原醇子 1986 紙芝居 岸井勇雄・大久保稔（編） 児童文化 チャイルド社

Mayer, R.E. 1985 Mathematical abilities. In R.J. Sternberg (Ed.), *Human abilities: An information-processing approach.* Freeman.

茂呂雄二 1992 読み書き能力の発達 東　洋・繁多　進・田島信元（編） 発達心理学ハンドブック 福村出版

ピアジェ, J.・イネルデ, B.　1966　波多野完治・須賀哲夫・周郷博（訳）　1969　新しい児童心理学　白水社

Rumelhart, D.E.　1975　Notes on a schema for stories. In D.G. Bobrow & A.M. Collins（Eds.）, *Representation and understanding : Studies in Cognitive Science.* Academic press.

杉原一昭　1986　人間を育てる　杉原一昭・海保博之（編）　事例で学ぶ教育心理学　福村出版

杉原一昭（編著）　1992　発達と学習――心身の発達と学習のしくみ　協同出版

鈴木情一　1987　幼児の文法能力　福沢周亮（編）　幼児のことば（子どもの言語心理2）　大日本図書

高木和子　1987　幼児期の物語経験　福沢周亮（編）　幼児のことば（子どもの言語心理2）　大日本図書

内田伸子　1982　文章理解と知識　佐伯　胖（編）　認知心理学講座　推論と理解　東京大学出版会

ヴィゴツキー, L.S.　1962　柴田義松（訳）　思考と言語（上・下）明治図書

山本博樹　1993　「問題」の発見を支援する現場研究の視点の導入　発達心理学研究, 4, 70-71.

山本博樹　1998　画面の構成は理解を支援する――カット技法の認知特性　海保博之・山本博樹・青山征彦・野島久雄・川浦康至・無藤　隆・高橋　登（編）　拡大するリテラシー　教育心理学フォーラム・レポート, FR-98-002.

山本博樹・天沼　聡・杉原一昭　1989　物語産出の体制化に関する発達的研究――体制化のレベルと物語の内容構造との関係　筑波大学心理学研究, 11, 79-84.

吉田　甫　1996　数概念の発達と算数・数学の学習　大村彰道（編）　教育心理学Ⅰ――発達と学習指導の心理学　東京大学出版会

第4章 対人関係は発達する
──対人的相互交渉

1節 対人的愛情を育む

> **事例4-1 ホスピタリズム（施設病）**
>
> 何らかの理由で母親と離れ，乳児院や養護施設などで育てられた子どもに生じる身体的・心理的な発達障害を総称してホスピタリズムという。20世紀の初頭まで，欧米の施設に収容された乳児の死亡率は100％に近く，彼らは病気がちであり，いったん衰弱が始まると，手当の甲斐もなく死んでしまい，その死亡率は施設の栄養改善や医学的管理によっても下がらなかった（金子，1986）。しだいに，その原因として母子分離による子どもの精神的空虚性が指摘されるようになった。ホスピタリズムの問題は，当初，子どもの発育不良や死亡率の高さなどの身体面が中心であったが，ボウルビィが乳児と母親（あるいは母親代理者）との人間関係が親密かつ継続的で，しかも両者が満足と喜びに満たされているような状態が精神衛生の根本であると主張し，母性剥奪（maternal deprivation）の弊害を提唱して以降，精神面の発達遅滞や発達障害が注目されるようになった。

4-1-1 能動的な存在としての乳児

牛や馬などの有蹄類の子どもは，生後間もなく自力で立ちあがり，親にともなわれて歩き出す。チンパンジーやゴリラなどの霊長類の子どもも，移動する母親にしがみついたり，歩いたりすることができる。これらの高等哺乳類の場合，1度に生まれてくる子の数は1，2匹と少ないが，母胎内での発育期間が長く，姿も挙動も親によく似ており，かなりの水準まで発育をとげた状態で生まれてくる（離巣性）。一方，ネズミなどの下

等哺乳類の子どもは，短い妊娠期間で1度に多数生まれるが，出生時の状態は親の庇護がなければ一日として生きてはいけない無力な状態で生まれる（就巣性）。

動物学者のポルトマン（1951）は，人間の子どもは他の高等哺乳類同様，本来は離巣性であるはずなのだが，他の高等哺乳類に比べて脳の容積，重量が際だって大きいために就巣性となった，二次的就巣性であるとした。つまり，他の高等哺乳類の赤子のように，頭部以外の体の各部分が十分に発達するまで母胎内にとどまっていたなら，子どもの身体が非常に大きくなってしまう。加えて直立2本足歩行のため母胎の産道が狭くなっており，胎児の身体の発達が進みきらないうちに産み落とさざるえないのである。人間の子

〈舌を突き出す〉〈口を開ける〉〈唇を突き出す〉

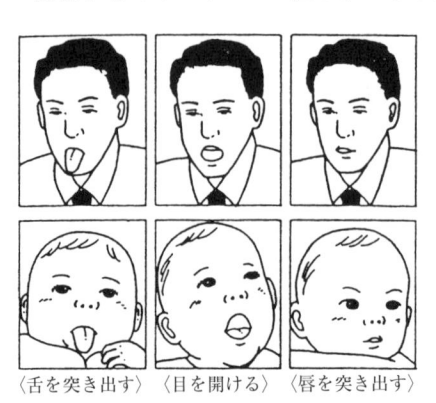

図4-1　新生児の模倣行動
（Meltzoff & Moore, 1977）

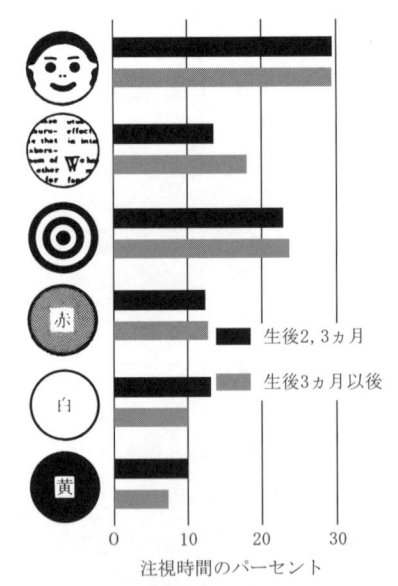

図4-2　乳児の注視時間からみた図形パターンに対する好み（Fantz, 1961）

どもは，首がすわるのに約3カ月，ハイハイするのに約8カ月，ひとりで立って歩けるようになるのに1年程度を要するが，離巣性の高等哺乳類としては，これらは本来胎児期に行われるべきものであるため，人間の子どもは生理的な早産の状態で誕生すると考えられている。

しかしながら，人間の乳児はかなり早い段階から人間が発する刺激に対して反応しやすい対人指向性の特徴をもっている。たとえば，彼らは新生児（生後1カ月間）の段階ですでに，大人が口を開けたり，舌を突き出したりした時には，それと同様の行動をする（図4-1）。また，さまざまな図形を見た場合には，無地よりも輪郭がはっきりしている図形や単純なパターンよりも複雑なパターンの図形を注視し，さらに複雑な図形のなかでも人の顔のような図形を注視する（図4-2）。あるいは，養育者のことばかけに対して，音節の変化やリズムに合わせて手足を活発に動かす。これらの現象は，エントレインメントとよばれる。乳児は，こうした人間が発する刺激に受け身的に反応するだけでなく，微笑や泣くといった自らの行動を通じて，周囲の大人にシグナルを送る能動的な存在でさえある。

4-1-2　愛　着

(1)　愛着の理論

乳児は，このような能力により，養育者との間に肯定的な相互作用を繰り返し，アタッチメント（attachment：愛着）を形成する。愛着とは，養育者と子どもの間に形成される緊密な情緒的絆のことである。さて，愛着はいかにして形成されるのだろうか。ダラードとミラー（Dollard & Miller, 1950）は，乳児と母親の関係を依存性の概念でとらえ，学習理論の立場から生理的欲求の充足（つまり，母親が乳児の飢えなどの一次的欲求を満たしてやる）と結びつけて説明した（二次的動因説）。しかしながらこの説は，生理的欲求を満たすか否かにかかわら

ず，カモの子どもがふ化後一定時間内に最初に見たものを親だと思い，後追いすることを発見したローレンツの刻印づけの事実や，ハーロウ（Harlow, 1958）のアカゲザルの実験によって否定された。ハーロウは，アカゲザルの子どもの前にミルクのでない布製の代理母とミルクのでる針金製の代理母の模型を置き，アカゲザルの子どもが，ミルクを飲みに行く時以外は布製の代理母の下で長い時間を過ごすこと，および布製の代理母を活動の拠点としてさまざまな探索行動を行うことを明らかにした。この実験以降，スキンシップの重要性が指摘されるようになった。また，ボウルビィは，人間の乳児には特定の他者（おもに母親）との関係を築きそれを維持しようとする傾向と，それを支える泣く，しがみつく，微笑するなどの特定の行動（愛着行動）が生得的に備わっており，それが他者の関心や保護を引き出し，互いに満足できる相互作用を通じて，両者の間に安定した愛着が形成されると考えた。

(2) 愛着の個人差

養育者と子どもの相互作用のあり方によって，愛着の個人差が生じる。エインズワースらは，新奇場面法（ストレンジ・シチュエーション法）という愛着の個人差を測定する方法を考案した（図4-3）。この方法は，母親と子どもを新奇な実験室内に導入し，そこで母親と子どもを分離させたり，子どもを見知らぬ人（ストレンジャー）と対面させることによって子どもにストレスを与え，とくに母親と分離したり再会する場面で子どもがどのような反応を示すかによって，愛着の個人差を測定する方法である。通常，Aタイプ（回避型），Bタイプ（安定型），Cタイプ（抵抗型）の3つのタイプに分類される（表4-1）。

(3) 愛着を規定する要因

愛着の個人差は，養育者が子どもの状態や欲求をどのくらい敏感に察知し，子どもが示すシグナルや行動にどのくらい適切に応答したかという養育者の養育態度と，子ども自身のストレ

① 実験者は母子を室内に案内。母親は子どもを抱いて入室。実験者は母親に子どもを降ろす位置を指示して退室。(30秒)

② 母親は椅子にすわり、子どもはオモチャで遊んでいる。(3分)

③ ストレンジャーが入室。母親とストレンジャーはそれぞれの椅子にすわる。(3分)

④ 1回目の母子分離。母親は退室。ストレンジャーは遊んでいる子どもにやや近づき、はたらきかける。(3分)

⑤ 1回目の母子再会。母親が入室。ストレンジャーは退室。(3分)

⑥ 2回目の母子分離。母親も退室。子どもはひとり残される。(3分)

⑦ ストレンジャーが入室。子どもを慰める。(3分)

⑧ 2回目の母子再会。母親が入室しストレンジャーは退室。(3分)

図4-3 新奇場面法(ストレンジ・シチュエーション法)の8場面(繁多, 1987)

ス耐性や苦痛の感じやすさなど、子ども自身の生得的な気質の相互作用によって決定される。たとえば前者の養育者の養育態度については、エインズワースらが新奇場面法の実験と並行して各家庭における母親の行動を観察したところ、母親の行動に以下のような特徴がみられることが明らかにされている。Aタイプの子どもの母親は、子どもの働きかけに対して拒否的で

表4-1　愛着の3つのタイプ

Aタイプ (回避型)	母親との分離時に泣いたり混乱を示すことはほとんどなく，再会時には目をそらしたり，顔をそむけたりして母親をはっきり避けようとする。母親に抱かれても自ら進んで抱きつくことはなく，降ろされても抵抗しない。母親を安全基地として実験室内を探索することはない。ストレンジャーに対しても，ほぼ同様の行動を示す。
Bタイプ (安定型)	母親との分離時に多少の不安や混乱を示して泣いたりもするが，Cタイプほど強くはなく，ストレンジャーから慰安を得ることができる。母親との再会時には，積極的に身体接触を求め，容易に落ち着きをとりもどす。母親に対して肯定的であり，アンビバレントな感情は抱いていない。母親を安全基地として実験室内の探索が可能である。
Cタイプ (抵抗型)	母親との分離時に強い不安や混乱を示す。再会時には母親との身体的接触を強く求める一方で，母親を叩くなどの怒りを示し，母親に対してアンビバレントな感情を示す。母親を安全基地として探索行動をあまりすることができない（親のそばを離れないことが多い）。実験を通じて，不適切な行動を示すことが多い。

あり，子どもの行動を統制しようとする働きかけが多い。また，子どもに対する微笑や身体的接触が少ない。Bタイプの子どもの母親は，子どもの働きかけに対して，敏感かつ応答的であり，無理な働きかけをすることも少ない。また，子どもとの相互交渉は調和的かつ円滑で，遊びや身体的接触を楽しむ傾向が高い。Cタイプの母親は，子どもとの間に肯定的な相互交渉をもつことも少なくないが，それは母親の気分や都合に合わせたものであることが比較的多く，結果的に子どもに対する反応に一貫性を欠き，応答のタイミングも微妙にずれることが多い。

　一方，後者の子ども自身の生得的な気質については，カスィディ（Cassidy, 1994）によって，以下のことが明らかにされている。Aタイプは恐がりやすさの気質傾向が相対的に低く，そのため新奇な場面であまり不安や恐れが喚起されないタイプであり，逆にCタイプは恐がりやすさやいらだちやすさ，ぐずりやすさの気質傾向が相対的に高く，そのため新奇な場面では不安や恐れが強く喚起されやすいタイプである。

たとえば，もし母親が豊かな感受性を備えていたとしても子どもの反応性が極端に低ければ，その行動を適切に調節することが困難であったり，あるいはその逆の場合もあるなど，一般に愛着の個人差は養育者の養育態度と子ども自身の要因の相互作用によって決定されると考えられる。

(4) 愛着が子どもの社会情緒的発達に及ぼす影響

内的作業モデル（internal working models）の理論によれば，愛着により自己と他者に関する内的表象モデル（他者は自分の要求に対してどの程度応じてくれるのか，自分は他者からどの程度受け入れてもらえる存在なのかに関する主観的な確信）が形成されるという。そして，モデルは子どもの情緒的，認知的発達にともない洗練されていくものの，いったん形成されたモデルは意識の外で働き，新しい情報はこのモデルに同化されるために，モデル自体にダイナミックな変化は起こりにくいとされている。そのため，Aタイプの子どもは相手は自分を拒否するだろうというような表象を，Bタイプの子どもはたいていの人は自分のことを好いてくれているというような表象を，Cタイプの子どもは自分を信頼できなく，本当に他者から好かれているかについても自信がないというような表象をもつとされている。実際に，Aタイプの子どもは他の子どもに対して否定的な情動をもって攻撃的に振る舞うことが多く，その結果他の子どもから拒否され，孤立する傾向が高いことや（LaFreniere *et al.*, 1985），Cタイプの子どもは相手に対して受け身的で従属的な態度をとることが多く，全般的にひきこもりがちであるために，他の子どもから無視されたり攻撃されたりする確率が高いことが明らかにされている（Renken *et al.*, 1989）。

(5) Dタイプ（無秩序型）

近年では，これまで述べてきた愛着の個人差に関する3つのどのタイプにも属さない第4のDタイプ（無秩序型）の存在が指摘されている。その特徴としては，ストレンジャーにおび

えた時に母親から離れて壁に近寄るなど，不可解な行動パターンや近接と回避が同時に活性されるような動きがあげられる（Main *et al.*, 1990）。Dタイプは，近親者の死などの心的外傷を解決していなかったり，抑うつ傾向の高い母親の子どもや，あるいは親から虐待されている子どもに多くみられるようである（Ainsworth *et al.*, 1991）。

以前は，どちらかというとBタイプが適応的でAタイプやCタイプは不適応であるとされていたが，近年ではDタイプ以外の子どもが示す行動は，彼らの自分のおかれた環境に対する適応行動であるとの解釈がなされている。つまり，Aタイプの子どもは拒否的な養育者に対して愛着行動や情動表出を極力抑えることで自己を守る。一方，Cタイプの子どもは養育者の行動が一貫しておらず，予測がつきにいため，不安が高い。そのため養育者をなるだけ自分の近くにおいておこうとして，養育者の関心を絶えず自分の方に向ける行動をとる。

4-1-3 父　　親

これまで述べてきたように，発達心理学のなかでは，母子関係を中心に親子関係の研究がなされてきた。その理由のひとつは，社会のなかに「育児は母親がするべきもの」という固定観念があったためである。しかしながら現代では，社会の構造の変化による家庭の様相の変化や女性の社会進出など，さまざまな理由により，こうした固定観念は崩れ，父親の役割も変化している。そのため，現代ではしだいに父子関係に関する研究がクローズアップされるようになった。

父子関係に関する理論としては，エディプス期以降の男子にとって同一視の対象としての父親の重要性を指摘したフロイトの理論や，それを発展させて子どもにとっての父親の道具的（課題解決的・達成的）役割を重視したパーソンズの理論，あるいは子どもの模倣の対象としての父親の役割に関するバンデュー

ラの社会的学習理論などがある。

　一方，こうした理論とは別に，最近の父子関係に関する具体的な研究としては，乳児は父親と母親の両方に早い時期から愛着を示すこと，および親和行動については母親よりもむしろ父親に対して多く出現させること，また遊びに関する父親と母親の役割が異なることなどを明らかにし，子どもに対する父親の役割の重要性を指摘したラムの一連の研究（Lamb, 1977）などが有名である。牧野（1996）は，子育てへの関与度の高かった父親ほど，親としての自覚や人間としての成熟が促されることを明らかにし，子育ては父親の人間的成長につながること，そしてそれは結果的に，子どもの成長発達にとってよい環境をつくることにもつながると指摘している。

2節　家　族

> **事例4-2　子どもへの虐待**
>
> 　最近，母親や父親による子どもへのせっかんや，教会などへの乳児の置き去り，パチンコの間の車内への子どもの放置などによって，ひどい場合には子どもが死に追いやられるケースが新聞紙上をにぎわわせている。また，子育ての喜びを感じられない母親が増加しているとの報告も多い。
> 　子どもへの虐待は，①殴る，ける，首をしめる，熱湯をかけるなどの「身体的虐待」，②性的関係を強要する「性的虐待」，③暴言や差別，極端な無視などの「心理的虐待」，④衣食住の世話をしなかったり，医者にみせなかったり，置き去りにしたりする「ネグレクト（養育の拒否・保護の怠慢）」に大別される（第7章参照）。
> 　子どもへの虐待の原因は，核家族化や地域社会からの孤立による育児ストレスの増大などの社会的要因，親の社会的未成熟性や衝動的・攻撃的な性格特性などの親側の要因，障害などによる育てにくさなど子ども側の要因など，さまざまなものが考えられる。
> 　現代社会は，こうした子どもへの虐待の問題のほかにも，出生率の低下による少子化の問題や高齢者の看護の問題など，「家族」に関する非常に深刻な問題に直面している。家族に関するこうした問題について，今，社会全体としてどのような援助や取り組み

ができるのかを真剣に考える時期にきている。

4-2-1　家庭の機能と親の養育態度

　子どもが，自己の所属する社会の価値規範や行動様式を獲得して，その社会の生活に適応していく過程を社会化という。子どもの社会化は，家庭や学校，地域社会など，さまざまな場でなされるが，そのなかでも家庭は最初の場として重要な役割を果たす。

　1節で述べたように，乳児は特定の他者との関係を築きそれを維持しようとする傾向と，それを支える泣く，しがみつく，微笑するなどの特定の行動（愛着行動）を生得的に備えており，それによって他者の関心や保護が引き出される。すなわち，乳児にとって養育者は，飢えや渇きなどの苦痛を感じて，泣くなどの方法でシグナルを送った時に，その原因を察知して苦痛を除去してくれる存在であると同時に，自己の効力感を高めてくれる存在である。しかし，子どもがある程度の年齢に達すると，子どもの安全を保障し，排泄，着脱，食事，清潔など適切な生活習慣を身につけさせるためのしつけが行われる。しつけの方法は，大きく分けて力によるしつけ，愛情の除去によるしつけ，説明的・誘導的しつけの3つに分類される（濱口，1997）。力によるしつけは，命令，脅し，体罰などによって子どもの行動を規制する方法である。この方法は，不適切な行動を即時抑制できる効果はあるが，多用しすぎると子どもが反発したり，罰を受けないようにすることばかりに注意が向き，良心が形成されにくくなる。また，子どもが親をモデルとして攻撃的な行動を学習したり，親からの強圧的なかかわりを逃れるために親との接触を避け，対人回避的な傾向を身につけてしまうなど，社会的スキルの獲得に悪い影響を及ぼす可能性もある。愛情の除去によるしつけは，子どもへの愛情を除去する内容のことを言ったり，承認や援助を与えないことによって，子どもの行動を

規制する方法である。この方法も不適切な行動の即時抑制効果は高いが，多用しすぎると子どもは愛情を受けられない恐れや不安を強く抱き，感情や行動を過度に抑制するようになる。説明的・誘導的しつけは，禁止された行動が子ども自身や周囲に対してもたらす影響を，子どもが理解しやすい仕方で説明してやる方法である。この方法は，子どもの主体性や自己統制の機能の獲得を容易にする。

　また，サイモンズは，親の養育態度の型を受容─拒否と支配─服従の2次元でとらえ，親の養育態度が子どもの性格に及ぼす影響を明らかにしている。図4-4は，サイモンズによるモデルを宮城（1960）が図示したものである。

　これまで述べてきたように，親の養育態度や養育行動は子どもにさまざまな影響を及ぼすが，親の養育態度や養育行動それ自体もさまざまな要因の影響を受ける。たとえば，ベルスキー（Belsky, 1984）は，親の養育態度や養育行動は，親側の要因，

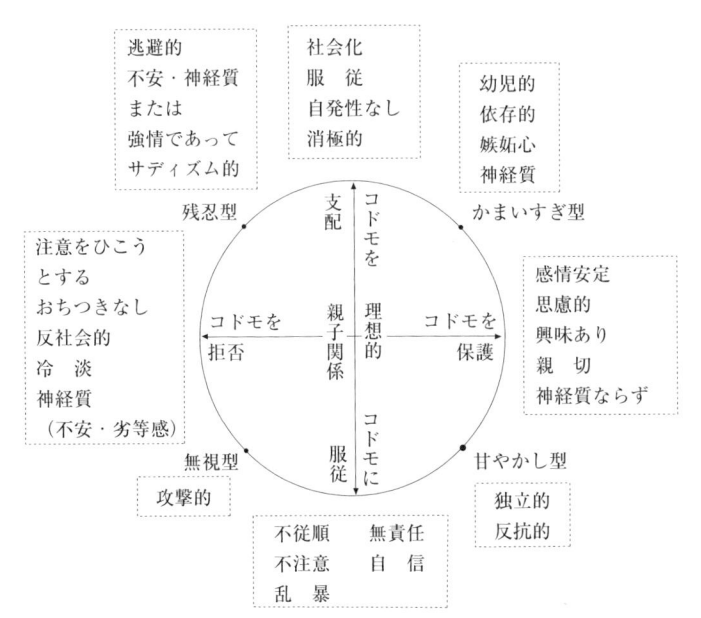

図4-4　親の養育態度とパーソナリティの形成（宮城, 1960）

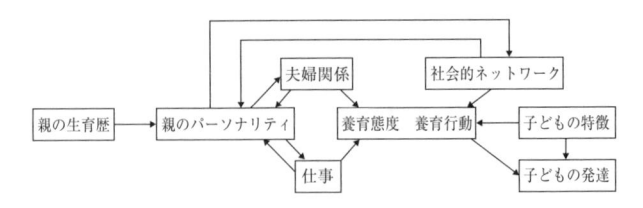

図4-5 養育態度，行動の規定因に関するプロセスモデル
（Belsky, 1984）

社会的要因，子どもの特徴の3つの要因の影響を受けると仮定している。親側の要因には親自身の生育歴とパーソナリティーが，また社会的要因には夫婦関係，仕事，社会的ネットワークが含まれる（図4-5）。3つの要因は，それぞれ養育機能を促進したり阻害したりするが，互いに機能的に補完しあうという。

4-2-2 きょうだい関係

家族のなかにはきょうだいも含まれ，きょうだい関係も子どもの社会的発達に影響を及ぼす。一般にきょうだい関係は，親子関係にみられるようなタテの関係と仲間関係にみられるようなヨコの関係の両方をもちあわせたナナメの関係であるといわれる。きょうだいの年齢差が大きい場合は，タテの関係の割合が相対的に増大し，年長者が年少者の社会的モデルの役割を果たすと同時に，年少者に対して養育者の機能も果たす。一方，きょうだいの年齢差が小さい場合は，ヨコの関係の割合が相対的に増大し，利害関係の対立などからけんかをしたり，あるいは逆に共同でものごとに対処するために，社会的スキルやものごとをすばやく判断する能力などが発達する。

このように，一般的には，きょうだいは他のきょうだいにとって社会化のエージェントとしての役割をもつと考えられる。しかしその一方で，ひとりっ子ときょうだいのいる子どもとの社会性の比較をした研究を概観すると，両者の間に差がみられるとする結果と差がみられないとする結果の両方が存在するの

も事実である。

　ここで，きょうだいの有無に関するひとつの興味深い研究を以下に紹介する。近年，子どもとうまくつきあえない大人が増加しているが，その大人が子どもとうまくつきあえる大人かどうかを判断する際のひとつの指標として，母親語（motherese）が有効であるという（正高，1995）。母親の乳幼児への語りかけを観察すると，ごく普通に成人に向かって話をする時とは違って，①声の調子（高さ）が高くなり，②同時に，声の抑揚を大げさに誇張する傾向が顕著になる。これが母親語の特徴である。乳児には高さの高い音により強く喚起されるという特性が生得的に備わっているために，養育者は自然に乳児用の帯域へと発話のチャンネルを切り替える。母親語に対して乳児は正の情緒的反応を示し，こうした養育者と乳児の交流の繰り返しによってやがて両者の間に緊密な心の結びつきが形成される。しかしながら，母親語を話す行動がすべての大人にみられるわけではない。女子大生62名を被験者とし，子どもへの絵本読みの実験を行ったところ，ひとりっ子の女子大生は，きょうだいがいる女子大生に比べて，母親語を話す行動が少なかったという。

　その理由として，正高（1995）は，人間を含めた動物にとって，年齢が近い個体と幼少期より交渉をもつことが自然な環境であり，きょうだいなどとのつきあいを通じて，長じた後大人として子どもと出会った時に自然と適切な身の処し方が可能になるとし，母親語は大人が子どもに対して本来とるべき養育者としての姿勢がとれるならば，自ずと発生する性質のものであり，ひとりっ子はそれができにくいだけなのではないかと述べている。

4-2-3　現代家族の諸相

(1)　父　親　不　在

明治以降第二次世界大戦までは，家父長制の家族制度によっ

て家族のなかでの父親の存在は絶対的なものであったが，敗戦によってそうした父親の絶対的な権威と地位は崩れ去った。

　また，高度経済成長期の日本では，それ以前と社会の仕組みそのものが大きく変わった。つまり，第一次産業が衰退し，代わりに第二次産業や第三次産業が隆盛した。第一次産業が隆盛であった時代には，住居と労働の場が同じであることが多く，子どもにとって父親は尊敬すべき身近な存在であった。しかし，第一次産業の衰退とともに雇用労働者となった父親は，長時間労働と会社中心の生活なども影響し，家庭のなかでは子どもにとって職場でのストレスや疲れをテレビを見たり横になったりして癒すだけの存在となった。また，こうした物理的・心理的な父親不在の状況は，家電製品の普及による家事労働の軽減，少子化，核家族化などの現象とも相まって，母子密着の状況を生み出した。

(2) 母 親 就 労

　しかしながらその一方で，現代では母親の就労する割合も増えている。つまり，「男性は仕事，女性は家事と育児を」というような従来の性役割に縛られることなく，母親としてでも妻としてでもなく，ひとりの人間として仕事を通じて自己実現を達成し，充実した人生を過ごしたいと願う女性も確実に増えている。こうした母親にとって，育児と仕事の両立は重要な問題である。

　1節で述べたように，ボウルビィの愛着に関する研究や母性剝奪の弊害の概念などに代表されるように，子どもや子育てに関してこれまで母親の存在がクローズアップされることが多かった。実際，日本には女性に対する子育ての期待が今でも大きいように思われる。はたして，育児と仕事の両立は女性の心理的側面や子どもの発達にどのような影響を及ぼすのだろうか。外国や日本の諸研究を概観してみると，心理的側面に関しては，職業と家庭の多重役割をもつ女性の方が複数の役割を担うこと

によって自分の世界が多様になったり有能感が高まったりして，心理的健康によい影響が出るとする研究結果と，逆に多重役割のために多忙で，疲労し，ストレスをより感じるなどとする研究結果が混在し，必ずしも一貫した結果が得られていないようである。また，母親の就労が子どもの発達の諸側面（社会性や学業成績など）に及ぼす影響に関しては，母親の就労の有無は直接子どもの発達に影響を及ぼさないとする研究結果が多いようである。

こうしたことから，母親の就労の有無が子どもの発達に直接何らかの影響を及ぼすのではなく，就労が母親自身によい影響を与えた場合は，それが養育行動によい影響を及ぼし，逆に就労がストレスの増加など母親に悪い影響を及ぼした場合は，それが養育行動に悪い影響を及ぼし，結果として子どもの発達が影響されるのではないかと考えられる。

3節　友人・教師との関係

事例4-3　子どもをとらえる教師の視点

小学校の職員室。
「おかしな子が増えた」。「宇宙人のような一年生がいる」。
先生たちは，理解できない子どもの出現に戸惑っている。「指導が入らない（通じない）」という嘆きの言葉も聞かれるようになった。（中略）
子どもは社会の鏡だ。
社会が変われば，子どもの行動，考えも変わる。（中略）
それなのに，学校では昔ながらの子ども観，教育観がまだ幅をきかせている。
学級崩壊の多くが，教師と子どもたちの認識のすれ違いから生じる，と指摘されるのもうなずける。（中略）
今，教育界では，文部省が唱え始めた子ども中心の新学力観に合わせ，「子どものいいところをさがそう」という言葉が盛んに飛びかっている。悪いことばかり目立つ子にもすばらしい部分がきっとある，そこに着目してエネルギーを引き出そう，というわ

> けだ。
>   これまでの経験，理解が通用しなくなり，時には指導拒否の形で子どもの反抗を受ける。「いいところ」さがしは，窮地に立つ大人の側の打開策といえる。
>   しかし，子どものとらえ直しは口で言うほど簡単ではない。
>
>   出典）朝日新聞　1999年2月3日朝刊

4-3-1　友人関係

2, 3歳の頃から，子どもは親などの大人ではなく，年齢の近い子どもどうしで遊ぶようになり，保育園や幼稚園でさらに多くの仲間と接するようになる。そして，児童期に入ると，しだいに親や教師などの大人に対するよりも仲間に対する同調が増え，仲間から多くの影響を受けるようになる。幼児期や児童期の仲間との関係は，その後の学校不適応（たとえば，学業成績の不振や不登校，退学など）や，精神的問題（たとえば，抑うつや孤独感）など，さまざまな問題と関連することがこれまでに明らかにされている。

仲間とうまくやっていくためには，仲間との相互作用を維持したり，仲間間に生じる葛藤を解決していかねばならない。そのためには，他者の感情など他者の立場を理解する役割取得能力や，交互にやりとりするなどの社会的ルールの獲得が必要となる。一般に，仲間関係を形成し，維持するために必要な行動を社会的スキル（social skill）という。ソシオメトリック・テストでは，子どもたちの社会的地位は人気児・拒否児・無視児・敵味方児・平均児の5つに分類されるが，コイら（Coie *et al.*, 1982）の研究では，人気児は仲間と協力するといった正の社会的スキルを多く用いるのに対し，拒否児は攻撃性が高く，集団活動を妨害するなどの負の社会的スキルを多く用いることが明らかにされている。社会的スキルの欠如している子どもについては，社会的スキルを発達させる訓練プログラムが開発されている。

4-3-2　子どもの社会性と個性

菅原（1996）は，人とのかかわりが少ない子には，大きく分けて以下の3つのタイプがあるとしている。第1のタイプは，人とのかかわり方がまだ十分に身についていなかったり，育っていないために，対人関係でうまくいかない体験が重なり，人とのかかわりが少なくなっている子どもである。第2のタイプは，対人関係場面において，不安感や緊張感が強く引き起こされることで，人とかかわる場面からひきこもってしまう子どもである。第3のタイプは，人とのかかわりがもてないというよりは，自分の意志でかかわりをもたず，人と一緒に過ごすことに比べ，ひとりで過ごすことを好む子どもである。

第1・2のタイプは，基本的には人とかかわろうとしているのに，社会的スキルの不足や対人不安などの原因により，それがうまく達成されない子どもであり，社会性の発達が不十分であることを示す問題であると考えられる。しかしながら，第3のタイプの子どもは，自らの意志により人とのかかわりをもたないことを選択しており，それはその子どもの個性であると考えられる。日本では，とくに幼児期や児童期初期には「みんなと仲のよい，積極的な子」がよい子とされ，友だちといるよりもひとりでいるというような個性は周囲からあまり認められていないように思われる。子どもの仲間関係については，社会性と個性の問題についての考慮が必要である。

4-3-3　教師との関係

(1)　教師からみた子ども

① 教師期待効果

教師が子どもの学習行動や成績に影響を与えるもっとも典型的な現象に，教師期待効果がある。教師期待効果とは，教師が特定の子どもに何らかの期待を抱いて接すると，実際にその子どもが期待にそう方向に変化するという現象である。これは，

ピグマリオンという王様が女人像に恋をしたらそれが生身の人間に変わったというギリシャ神話にちなんで，ピグマリオン効果（Pygmalion effect）ともよばれる。教師期待効果の肯定的なもの（成績が上がるなどの肯定的な期待を教師が抱き，それが実現する現象）をギャラティア効果，否定的なものをゴーレム効果という。ローゼンサールら（Rosenthal et al., 1968）は，小学校1～6年生を対象に知能検査を実施し，知能検査とは無関係に各クラスから20%の子どもを選び（実験群），「これらの子どもは知的能力の伸びが期待される子どもだ」と教師に告げた。8カ月後に再び知能検査を実施したところ，実験群の子どもたちはそうでない子どもに比べて知能の伸びが大きく，その傾向は低学年になるほど顕著であった（図4-6）。教師の期待のほかにも「自分はできるんだ」という自己に対する期待が重要であり，両者が重なった時に子どもの成績の伸びが最大になる。

　ブロフィら（1974）は，教師期待効果のメカニズムについて研究している。彼らは授業中の教師と子どものやりとりを観察し，教師の期待の高い子どもと低い子どもでは，教師の子どもに対する行動が異なることを明らかにしている。すなわち，教

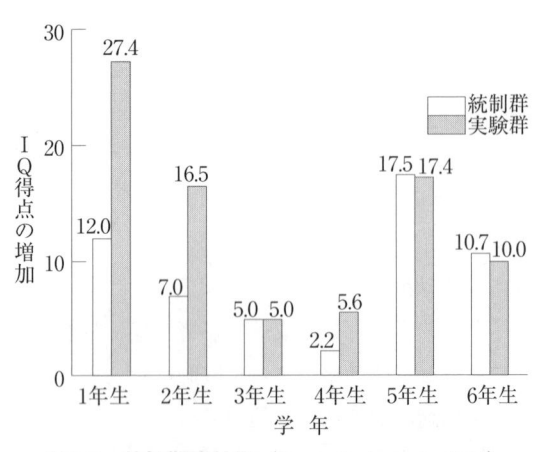

図4-6　教師期待効果（Rosenthal et al., 1968）

師の期待の高い子どもは低い子どもに比べて，①質問に対する回答や読みのために指名される回数が多い。②正答を賞賛される割合が高く，誤答を叱責される割合が低い。③誤答に対して，質問が繰り返されたり，手がかりを与えられることが多い。(一方，期待の低い子どもが誤答した場合は，すぐに他の子どもが指名されたり，回答がさえぎられることが多い)。④微笑みやうなずき，視線を向けられることが多い。つまり，教師は期待にもとづいた働きかけを子どもに行い，子どもはそれを認知して，それに応じた反応を実行し，教師の期待を強化する。それによって，子どもの成績などが教師の期待する方向へと近づくのである。

また，教師期待効果の背景には，原因帰属の過程もかかわっている。すなわち，教師は期待の高い子どもがよい成績を示した場合，能力や努力など本人の特性に帰属する傾向が高いのに対し，期待の低い子どもがよい成績を示した場合，運や問題のやさしさなど，本人以外の原因に帰属する傾向が高い。このように，教師はすでに形成された自分の期待に合致する方向で子どもの行動を解釈するようである。

以上の研究結果は，教師はすべての子どもを「伸びる可能性をもった子」としてとらえ，指導することが重要であることを示している。

② 教師の子どもを認知する枠組み

教師が子どもを認識し，理解する際，教師はそれぞれ固有の認知の枠組みを用いる。近藤（1995）は，**教師用 RCRT**（Role Construct Repertory Test）という方法を用いて，教師の子どもに対する認知の枠組みを明らかにしている。たとえば，J 先生は，「元気で，かわいげがあって，先生の言うことをよく聞き，手のかからない子」か「暗く，とげとげしい言動があり，どうしても好きになれない子」かという見方と，「おとなしい子」か「耳ざわりなほどさわがしい子」かという2つの見方でしか

教師用 RCRT：「ひとりひとりの教師がどのような視点（モノサシ）から子どもをとらえているか」を明らかにするための方法

子どもをとらえておらず（表4-2），しかもそれが感情的なものであるため，教師の言うことや期待することに従順に応え，教師の手をわずらわせない子どもへの偏愛という，教師が陥りやすい傾向がみてとれるという。一方，K先生は，「公正で，（他者に対して）思いやりをもつ子ども」か「自分本位で利己的な子ども」かという見方，「積極的に前に出ていく子ども」か「恥ずかしがって後ろに引っ込んでしまう子ども」かという見方，「目標をしっかりともって，ねばり強く努力する子ども」か「目標がはっきりせずに，その時その時の楽しさに目を奪われる子

表4-2　J先生のモノサシ（因子分析の結果）（近藤，1995）

		第1因子	第2因子
①	いい子……………いやな子	.88	
	元気………………暗い	.84	−.38
	かわいい…………にくたらしい	.70	.55
	手がかからない……めんどうくさい	.66	.33
②	おとなしい………耳ざわり		.79
	おとなしい………うるさい		.72

※数値は，それぞれのモノサシがそれぞれの因子とどの程度の関連をもっているかをあらわしている。

表4-3　K先生のモノサシ（因子分析の結果）（近藤，1995）

		第1因子	第2因子	第3因子
①	公正………………自分本位	.93		
	思いやり…………自分勝手	.86		
	協力的……………自分勝手	.78		
	素直………………利己的	.78		
	公正………………ずるい	.67		
②	目立ちたがり……おとなしい		.84	
	積極的……………恥ずかしがり		.82	
	活発………………のろま		.74	
	積極的……………消極的		.74	
③	地道・まじめ……その時を楽しむ			.83
	見通しをもって努力……その時を楽しむ			.82
	意志明確…………ぼんやり		.46	.67
	がんばり…………粘り強くない		.42	.67
	負けず嫌い………欲がない	−.42	.31	.56

※数値は，それぞれのモノサシがそれぞれの因子とどの程度の関連をもっているかをあらわしている。

ども」かという3つの見方で子どもをみており（表4-3），J先生に比べて，たんに多くの枠組みがあるだけでなく，第2因子や第3因子のように，よい悪いの評価よりもそれぞれの子どもの個性に関する視点がみてとれ，それがひとりひとりの子どものよさをきめ細かく認めるという結果につながるという。

こうした教師の子どもを認知する枠組みの違いによって，J先生はK先生に比べ，自分にとってウマが合う子と合わない子をはっきりと分類し，J先生のクラスでは，そうした教師の感情的反応が子どもに伝わり，「ウマが合う」子どもと「ウマが合わない」子どもの**スクール・モラール**に顕著な差が出るのに対し（図4-7），K先生のクラスではどちらの子どももスクール・モラールが高く，両者に差がみられないという結果が生じる（図4-8）。

教師の子どもを認知する枠組みは，現在大きな社会的問題となっている学級崩壊とも関連するという研究結果も存在する。

スクール・モラール：学級生活や学級活動に対する意欲や積極的態度。

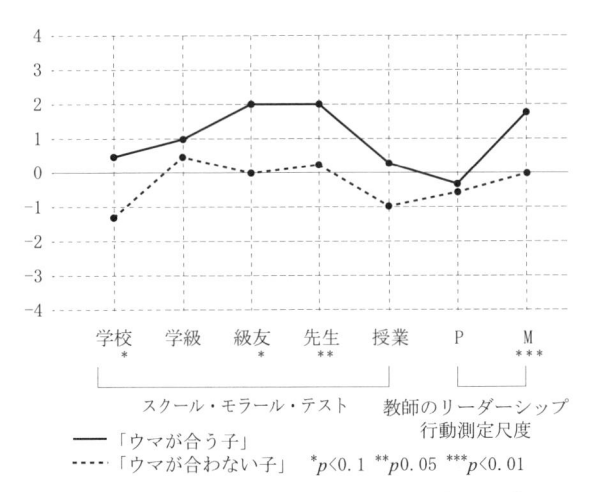

図4-7 「ウマが合う子」と「合わない子」の得点：J先生のクラス（近藤，1995）

――「ウマが合う子」
‥‥「ウマが合わない子」　$*p<0.1$　$**p<0.05$　$***p<0.01$

スクール・モラール・テスト：学校* 学級* 級友* 先生** 授業
教師のリーダーシップ行動測定尺度：P M***

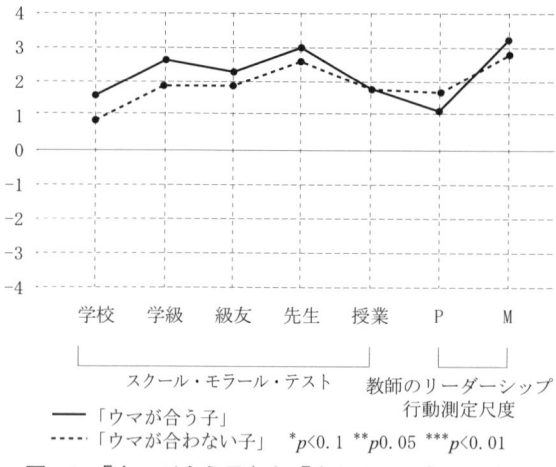

図4-8 「ウマが合う子」と「合わない子」の得点：
K先生のクラス（近藤，1995）

(2) 子どもからみた教師
① 教師のリーダーシップ

一般に，集団の機能は，目標達成機能（P機能）と集団維持機能（M機能）に分類される。教師のP機能には，子どもの学習活動を促進させたり，学校の規則を守らせたりする行動などが含まれ，一方教師のM機能には，子どもの気持ちに配慮したり，子どもと一緒に遊ぶなどの親近的行動が含まれる。三隅ら（1989）は，P機能とM機能の2次元から**リーダーシップ**の類型化を行い，教師のリーダーシップと子どものスクール・モラールとの関連を調べている。一般に，PM型，M型，P型，pm型の順（Pは目標達成機能が強く，pは低い。Mは集団維持機能が強く，mは低い。）に子どものスクール・モラールが高いことが明らかにされている。

② ソーシャル・サポートの送り手としての教師

近年，不登校，いじめなど，子どもたちは学校において必ずしも満足な生活を送ってはいない。子どもたちは，学校のなかで何らかの心理的ストレスを受けながら過ごしている。ソーシ

リーダーシップ：集団のなかで，特定の成員が他の成員や集団全体に対して行う意図的な働きかけ。

ャル・サポート（social support）とは，社会的支援をさし，「良好なソーシャル・サポートは，心身の健康維持と密接に関連する」という命題をめぐってこれまでさまざまな研究がなされた。それらの研究を概観すると，ストレスがもたらす悪影響をソーシャル・サポートがやわらげ，心身の健康維持や適応に貢献するという結果が得られている。こうしたことから，教師が子どもたちのよりよい社会的支援者になることが，子どもたちが快適な学校生活を送るために必要である。ただし，ソーシャル・サポートは，一般に道具的サポート（何らかのストレスに苦しむ人にそのストレスを解決するような資源を提供したり，その人が自分でその資源を手に入れることができるような情報を与えたりする働きかけ）と情緒的サポート（ストレスに苦しむ人の傷ついた自尊心や情緒に働きかけてその傷を癒し，自ら積極的に問題解決に当たれるような状態に戻す働きかけ）の2種類に大別され（浦，1994），必ずしもすべてのソーシャル・サポートが受け手にとって有益なわけではない。すなわち，サポートの送り手と受け手の関係などによって，2種類のうちどちらのサポートが受け手にとって有益なのかが異なる。たとえば，ダコフら（Dakof et al., 1990）によって，がん患者にとって，医者からは道具的サポートが有益だが，がん患者どうしでは情緒的サポートが有益であることが明らかにされている。渡部ら（1998）も，児童が教師に望むサポートと教師の日頃実際に児童に対して行っているサポートのズレと児童の算数不安の関係について研究し，児童の算数不安の内容によって教師の効果的なサポートのあり方が異なることを明らかにしている。教師が子どもひとりひとりに目を配り，子どもの状態に応じた適切な支援を送ることが必要である。

【引用・参考文献】

Ainsworth, M.D.S. & Eichberg, C.G. 1991 Effects on infant-mother attachment of mother's unresolved loss of an attachment figure or other traumatic experience. In C.M.Parkes, J. Stevenson-Hinde & P.Marris(Eds.), *Attachment across the life cycle*. Routledge. pp.160-183.

Belsky, J. 1984 The determinants of parenting: A process model. *Child Development*, **55**, 83-96.

ブロフィ，J.E. ほか 1974 浜名外喜男・蘭 千壽・天根哲治 （訳） 1985 教師と生徒の人間関係 北大路書房

Cassidy, J. 1994 Emotion regulation: Influences of attachment relationships. In N.A.Fox (Ed.) The development of emotion regulation. *Monographs of the Society for Research in Child Development*, **59**, 228-249.

Coie, J.D., Dodge, K.A. & Coppotelli, H. 1982 Dimensions and types of social status: A crossage perspective. *Developmental Psychology*, **18**, 557-571.

Dakof, G.A. & Taylor, S.E. 1990 Victims' perceptions of social support: What is helpful from whom? *Journal of Personality and Social Psychology*, **58**, 80-89.

Dollard, J. & Miller, N.E. 1950 *Personality and psychotherapy*. McGraw-Hill.

Fantz, R.L. 1961 The origin of form perception. *Scientific American*, **204**, 66-72.

濱口佳和 1997 発達と教育 濱口佳和・宮下一博（編著） 子どもの発達と学習 北樹出版

繁多 進 1987 愛着の発達――母と子の結びつき 大日本図書

Harlow, H.F. 1958 The nature of love. *American Psychologist*, **13**, 673-685.

金子 保 1986 乳児院のホスピタリズム 三田小学研究, **29**, 95-109.

近藤邦夫 1995 子どもと教師のもつれ 岩波書店

LaFreniere, P. & Sroufe, L.A. 1985 Profiles of peer competence in the preschool: Interrelations between measures, influences of social ecology and attachment history. *Developmental Psychology*, **21**, 56-69.

Lamb, M.E. 1977 The development of mother-infant and father-infant attachments in the second year of life. *Developmental Psychology*, **13**, 637-648.
Main, M. & Solomon, J. 1990 Procedures for identifying infants as disorganised/disoriented during the Ainsworth Strange Situation. In M.T.Greenberg, D.Cicchetti & E.M.Cummings(Eds.), *Attachment in the preschool years*. University of Chicago Press. pp.161-182.
牧野暢男　1996　父親にとっての子育ての体験の意味　牧野カツコ・中野由美子・柏木惠子（編）　子どもの発達と父親の役割　ミネルヴァ書房
正高信男　1995　ヒトはなぜ子育てに悩むのか　講談社現代新書
Meltzoff, A.N. & Moore, M.K. 1977 Imitation of facial and manual gestures by human neonates. *Science*, **198**, 75-78.
三隅二不二・矢守克也　1989　中学校における学級担任教師のリーダーシップ行動測定尺度とその妥当性に関する研究　教育心理学研究, **37**, 46-54.
宮城音弥　1960　性格　岩波新書
ポルトマン，A.　1951　高木正孝（訳）　1961　人間はどこまで動物か　岩波書店
Renken, B., Egeland, B., Marvinney, D., Mangelsdorf, S. & Sroufe, L.A. 1989 Early childhood antecedents of aggression and passive-withdrawal in early elementary school. *Journal of Personality*, **57**, 257-281.
Rosenthal, R. & Jacobson, L. 1968 *Pygmalion in the classroom : Teacher expection and pupils' intellectual development*. Holt.
菅原慎逸　1996　人とのかかわりが少ない子　児童心理, **50**(16), pp. 136-139.
浦　光博　1994　支えあう人と人──ソーシャル・サポートの社会心理学　サイエンス社
渡部玲二郎・佐久間達也　1998　児童の算数不安の構造，及びそれに対する教師のサポートについて──ソーシャル・サポートの観点からの検討　教育心理学研究, **46**, 184-192.

第5章 性格を知る
――パーソナリティの発達と形成

1節 パーソナリティとは何か

> **事例5-1 世界最古の性格学「テオプラストスの性格論」**
>
> テオプラストスが分析した古代ギリシャ人に関する30の性格特性の一部を紹介する。
> *空とぼけ：行いでも言葉でも実際より以下のふりをしてみせること。
> *無駄口：思いつくままの言葉を長ったらしく喋る話しぶりのこと。
> *お愛想：しんから相手のために思う心もないのに，つい巧みに相手を喜ばせる行為。
> *無頼：恥じてしかるべき言語動作を，一向に頓着せぬ図々しさ。
> *噂好き：噂を好む人自身の思いつくままにいい加減な作り話や作り事をこねあげること。
> *けち：度を越して出費の出し惜しみをすること。
> *不潔：人に不快の念をもよおさせるほど，体の手入れを怠ること。
> *虚栄：卑俗なる名誉欲。
> *横柄：自分自身以外の他の人々を軽蔑すること。
> *独裁好み：権力と利益を執拗に求める支配欲。
> *年寄りの冷や水：年甲斐もなく教養ごとに憂き身をやつすこと。
> *悪態：なにを口にしても悪口になってしまう性質。
>
> （参照）テオプラストス　森　進一（訳）人さまざま

性格：パーソナリティの下位概念。情緒的意志的側面をいい，環境や学習にも規定される。

5-1-1 性格とは何か

　心理学を学ぶ者の心理学に対する興味のおそらく頂点にあるのが，人の**性格**の問題であろう。自分はどういう性格か，誰し

もおおいに関心がある。**パーソナリティ**はアメリカの心理学でよく使う用語で、人間全体を意味し、性格よりいくらか広義である。またパーソナリティは三人称的客観的概念で、「彼のパーソナリティは……」というが、「私のパーソナリティは……」とはいわないようである。ヨーロッパの心理学は哲学的文学的色彩が濃いためかキャラクター（性格）が使われる。本章では現代の心理学が性格やパーソナリティについてどのように論じているか、パーソナリティとは何かを考える。その下位概念である**気質**、性格特性、行動傾性、さらに不安のような情動面も含まれる。要するに人間全体ということになる。

この意味ではパーソナリティには「人格」という日本語が当たるが、その語源はラテン語のペルソナ（persona）である。これは演劇の仮面のことで、このことはパーソナリティという語の意味にとって示唆的である。すなわちペルソナもパーソナリティも①実際にはそうではないが、他人にそう見えているもの、②人が人生において演ずる役割、③人間のもっている性質の総体、④区別と威厳、といったようなことを意味している。さらに心理学だけでなく、哲学、社会学などにも含意するところは少なくない。

現代のパーソナリティ心理学の代表であるオールポートの定義によれば、パーソナリティとは個人を特徴づけている行動と思考を決定するところの精神・身体システムで、その個人の内部にある力動的組織である。そこには特性、態度、素質などの相互作用と、精神と身体の機能の複合的体制がある。キャッテルもまた有力なパーソナリティ心理学者であったが、その定義はパーソナリティとは人がある状況におかれた時、その人がどのように行動するかを予測させるもので、パーソナリティによって人が何をするかがわかるというものであった。これは人間の行動的側面だけからの定義であるが、それなりに具体的でわかりやすい。

パーソナリティ：個人の特徴的な考え方、行動、体験の仕方などを含む全体的人間像。

気質：性格の情緒的側面。おもに体質的、遺伝的に規定される。

このようにパーソナリティは個人の特徴的な比較的安定した考え方，体験の仕方，行動の仕方のことであり，個体内で絶えず変化・発展し続ける個人の複合的全体的人間像のことである。気質，性格，**知能**といったような古くからの定型的な概念もみんな含まれることになる。きわめて常識的に人の性格や行動を「怒りっぽい」とか「外交的だ」とか，「優しい」「内気だ」「温厚だ」などと，形容詞によって表現するのは普通のことである。これが性格特性で，パーソナリティの重要な要素である。性格特性は数え出すときりがない。

気質は生物学的条件に依存して，体質と同じようにほとんど固定的である。性格にはそのように生まれつきの気質が含まれると同時に，人がある社会的役割をとることからくる否応のない行動特性としての役割性格（教師らしいとか，社長らしいとか）がある。そのほかに社会的事象の認知のあり方を形成する人格変数である**内的―外的統制型**というのもあるが，これは環境，状況によって学習され，獲得されたパーソナリティの側面である。このようにパーソナリティは広汎な意味をもつ。

5-1-2　性格学前史，気質，性格

気質や性格はパーソナリティの古典的な概念である。性格に関する最古のものは古代ギリシャのテオプラストスの『エチコイ・カラクテレス』（訳書名『人さまざま』1984）であるといわれている。そこに描かれている人間の性格は必ずしも科学的にまとまったものとはいえないが，人間性に対する深い洞察があり，人の性格は今昔を問わないことがわかる。

古代ギリシャのヒポクラテスは紀元前4世紀の頃，人間に血液，黒胆汁，胆汁，粘液の4種の体液を考え，そのバランスで人間の健康と病理を説明したが，その後，ローマのガレノスは気質も体液の混合比で決まると考えた（気質をテムペラメント〔temperament〕というが，これは混合の意味である）。それ

知能：抽象的思考，学習，環境への適応などを含む心の働きの多元的な総合的能力。

内的統制型：社会事象を自分自身の能力，技能，自己責任などによると認知するパーソナリティのタイプ。

外的統制型：社会事象を他者の支配や偶然，運命など第三者の力によると認知するパーソナリティのタイプ。

が体液四気質説で，性格類型学のもっとも古いものである。すなわち多血質（楽観的，活動的，移り気な気質），黒胆汁質（憂うつで悲愴的な気質），胆汁質（情動反応がはやくて強い気質），粘液質（情的につめたく遅鈍な気質）である。憂うつのことをメランコリック（melancholic）というが，melanは黒，cholicは胆汁で，もともとは黒胆汁のことであった。体液説はヨーロッパの人文思想に古く深く根ざしているが，このようなところにもその一端がみられる。

下って18世紀，ドイツ人のガルは頭蓋の形からその人の能力や性格を占う骨相学を広め，一時期，ヨーロッパを風靡した。これは性格や能力のいろいろな特性を大脳の各部分に割り当てるという思想からきたもので，頭蓋地図を数十の領域に区分した。これは性格特性説の古典版である。骨相学をフレノロジー（phrenology）というが，phrenは横隔膜のことで，昔，心は横隔膜（呼吸をする）にあると考えられたことから，心を意味することとなった。したがってフレノロジーに直接には骨相の意味はなく，せいぜい「心の観相学」という意味である。観相学には筆跡学もあり，人相見（相貌学）もあるが，これらはしかし慣習としてフレノロジーとはいわない。

5-1-3　人格変数としての愛他心，知能，コンピテンス

先に性格特性は数え出すときりがないといった。研究者によってもその数は異なり，20とか30とかいろいろありうる。それらを枚挙してもあまり意味がないと思われるので，ここではそのいくつか話題になりそうなものとして，**愛他心，知能，コンピテンス，不安，自尊感情**，セルフコントロールについて述べる。

最近よくとりあげられているのが愛他心である。愛他心は通常アルトルイズム（altruism）という。アルトル（alter）は他者のことで，直訳すれば他者主義（利他主義）であり，エゴイ

コンピテンス：やればできる潜在的能力。パフォーマンスの対語。

不安：恐怖の対象がわからない恐怖による不快で不安定な情緒。精神分析的にはリビドーに対する恐怖（神経症的不安）。

自尊感情：自分が周囲の人々にとって価値のある存在であるという主観的感情。

ズムの自己主義（利己主義）との反対語である。

それはとにかく，愛他心は外的な報酬を予期することなしに，他人の利益や福祉のために行動しようとする心である。細分すれば，援助，救済，寄付，分与，犠牲，勇気，寛容，誠実，正義，敬虔，思いやりなどを含んでいる。このような精神にもとづいて自分の損失や犠牲をもかえりみず，相手のために自発的に行われる行動が愛他行動である。その社会的親和性の意味をとってプロソーシャル（向社会的）行動ともいう。

愛他行動には①社会規範にもとづく愛他行動，②感情的愛他行動，③自律的愛他行動の3つの型がある。社会規範にもとづく愛他行動は，たとえば電車の中で席を譲ること，他人に物を公平に分けることなどである。個人と個人の間でとられる行動で，コスト（出費や犠牲）が低い。賞罰によって維持されることが多い。感情的愛他行動は感情や情緒の発達にともない，同情心が芽生えたうえでの行動である。自律的愛他行動は最高の形式で，他者から報酬を求めず，自発的な真の愛にもとづく行為である。これは多大な自己犠牲を含むことがある。

このような愛他性性格が他の人格特性とどのような関係にあるかが問題である。愛他心の強い人は，一般に高揚した気分の持ち主で，高い自己評価や幸福感，有能感や強さの感覚を有する。自分にとらわれず，他人に対する慈善的感情をもっている。**共感**（他人の感情を自己のものとして経験すること）は愛他行動を喚起する要因である。愛他性の強い人は社会的責任感が強く，社会規範をよくわきまえている。道徳的判断の心理学的基礎は愛他心にあるということができる。先にも述べた内的統制型というのは行動に自己責任をもつ人であり，外的統制型は行動の責任を他者に転嫁する傾向の人のことであるが，内的統制型の人は外的統制型よりも愛他行動をとり，慈善事業への参加が多い。

パーソナリティの下位概念として知能がある。知能は多少とも価値的な能力次元で，性格のような無価値的定性的カテゴリ

共感：喜怒哀楽の感情を他人とともにすること。

ーとは別問題というべきであるが，パーソナリティ論としてはその総合的全人的概念のゆえに，知能もまたその診断的要素となってくる。知能とは何かについては因子分析的技法の開発の意義はきわめて大きく，スピアマンは一般因子と特殊因子を抽出し，ピアソンは特殊因子として言語能力，計数能力，機械的能力，注意力，想像力の5因子をあげた。サーストンは因子分析法をさらに発展させ，一般因子の存在を認めず群因子を唱えた。たとえば空間関係，知覚の速さ，数，言語理解，語の流暢さ，記憶，推理の7つの因子である。これをサーストンの多因子説という。ギルフォードにいたっては120個の知能因子を提唱した。いずれにしてもそのような能力次元がパーソナリティの他の要因に与える影響は無視できない。

　コンピテンスとは潜在能力のことである。たとえば生まれたばかりの人間の子どもは言語の能力はないが，やがてはこれを覚えるという言語コンピテンスがある。「自分にはできる」というコンピテンスの意識は自信あるいは有能感を与える。そこに自ずから好奇心や探索欲求などの内発的動機づけ，さらには自尊感情が生まれる。

5-1-4　人格変数としての不安，自尊感情

　不安も人格変数のひとつとみることができる。「不安とは自己の将来に起こりそうな危険や苦痛の可能性を感じて生じる不快な情動現象のこと」（『心理学事典』平凡社）である。しかし不安は心理学の難しい概念のひとつであるためかいろいろな定義がある。恐怖には対象があるが，不安は対象のない恐怖だといわれる。その無対象性が不安におけるいい知れぬ危機感や無力感を生ずるのである。じつは恐怖の対象はないのではなくて，それが無意識にあるからわからないのである。したがって不安の理論には無意識の心理学であるフロイトの精神分析のかかわりが大きい。

表5-1　不安のタイプ（笠原，1990）

健康範囲の不安	病的な不安
①ふさわしい理由がある。	①しかるべき理由がない。
②人にわかるように言葉で表現できる。	②言葉で表現するのが難しい。
③話せば人にわかってもらえる。	③人にわかってもらえない。
④我慢（自制）できる。	④我慢しにくい。
⑤あまり長くは続かない。	⑤かなり長く続く。少なくとも簡単に消えぬ。
⑥いったん消えれば，そう簡単に再現しない。	⑥いったん消えても，またこないかと不安である。

　出生は赤ん坊にとってもはじめて母体から遊離する恐怖の大事件であるが，人はそれを覚えていない。それが無意識に抑圧されているからであるが，原始不安となって，それは残っている。原始不安は不安の原型であり，人間の生涯は不安からスタートしている。

　誰にもある普通の不安は現実不安といわれる。つまり現実の何らかの状況が脅威となって生じるもので，不安の対象がある程度わかっているという点で恐怖にも近く，客観不安ともいわれる。表5-1の健康範囲の不安に対応する。**神経症的不安**は典型的に精神分析的で無意識がかかわる。精神分析でイドというのは本能的非道徳的衝動の塊のようなもので無意識の底にあるが，絶えず浮上しようとする。それを抑えるのがひとつの人格としての自我（エゴ）で，これにはそれを許さない人間としての規範があり，そこにイドと自我の闘争が生じる。自我が弱いとイドに負けそうで恐しい。これが神経症的不安であり，精神分析が考える不安である。うまくイドを抑えられれば自我が防衛されたことになるが，突き破られれば自我は破壊される。表5-1の病的な不安に対応する。

　道徳的不安は道徳的な違犯に対する罪悪感からくる不安である。フロイトの精神分析によれば人格には自我（エゴ）の上に超自我（スーパーエゴ）というものがあって，これは優れて道徳的である。罪悪感や羞恥心は超自我水準の心理機制であり，

神経症的不安：イドが自我を脅かすほどの力を発揮しようとして自我がそれに対抗しきれなくなる危険性を感じた時の不安。

道徳的不安：罪悪感，羞恥心として体験される社会的不安。

人が超自我に背いた行動をとった時に体験される。新フロイト学派（ネオフロイディアン）のホーナイ（1937）は，道徳不安である罪悪感情は不安に対する防衛の表現であるといった。

5-1-3で，コンピテンスから自尊感情が生まれると述べたが，自尊感情とは自分が周囲の人々にとって有用で価値ある存在であるという主観的感情のことである。不安傾向の高い人はコンピテンスに乏しく，したがって自尊感情は低い。罪悪感情をもちやすく，好奇心に乏しい。それを補償するように，自分が偉業を成し遂げたり，物質的財産や高い地位を得たりする夢想にふける傾向がある。逆に暗示に対する抵抗は大きいといわれている。

5-1-5 不安の測定法

不安が強くなると，いらいらしたり心臓がどきどきしたり，何らかの身体的徴候を自覚するであろう。これらはおもに交感神経系の作用によるもので，それは生理学的に記録できるから，それをもって生理学的測定法とすることができるが，ここでは割愛する。いわゆる目録法や質問紙法のような不安の心理学的測定法には次にあげるような各種がある。

① 顕現性不安尺度（MAS）：この尺度はテイラーによって標準化され，臨床医学にも応用可能で正常人と精神障害者を識別できる。また児童用のものもある。
② ミネソタ多面性人格目録（MMPI）にもとづく不安尺度：とくに精神衰弱尺度とMASとは顕著な相関がみられる。
③ 不安の刺激反応目録法：この検査は不安が経験される多くの状況の指標，各状況に対する不安反応の数，強さを測定し不安傾向を測る。
④ 恐怖調査一覧表：特性不安の一測度。
⑤ 感動形容詞チェック表：状態不安を測定する。
⑥ 主観的ストレス尺度：状況不安の一測度。

⑦　フリーマンの顕現性不安テスト
⑧　状態・特性不安目録法（STAI）：状態不安と特性不安を測定する尺度である。状態不安はストレス状況にともなう一時的な不安で，状況によって変動する。特性不安は個人に比較的安定して内在する特性としての不安である。
⑨　テスト不安質問紙法：テスト状況で起こる不安の尺度。
⑩　達成不安テスト：不安のために"衰弱するほど"影響を受ける人（衰弱性不安），不安があるとかえって遂行行動が"促進される"人（促進性不安）を抽出する不安テストである。
⑪　対人不安意識尺度：対人恐怖傾向を測定する。
⑫　田研式一般不安尺度（GAT）：この検査は不安感情の向けられる対象と不安によって生じる行動の2つの側面から不安を測定するものである。ここでは不安の類型が次のように分類される。

　　(a)学習不安傾向：授業やテストで失敗するかもしれないという漠然とした不安，(b)対人不安傾向：対人関係で困難に出会い失敗するかもしれないという予感，(c)孤独傾向：仲間に入りたいという望みと仲間とうまくいかないのではないかという恐れとの葛藤から生じる不安，(d)自罰傾向：失敗の結果を常に自分のせいだと信じ込む，(e)過敏傾向：感受性が強すぎて些細なことでも気になり，なにもできなくなる，(f)身体的徴候：不安が身体的徴候となって表される種々な現象，(g)恐怖傾向：漠然とした恐れをいだく，(h)衝動傾向：情動的な側面から生じる不安。

　このように多岐にわたる不安が生じた時，どのようにしてかこれを軽減する必要があるわけだが，これを自分でするのがセルフコントロールである。すなわちセルフコントロールとは，他者からの規制や支配によることなく，自分の心と身体の状態を自らの力でコントロールすることで，心身医学の治療法のひとつである**自律訓練法**やバイオフィードバック法などがそれで

自律訓練法：身体の生理的状態を自分で（自律的に）調整することを訓練する。これによって心の調整を図る精神身体的治療法。

ある。

　不安にともなう身体的変化は交感神経系の反応で，元来は意識的にコントロールできる性質のものではない。しかしその生理的反応（血圧にしろ，心拍にしろ，脳波にしろ）をモニターして，自分の身体的状態を自分で見て知る（バイオフィードバックする）ことによって，努力すればこれをセルフコントロールすることができるようになる。たとえば禅僧は調息，調心などといって，自ら自己の身体的生理的状態を調えることができる。**ストレス・コーピング**もセルフコントロールのひとつである。

> ストレス・コーピング：ストレスに対処する個人の日常習慣。それによってストレスの影響を回避したり，あるいはストレスの積極的な意味を見出すこと。

2節　パーソナリティ理論

事例5-2　「性格調査表」［宮城（1960）を参考］

　これはおもに，他人の性格を診断する時に用いられる。あっている項目には○を，あっていないものには×をつけ，はっきりしない時は，そのままにする。Ⅰは分裂質，Ⅱは躁うつ質，Ⅲはテンカン質であって，○が比較的多い時，その性格の所有者で，×が多い時その性格が傾向が少ないことを示す。

Ⅰ　1．非社交的で，ひとりぼっちでいる方が好き。
　　2．無口。
　　3．感情が冷たく，他人の心配事をきいても平気。
　　4．心に内と外とがあり，気の知れないところがある。
　　5．世事にうとく，融通がきかない。
　　6．神経質でありながら鈍感なところがある。
　　7．生真面目でガンコ。
　　8．自分が人に劣っているという気持ちがある。
　　9．物わかりが悪いと人に思われている。
　　10．空想を好む。
Ⅱ　1．社交的で世話好き。
　　2．常識的で融通がきく。
　　3．おしゃべりで，あけっぱなし。
　　4．朗らかで，よく冗談をいう。
　　5．活発でよく活動する。
　　6．柔和で，もの静かであるが，人情があり，冷たくない。

>   7. 何か事件がおこると，他人のせいにせず，自分が悪かったと思う。
>   8. 世の中をつまらなく思ったり，悲観したりする。
>   9. ひねくれたところがない。
>   10. 物事にこだわらないし，怒ってもそれを根にもたない。
> Ⅲ 1. 几帳面で仕事が綿密である。
>   2. きれい好き。
>   3. 義理がたく正義感が強い。
>   4. 普通はていねいすぎる程礼儀正しいが，ひどく腹を立てることがある。
>   5. 非常な倹約家。
>   6. 狂信的である。また，ひどく保守的である。
>   7. ねばり強い。
>   8. だらしなく着物（洋服）を着ることなどしない。
>   9. 気分がふさいでいない時でも動作がひどくのろい。
>   10. 他人に自分のものを貸すのを嫌う。

5-2-1 性格類型論

　類型論とはある一定の理念にもとづいて少数の基本的次元上に性格を分類するものである。それは複雑な多面体を一定の角度だけから見るようなものであるが，多様な人間の性格を簡単な原理に割り切るところに魅力がある。たとえば後述の内向性―外向性についてみる時，人間が内向と外向だけで割り切れるものではなく，また数からいえば人間の多くは内向でも外向でもない中間であろう。それにもかかわらず内向性―外向性は人間理解の枠組みとしてのひとつの説得性がある。つまり類型説はアイデアル（観念的）なものであり，ヨーロッパ的である。体液説による四類型についてはすでに述べた。以下は現代の代表的類型論である。

　① クレッチマーの類型論：ドイツの精神医学者クレッチマーは，精神分裂病者には痩身型が多く，躁うつ病者には肥満型が多いという臨床的事実を気質論に一般化し，分裂気質と躁うつ気質とそれぞれの体格型を論じた。分裂気質は分裂病の病像

に通じるものがあり，痩身で非社交的，静かで内気，生真面目，従順で鈍感な面をもっている。躁うつ気質は躁状態とうつ状態が交代するので循環性とも回帰性ともいわれる。肥満の人が多く，善良，親切，温かみがあり社交的である。このことは日常の人物観察ともよく合うであろう。その後，クレッチマーは闘士型の体格と粘着質との関係をこれに加えた。粘着質は几帳面でねばり強く融通がきかない。興奮すると夢中になり，自制を失い怒りやすい。

　② シェルドンの類型論：アメリカのシェルドンは多数の正常な男子の身体計測統計から基本的な身体型として内胚葉型，中胚葉型，外胚葉型を分けた。胚葉というのは生物発生における胚の部分で，内胚葉は内臓系になる。同じく中胚葉は筋肉骨格系になり，外胚葉は脳神経系になる。表現型として内胚葉型は肥満型であり，中胚葉型は闘士型，外胚葉型は痩身型である。さらにシェルドンはそれぞれに対応する性格型を内臓緊張型，身体緊張型，頭脳緊張型とよんだ。これらは躁うつ気質，粘着気質，分裂気質に当たると考えてよい。

　結局，シェルドンとクレッチマーは同じようなものとみてよいが，クレッチマーが精神病というどちらかといえば少数の特殊なケースへの洞察にもとづいているのに対して，シェルドンが多数の身体計測統計にもとづいているというところが，一方はいかにもドイツ的であり，他方はいかにもアメリカ的である。

　③ ユンクの類型論：ユンクはドイツの精神医学者で，フロイトの精神分析の影響を受けている。そこで無意識的なイドの心的エネルギーである本能的欲求（**リビドーという**）を人間行動の根源におくが，このエネルギーが外部に向かって発散的である者を外向性とし，内部に向かって自己の内面にこもる者を内向性とよんだ。

　外向性の場合は態度決定が外的条件に依存し，他者からの要請に注意が傾き，それに従いやすい。他人が自分と同じ行動をと

リビドー：本能的エネルギー。精神分析（フロイディズム）に特有の概念。イドのダイナミズム。

ることを望み，他者が見ている方がよく仕事ができる。他方，内向性は他人や外界との関連の意識が弱く，考え方や行動が主観的で他者に無関心である。他人がいると仕事ができない。孤独で非社会的である。内向—外向を測定する尺度を向性尺度という。

④　シュプランガーの類型論：「生の哲学」のドイツのシュプランガーは青年心理学者でもあったが，人間の世界観においてどのような側面にもっとも高い価値をおくかについて経済型，理論型，審美型，宗教型，権力型，社会型の6種類を考えた。

　経済型の人はものごとを経済的観点から見，経済効果によって判断する。人物評価もその人の活動力，財力，資力が中心になる。生活の目的は財産の獲得である。理論型の人はものごとを客観的に冷静に見，知識の体系に価値をおく。審美型の人にとっては人生本来の価値は美にあり，合理的な実生活にはあまり関心を示さない。宗教型は神を信じ，人生の最高の価値は他者への奉仕と神への奉仕と考える。聖なるものを畏敬し，絶対的生命を肯定する。権力型は他人を支配し命令することを好み，権力の獲得に全身全霊を捧げる。社会型は他人や社会の福祉に関心をもち，他人を愛し他者に奉仕することに最高の価値を認める。シュプランガーのこの人格概念にもとづいた心理テストにオールポート・ヴァーノン価値調査尺度がある。

5-2-2　特性理論

　性格類型論はどちらかといえば理念が先にあって，それに人間の性格をあてはめようとするのに対して，性格特性論はデータの分析からそれを説明するのに必要な要素特性を必要なだけ列挙していく。類型はせいぜい数個であるのに対して，特性は必要なだけ設け，その方法として因子分析などの数学を駆使する。前者が演繹的であるとすれば，後者は帰納的であり，前者をトップダウンとすれば後者はボトムアップである。類型がドイツ的とすれば特性論はアメリカ的である。

① オールポートの特性論：オールポートによると科学には**法則定立学**と**個性記述学**があるが，パーソナリティ心理学は個性記述学である。その理論の重要な概念が「特性」である。特性はそれ自身必ずしも直接観察されるというものではなく，その個人の言動から分析的に推論した概念で，それをパーソナリティの基本的単位と考える。特性は類型とちがっていくらでもあげることができる。特性は共通特性（多数の人にみられる特性で一般的性格特徴）と個人的特性（個人の性格特徴）とに分けられ，さらに共通特性は表出的特性と態度特性に分けられた。これに心理的生物学的基礎としての身体・知能・気質の3側面をあわせて全人格像を表そうとするのが心誌である。

② キャッテルの特性論：キャッテルはオールポートの特性論的考えを自己の人格理論のなかに取り入れ，因子分析によって特性を抽出し，オールポートにならって個人的特性と共通特性に分けた。前者は表情や動作から観察できる変数であり，後者は人格の深層の部分に内在するものである。この根源的特性を体質的特性と環境形成特性に分ける。前者は遺伝的条件を担う特性で，たとえば神経質，知能，エネルギー，記憶のよさなど，後者は環境から受ける特性である。

③ アイゼンクの特性説：アイゼンクは精神医学的診断，質問紙テスト，客観的動作テストおよび身体的差異の諸データを因子分析して検討した。その結果，パーソナリティ構造の因子分析的な数学モデルとして，4水準からなる階層的構造（類型，特性，習慣的反応，特殊的反応）を明確にした。彼によると類型は特性の体制化された高次の因子であり，一般神経症傾向，内向性—外向性，精神病傾向の3類型因子となる。つまり特性理論と類型理論を統合したものである。アイゼンクは社会心理学にも興味をもち，保守主義対進歩主義の因子と硬心と軟心の因子とを抽出した。このようにアイゼンクの特性説は社会的態度や集団における個人の特性という内容を包含している。

法則定立学：すべての個体に普遍的な一般原理，法則，メカニズムを見出そうとする立場。個性記述の対語。

個性記述学：科学方法論において一般法則に個を埋没させることなく，個を尊重する立場。法則定立の対語。

5-2-3　フロイトの精神分析理論

　フロイトの精神分析については5-1-4ですでに述べたが，そのフロイトはオーストリアの精神科医で，ヒステリーの治療法として精神分析を開発した。つまりヒステリーの原因を患者の無意識世界に求めたのであるが，無意識のことであるから患者にもわからない。それをなんとか明るみに出して患者にわからせる方法が精神分析である。

（1）　フロイト理論における人格構造

意識：自分の心の主体的認識の世界。それがわかっている状態。

無意識：人の心のなかで意識されない心的世界。リビドーの支配する領域。

前意識：意識されていないが，思い出そうとすれば思い出せる精神領域。

　人間の精神を氷山にたとえるならば，**意識**の世界は氷山の一角にすぎない。水面下は巨大な**無意識**の世界である。どんな行動でもその原因を無意識の世界にたどることができる。たとえ意識的な行動でもその原因は無意識のなかにある。フロイトは精神を意識，**前意識**，無意識の世界に分けた。それぞれの世界に超自我，自我，イドがあり，これらの力動的な関係で人間を理解しようとする。イドは水面下の無意識世界にあって精神のもっとも原始的な働きをし，心的エネルギーである本能的欲求（リビドー）のおもむくままに快楽を求めて活動しようとする（快楽原理）。自我は前意識世界にあり，水面上と水面下にわたって，一部は意識的であり，一部は無意識的である。イドは快楽を求めて衝動のままに動こうとするが現実世界では，それは通用しない。そこで自我はそのエネルギーを現実に適応するように（現実原理）調整する役割をもっている。

　超自我は氷山のトップにあって高度に意識的であり，道徳的である。超自我は非道徳的イドに対してきびしい戒律をもって臨むが，人間はそのようなきびしさにいつもは耐えられない。そこで自我はなんとかそれをやわらげようとする。このように自我は下にはイドの衝動性，上には超自我の戒律の間にあって辛い立場にある。しかしそれに耐える自我をもつことは人間の全人格のバランスを保つために重要である。

（2）　フロイトの性格発達論

イドの根源的欲求はリビドーとよばれるが，リビドーは本能的性衝動であり，すべての心的原因をこれに帰するところからフロイト理論は汎性欲説ともいわれる。リビドーは乳幼児期から思春期にかけて体の異なる部分に集中するということから，フロイトは次のような性格形成の性心理的発達段階を提唱した。

　① 口唇期〔0〜1歳〕：リビドーがもっぱら口唇部に集中する段階で出生から1年の授乳期がこれにあたる。この段階は乳幼児がものを口に入れ，吸い，噛むことによってリビドーが解放される。

　② 肛門期〔2〜3歳〕：排泄のしつけの時期になると，リビドーの解放は排泄機能に向かう。この時期，排泄を「我慢する」とか「放出する」ことが要求される。

　③ 男根期〔4〜5歳〕：この時期は子どもの性器官に対する関心の表れる段階である。この段階でエディプス・コンプレックス（女子の場合，エレクトラ・コンプレックス，いずれも子どもの親に対する近親相姦的葛藤）が起こり，このエディプス的経験がその子どもの成長後の異性や権威者に対する態度を決定する。

　④ 潜伏期〔6〜12歳〕：この時期は思春期まで続き，性的興味は低下し社会的態度が発達する。

　⑤ 性器期〔13歳〜　〕：この段階は健康な自我が形成されていれば，正常な成人性愛の段階である。快楽原則より現実原則によって行動する成熟した豊かな人格が育まれる。逆に幼児期に過度のリビドーの抑圧があり，無意識の世界に固着し，うっ積していると，自我防衛は難しく，これが崩壊すれば一気にリビドーが外部に放出され神経症をもたらす。

　不安や恐怖，罪悪感などの不快な感情を起こす原因は抑圧されたリビドーにあるが，これを回避して自我を守る働きが自我防衛機制である。適応機制ともいわれ，いくつかの種類がある。

　口唇期にリビドーが満足に解放されないとリビドーは口唇部

に固着し，それが性格形成に影響して，いわゆる口唇期性格になる。同様に肛門期にリビドーの固着を起こすと肛門期性格となる。口唇期性格と肛門期性格は精神分析的な性格類型である。

5-2-4　エリクソンの心理社会的発達理論

　フロイトの精神分析における性本能説ないし生物学的決定論を批判し，心の深層メカニズムにもとづきながらも社会的因子を考えるのが新フロイト学派（ネオフロイディアン）である。エリクソンは新フロイト学派のひとりであるが，パーソナリティ発達における社会的影響を強調した。彼はフロイトのいう幼児期の人格形成上の重要性を否定しないが，自我の現実指向的統合機能に注目し，幼児期から成人を経て老人期に至るまでの広いライフサイクル（人生周期）を問題とする。エリクソンはそれを次の8つの段階に分けた。

(1)　乳児期（基本的信頼か基本的不信か）

　他者および自己に対する基本的信頼の形成は乳児期初期の母子関係にあり，これは健康なパーソナリティ形成の礎石となる。この時期に大事なことは，母親が子どもに対して与える愛や口唇的満足の量というよりは，母子関係の質である。たとえば母親が子どもの要求をよく感じとり，感情的にならず，一貫した養育をした時，人に対する基本的信頼が育つ。

(2)　幼児前期（自律性か恥と疑惑か）

　これはフロイトの肛門期で，幼児が社会的行動を学習する時期である。親が排泄のしつけにあまりきびしいと，子どもは肛門期的行動が固着して自律性を失い，敵意に満ち，強情で，恥と疑惑に満ちた精神構造になってしまう。

(3)　幼児後期（自発性か罪悪感か）

　これはフロイトの男根期で，著しい探索行動と性への好奇心をもつ時期である。この時期には子どもの良心が発達し，自己判断ができるようになり，自分は何が可能であり，どのような

目的が望ましいかがわかって，自己観察，自己指導，自己処罰するようになる。このような道徳的感覚によって健全な自発性の感覚も発達する。

(4) 児童期（勤勉か劣等感か）

この段階はフロイトの潜伏期に対応する。子どもの勤勉感覚が芽生え，体系的な学校教育を受ける時期である。この教育を通して子どもは大人たちへの同一化を形成し，基本的な技能を身につける。社会的スキル，知的活動，対人関係などを通して勤勉性と自己信頼感が育ち，社会において役立つ生産的な人間として，自分は自分であるという感情発達の基礎ができる。

(5) 青年期（自我同一性か同一性拡散か）

エリクソンは自我同一性という概念を提案し，青年期は「自分とは何か」という自己についての自覚が確立されなければならないとした。自我同一性（またはアイデンティティ）はつまり「自己を知る，自覚する，自己を定義する」という意味であり，その必要を青年につきつけた。そのための猶予期間を心理社会的モラトリアムといった。この時期に危険なことは自我同一性の混乱あるいは拡散である。職業の選択，男として，女としての生き方などについて深刻に悩むのもこの時期である。

(6) 成人前期（親密か孤独か）

自己の確立した大人は他者に対して寛容であり，親密でありうる。自己犠牲をいとわず，他者への強い献身的精神をもつ。自己の確立に失敗すれば他者との関係も損なわれ，果ては孤独にさいなまれる。

(7) 成人期（生殖か停滞か）

社会は成熟した成人を必要とする。生殖と家族の養育は次代を育成するという意味で大人の義務である。家族のない者は他者の育成と生産的かつ創造的活動により社会に貢献せねばならない。

(8) 成熟期（自我の統合か絶望か）

最後のこの段階は以上の7段階の結実であり，自分のライフサイクルを不可避的に受け入れる時である。ここに至ってはもはや両親を肯定し愛することができなくてはならない。自分の生涯は自分の責任であるという事実と自らの老いを肯定し，歴史的事実を受け入れ，人類一般への同志愛にもとづき人間愛を実行する。

5-2-5 文化とパーソナリティ

文化人類学者サピアは論文「社会における無意識的な行動の型」(1927) で，人類学に精神分析用語とタイプ（型）の概念を導入した。彼は言語における〈無意識の法則性〉を広く文化論に適用できると考えた。その後，同じく文化人類学者ベネディクトは著書『文化の諸類型』(1934) において，プエブロ・インディアンの種族特性はアポロ的性格であり，クワキットル・インディアンの部族特性はディオニソス的性格であるといって文化類型の概念を論じた。ここにいうアポロ的性格とかディオニソス的性格というのは，ニーチェが『悲劇の誕生』のなかでいった人間の精神の類型のことで，アポロ型とはギリシャ神話の太陽の神アポロンの特性で，穏やかで競争心がなく中庸をもって生活信条とする。ディオニソス型とはギリシャ神話の酒の神のそれで，荒々しく闘争的で，優越を最高の徳とする。

文化人類学者ミードの「3つの未開社会における性と気質」(1935) は，ニューギニアのアラペシュ族，ムンドグモール族，チャムブリ族の気質，習慣，風俗，行動特性の比較研究である。この3種族は互いに隣接地域に居住しているにもかかわらず，文化の類型はきわめて異なり，そのパーソナリティ特性も異なっていた。アラペシュ族は温和で他者と協調的であり，ムンドグモール族は闘争的であり，チャムブリ族は女性が権力をもち，家長は女子で漁業を営み，男性は女性に依存して生きるという性的逆転現象がみられる。男女の性差の通念がまったく否定さ

れる場合もある。たとえばミードによれば，マヌス島では父親が育児をするため男の子の方がお人形遊びを好む現象がみられる。ここでは女児における母性本能説は成り立たない（祖父江，1976）。人のパーソナリティは文化の影響を受けて形成されるということである。

3節　パーソナリティの形成と変容

> **事例5-3　「最近の子育て像の特徴」**
>
> 都内某保育園の園長先生が最近の子育て像の特徴について述べてくださいました。この内容を読んで現今の子育てについてディスカッションを行い，心理的社会的側面から考察をしてみよう。
>
> ---
>
> 「最近の母親は以前とまったく様変わりです。親はあいさつをしないし，そもそもあいさつができません。自分本位で相手に対して気遣いというものがありません。子どもがよそさまでお食事をしても母親からのお礼がありません。むしろ子どもの方が気を遣うくらいです。離婚が増えているようですが，これは親の精神的な病ですね。とくに都会の母親は隣近所のつきあいがないので孤独です。子どもをどう育てればいいのかわからずに，育児不安や育児ストレスになります。果てはその反動で子どもを虐待したりします。子どもも不安です。物は何でも与えてやって不自由はさせませんが，「物」で子どもの「心」は育ちません。父親は母親のいいなりですから，いまや権威がありません。母親にも子どもを叱ったり，しつけたりという光景は本当にみられなくなりました。子どもの心を育み，いとおしむ，そして美しく育てるという奥ゆかしさは，どこへいったのでしょう。現在の子育ては日本的文化や日本の伝統的な精神的美を喪失してしまいましたね」。

近年，親子関係に関する心理的問題は，子どもと大人の家族全体を含めた力動的関係として家族心理学的に議論されることが多い。そこには人間の心の援助としての臨床心理学的な課題が含まれており，その基礎論として子どものパーソナリティの形成や変容に関する研究はますます有意義になっている。

5-3-1 母子関係と子どものパーソナリティ形成

フロイトによれば，母親とは「両性にとって，人生における最初のそして最後の愛情対象」であり，その関係は「その後のすべての愛情関係の原型」であり，そしてそれは「全生涯を通じて比類のない不変の関係」である。フロイトを踏襲したドイッチュは母親の心理における「母性」と「女らしさ」を区別した。「母性」の本質には苦痛と屈服とを快しとする**マゾヒズム**（被虐性）傾向があり，他方，「女らしさ」の本質には自己陶酔，すなわち**ナルシシズム**（自己愛）がある。母親において両者は調和的に作用している。母親の自己犠牲的行為，子どもに対して報酬を求めない献身的な愛情，子どものためなら苦痛をいとわず喜んで行動する行動特性の根底に母性のマゾヒズムがある。

ユンクは母性の本質を，慈しみ育てること，狂気的情動性，暗黒の深さという表現で謳いあげた。「慈しみ育てる」とは慈愛に満ちた聖母マリアの象徴的表現であり，暗黒の深さは何ものをも区別しない平等性と，すべてのものを呑み込む恐ろしさを表現している。ユンクの影響を受けた河合隼雄は母性原理を「包含する機能」であるといった。そこには「生み育てる」という肯定的な面と，「呑み込み」，「死に至らしめる」という否定的面がある。いずれにせよ母親は子どもの人格形成に決定的役割をもつ。

このように母と子の関係は特別にして比類のない関係であるわけだが，教科書風に平たくいえば，親子関係は親子間に形成される対人関係を意味し，親は子を養育し，保護し，指示し，教え諭し，子はそれを受ける。そこには愛着―敵対，親密―疎遠，支配―服従などの人格変数が介在する。そこで親子関係は子どもの人格形成の基礎を担うと同時に，母子が双方向的に影響を及ぼしあい，ともに発達・成長をしていく関係であるということができる。したがって具体的に母親の養育態度が子どもの発達にどのように影響するかが問題である。

マゾヒズム：性対象によって苦痛を与えられることによって得られる満足。サディズムの反対。

ナルシシズム：自己愛。水面に映った自己像に陶酔して入水したギリシャ神話のナルシスに由来。

母親と子どもとの心の交流が豊かで，子どもに対する励まし（強化）や教え（指示）が多ければ子どもの人格発達が促進される。子どもに対して押さえつけ（阻止）の多い母子関係では，運動以外の子どもの発達はよくないという傾向にあった（比留間ほか，1982）。また子に対して受容的な母親の場合は，同胞や友だちと仲がよく，効力感その他の知的発達を促進する人格特性が形成されやい。逆に母親が拒否的な場合，子どもの自我は未発達で情緒不安定であった（森下，1988；1990）。つまり母子関係が良好ならば子どもは自ら内的発達をとげ，より豊かな自己を確立していく。

　母子関係は母と子の相互交渉であるから，母親の充実感とも関連が深く，養育態度にも反映する。大野ら（1982）によれば，子どもを積極的に受容している母親は他者との人間関係にも充実感があり，他者との人間関係において子どもの生活空間を広げ，子どもの行動を強化し，万事に気配りの行き届く母親であった。これに反して「生活が単純だ」などと不満の多い母親は「勉強したい」などと自己の活動欲求は強いが，子どもの活動を強化することはなかった。子育てに肯定感の低い否定的な母親は家庭内外の生活に充実感がなく，自己評価も低い。職業についても同じことである。母親が人生に対して充実感をもつか否かは子どもの発達に影響なしにはすまない。

　子どもの自発性と母親との関係の調査によれば，自発性の高い子どもは母の誘いかけや教示が少なく，自発性の低い子どもは母親の誘いかけや教示，命令，非難など，干渉が多かった（白川ほか，1987）。大野（1987）は子どもの自発性と母親の養育態度を実験的に調べた。それによると，もっとも自発性の高い被験児群は気質的に難しく，課題に対して取り組みに問題がある。自発性が中庸の群は申し分のない子で，母親の対応もきめ細かいものであった。自発性がやや低い群は母親が干渉的できめ細かさがなく，やや拒否的であった。自発性のまったくな

かった子は，母親の無関心が目立った。

　石井（1999）は家庭教育における子どものしつけと親の養育態度にとって一番大切なことは一貫性であるといった。親の都合や機嫌でしつけが変わったのでは，子どもは混乱する。問題のある保護者の行動傾向は子育てに一貫性がなく，過保護や過干渉の傾向にある。近年の母親は育児に悩み，ストレスを感じ，子どもの存在や成長に喜びを感じず，結果的に育児態度に適切さを欠くことが多い（事例5-3参照）。いわゆる育児ノイローゼは出産や子育ての過程で発症する神経症のひとつであるが，子どもの発達にもよい影響はない。子育ては文化や価値観などによって異なる。詫摩（Takuma, 1987）は母親の期待する子どもの理想像について日本と西ドイツ（当時）とを比較したが，日本の母親は子どもに従順や感情のコントロールを強く要求し，厳格であることを旨とし，西ドイツの母親は愛情を絶えず表現することと子どもが独立的に行動することを望んだ。

5-3-2　父子関係と子どものパーソナリティ形成

　河合（1976）によると「包含する」のが母性原理であるのに対し（5-3-1参照），「切断する」のが父性原理である。子どもに善悪や優劣のけじめをつけさせ，拙劣な子を切り捨て優れた子を抜擢するという「切断する」機能が父性だというのである。つまり父親の存在は強さと権威のシンボルであり，それによって子どもに社会化を促すことにある。パーソンズによると，シンボルとしての父親の機能は，①母親に対する初期の愛着とそれにともなう依存要求を断念させる，②母子関係という下位システムからいっそう上位のシステムに子どもを引き上げる，③社会のなかの一定の役割構造を自分に当てはめて，性別による一定の役割を担当するように促す，の3点にある。

　しかしよくいわれることだが，現代の父親は優しさばかりで父親としての権威を失墜し，脆弱化して母親と同質化してしま

っている。母親と同質化した父親の存在は，父母の双方が「包含する」と「切断する」特性をもつべきことを意味している。

　高野（1994）は父親の本来の役割について次のように要約した。子どもたちは2歳くらいまでは，男児も女児も母親をモデルとして母親の思考様式，対人的態度，行動のとり方を知らず知らずのうちに身につけていき，母親との発達的同一性を獲得する。しかしやがて男児は自分と同じ性をもつ父親との性同一性を成立させる。その後は男児は父親が好きになり，父親を自分のモデルとして積極的にかかわり，自己の男性性や父性を身につけていく。父親がもつ力と権威をどのようにして行使するか，男性として愛情や優しさをどのような形で示すか，異性とのつきあい方，社会的な対人関係のマナー，父親が掲げる高邁な理想や人生観，価値観を自己のなかに取り込む。そのようにして父との同一化を図り，自ら大人の男性性を構築し，自らの価値観や人生観を確立していく。社会的な常識などの社会的認識を父親を通して形成する。女児にしても成長するに及んで異性への理解や判断の基準として父親をモデルとした理想的男性像を形成していく。この意味で父親は子どもの人格形成に重要な役割を果たしている。

　今日，父親の育児参加が叫ばれ，そのことが子どもの教育や父子関係によい影響をもたらすといわれている。父親の育児参加や協力は母親の育児不安を軽減し，育児の楽しさを感じさせることにもなろう。高野（1994）によると，父親が子どもと一緒に朝食をとり，家族と旅行をし，一緒に入浴する，などして子どもとのコミュニケーションを豊かにし，しつけに責任をもつということは，子どもの集中力，言語表現力，規律性，対人関係能力，積極性，自立性，協調性，運動能力，優しさ，情緒安定等の発達に万事よい効果があるようである。

　昭和60年代，離婚による母子家庭は昭和30年代の6倍にも達した。その多くは貧しい生活を強いられ，生活に対する不安も

大きく，生活保護を受けている世帯も少なくない。また別居による一時的な父親不在もある。長期間父親不在が余儀なくされると，たまに帰宅する父親と違和感を生じ，精神的な疎遠を子どもの方が感じ，神経症的な吃音が発症したり，情緒不安定になったりする。

父権が脆弱化した家庭，つまり父親が家庭にいながら父親としての役割が期待できない家庭も，ある意味では父親不在であり，子どもの問題行動が発生しやすい。その典型例が家庭内暴力，不登校である。問題は父性の欠如にある。父親がいながら精神的に家族の支柱となりえない。このような父親は父親として毅然とした態度がとれず，父として権威もなく，親としての責任もとれない。

父親不在の家庭で育った男子は，言語能力に優れるが男性の役割を代表するような攻撃性が弱く，数学的能力が劣るという結果もある。これは父親不在の家庭の男子は男性モデルの学習ができないために母親とのいっそうの同一性を積み上げることになるからで，知的発達にも女性化があり，それが数学的能力の阻害と言語能力の促進となったとみられる（大日向，1994）。父親不在は男子の自己概念としての男性度の発達を阻害するというならば，父親不在によるマイナスの影響を補償するには母親が男性的行動に積極的にならざるをえない。父親不在の場合は母親の精神的負担が増大し，経済的支柱も損なわれがちなので，独り親家族の親たちの精神的経済的安定が急務である。

【引用・参考文献】
比留間敦子・岡　宏子・白川公子・谷川弥生・大野裕子　1982　乳児期の精神発達と母―子関係(8)　日本教育心理学会第24回総会発表論文集，112-113.
比留間敦子・岡　宏子・白川公子・谷川弥生・山本寛子・大野澄子・樋口のぞみ　1984　乳児期の精神発達と母―子関係(12)――乳児から幼児へ　日本教育心理学会第24回総発表論文集，308-309.

ホーナイ，K. 1937 我妻 洋（訳） 1973 現代の神経症的人格 誠信書房
石井美穂 1999 親の養育態度に関する研究 聖徳大学卒業論文
海保博之・次良丸睦子（編） 1987 患者を知るための心理学 福村出版
笠原 嘉 1990 不安の病理 岩波書店
河合隼雄 1976 母性社会日本の病理 中央公論社
小松美穂子ほか 1984 "母"とは何か——その概念的考察 筑波大学医療技術短期大学部研究報告，5，15-38.
宮城音弥 1960 性格 岩波書店
森下正康 1988 児童期の母子関係とパーソナリティの発達 心理学評論，31，60-75.
森下正康 1990 対人関係と社会性の発達 小嶋秀夫・速水敏彦（編） 子どもの発達を探る 福村出版
大日向雅美 1994 父親に関する研究動向 高橋種昭（編） 父性の発達 家政教育社
大野澄子・岡 宏子・白川公子・比留間敦子・谷川弥生・樋口のぞみ 1982 乳児期の精神発達と母—子関係(9) 日本教育心理学会第24回総会発表論文集，336-337.
大野澄子・岡 宏子・白川公子・大島葉子・樋口のぞみ 1987 母子相互関係と子どもの発達(6) 日本教育心理学会第29回総会発表論文集，336-337.
岡堂哲雄・関井友子（編） 1999 ファミリー・バイオレンス——家庭内の虐待と暴力 至文堂
白川公子・岡 宏子・大島葉子・大野澄子・樋口のぞみ 1987 母子相互関係と子どもの発達(4) 日本教育心理学会第29回総会発表論文集，332-333.
祖父江孝男 1976 文化とパーソナリティ 弘文堂
杉原一昭・海保博之（編著） 1988 事例で学ぶ教育心理学 福村出版高橋種昭 1994 父親と家族 高橋種昭（編） 父性の発達 家政教育社
高野 陽 1994 父親と子どもの成長 高橋種昭（編） 父性の発達 家政教育社
Takuma, T. 1987 Mother's expectations about the child: Cross-cultural comparison between Japan and West Germany. ISSBD 9th biennial meeting(symposia), 138.
テオプラストス B.C.4頃 森 進一（訳） 1984 人さまざま 岩波文庫
依田 新ほか（編） 1957 心理学事典 平凡社

第6章　家族病理現象を分析する
――家族関係とその病理

1節　ドメスティック・バイオレンスと家族病理

事例6-1：ドメスティック・バイオレンス（DV）

事例1：ある男性は奥さんに暴力を振るった後，「痛かった？ゴメンね」と泣きつく。それでも何度も暴力を繰り返す。

事例2：暴力を振るうたびにとても後悔して，それでもやめられない苦しみを訴える夫がいる。

事例3：祖父母が同居の場合，息子（夫）が暴力を振るっていても嫁が悪いからといって正当化してしまう。

事例4：嫁がナイフを突き出したことから，離婚になった。

事例5：夫の暴力によって妻の顔があざだらけで，原形が捉まえないほど腫れ上がっていた。

事例6：夫がお酒を飲むと妻に暴力を振るってしまうという夫婦がいる。

事例7：食事をつくるのが少しでも遅ければ，テーブルをひっくり返して，頭をなぐり，蹴ったりする。その人は挙句の果てに，妻が妊娠したら，お腹を蹴飛ばして流産させた。

事例8：妻が少しでも自分の意見を言ったら，膝蹴りをして，「俺に逆らってみろ。ぶっ殺してやる」といって殴る蹴るの連続殴打，妻は前歯を2本折ってしまった。

事例9：父が母を蹴ったのがショックで，大学生になってもずっと頭のなかから離れません。

事例10：父親の気分を一端そこねると話をしなくなったり，私や母に対して無視をするので，これは心理的暴力だと思いました。

事例11：彼から暴力を受けていた友人がいた。彼女は毎回会うたびにいろいろなところに青あざをつくっていた。

6-1-1　家族内不和と家族の病

　家族は人間社会の基本的単位で，夫婦関係を基礎とした親子・兄弟・姉妹から成立している血縁関係者の小集団であり，互いに感情的融合の絆によって結ばれている。しかし現代の複雑な社会では，家族の様態も多岐にわたり，核家族にはじまって舅・姑の同居家族，片親家族，同性愛の家族，子どものいない家族，子どもをつくらない家族などさまざまである。ところで血縁の絆と愛によって結ばれたはずの家族が，虐待や暴力の修羅場と化する場合がある。家庭内で起こる虐待と暴力を欧米諸国ではファミリー・バイオレンス（family violence）または**ドメスティック・バイオレンス**（domestic violence）とよび，日本でもいまやDVで通る。ドメスティック・バイオレンスは一種の**家庭内暴力**ではあるが，従来も問題となってきた思春期の子どもが両親に対して振る舞う暴力沙汰とは異なり，婚姻関係の有無によらず親密な男女関係（夫，恋人，元夫，男友だちを含む）において，もっぱら男性から女性に向けられた暴力行為を意味し，密室事件であることを特徴とする。

　ドメスティック・バイオレンスもいろいろで，配偶者や元夫からの暴力と虐待，子どもや老親に対する虐待がある。その内容は身体的暴力，性的暴力，心理的暴力，ストーキング，ペット殺し，経済的搾取（家計のすべてを配偶者から奪い独占する）などであるが（表6-1），そこには人間としての個人の尊厳の侵害（あるいはそう感じる）ことのすべてが含まれる。

　このような家族内の虐待と暴力行為は家庭不和の原因であり結果でもあるが，いずれにせよそれは抑圧家族や**機能不全家族**となり，果ては家族崩壊に至る。本章ではこのような配偶者間の暴力と虐待を中心に，夫婦間の葛藤や家庭内離婚，離婚のインパクト，家族の精神力動，子どもへの虐待，アルコール依存症家族などの精神病理に触れながら家族病理現象を分析する。

ドメスティック・バイオレンス（DV）：親密な男女関係（夫，恋人，元夫等）のなかで（他者に対して閉じられた空間において）主に男性から女性に向けられる暴力行為。

家庭内暴力：思春期の子どもが両親に振るう暴力。

機能不全家族：アルコール依存症の父親などの存在によって崩壊寸前になった家族の状態。

表6-1　夫婦間による家族内の暴力の内容
（岡堂・関井，1999より作成）

身体的暴力の内容

顔や体の平手打ち，げんこつで殴る。足で蹴る，突き飛ばす。胸，肩をつかまれ腕をねじり上げる。物を投げつけられる。髪の毛を引っ張ったり，つかんで引きずったりする。首を絞められたり，バット，ゴルフクラブ，ベルトで殴る。刃物を突きつける，切りつける。タバコの火を押しつける。部屋に監禁する。

心理的暴力の内容

バカにされたりののしられたり，命令口調で言う。殴るそぶりで脅す。家計などに関する過度なチェック，経済的搾取，生活費を渡さない。何を言っても相手にされず無視され続ける。手をついて謝らせる，土下座させる。外出や電話をチェックする。妊娠中，病床時につらく当たる。外出すると後をつけたり，頻繁に自宅や職場に電話をかけてくる。夫は妻に話をしない。ペットを虐待する。家のなかに閉じ込められ外出できない。

言語的暴力の内容

実家や友人とのつきあいを制限・禁止する。食卓をひっくり返す。「～したら離婚する」「別れるなら自殺する，殺す」などと脅す。

性的暴力の内容

暴力的に性行為を強要される。性行為や性器について非難される。中絶を強要。無理やり裸や不快なポーズを写真やビデオに撮られる。性に対して屈辱的なこと，卑わいなことを言わされる。女性を蔑視し，商品化しようとする言動。

6-1-2　ドメスティック・バイオレンスと家族病理

事例6-2　ドメスティック・バイオレンスの事例

　ドメスティック・バイオレンスは多くの場合，夫から妻へ，男性恋人から女性恋人への暴力，親から子どもへの虐待，さらに中年の子や孫による老親虐待にみられる。

事例　被暴力妻：40歳，暴力夫：43歳（高校教師），結婚歴：15年，同居家族：夫の父75歳，夫の母70歳，長女13歳，次女10歳。
夫婦喧嘩の出来事：些細なことから夫婦喧嘩になった。それ以来，約5カ月間夫婦は1階と2階で別居生活が始まった。その間，夫は子どもの見ている前で，妻の髪の毛を引っ張ったり，殴ったり，蹴ったりの暴力行為を行った。妻は「夫が早く交通事故でも起こして死んでしまえばいい」とさえ考えるようになった。義父母は「嫁が悪いのだから少々暴力を振るわれても仕方がない」と，夫（息子）の暴力を止めに入るのではなく，見て見ぬ振りをしていた。義父母は嫁だけ出て行ってほしいと願っていた。嫁は婚家にふさわしくない嫁であり，子ども（孫）は夫と義父母が引き取るということに話が進んだ。子どもたちは母親がいなくなるのではないかと深刻に受け止め，大変な不安を抱えていた。

> **家族療法**
> ＊義父母からは精神的な苦悩を充分に聞き理解した。
> ＊子どもたちにはお父さんが暴力を振るった時は,「やめて！」と阻止するよう助言した。
> ＊夫へは夫婦で話し合うことをすすめた。
> ＊夫・妻・義父母に対してドメスティック・バイオレンスの原因,暴力行為の背景に潜む心理的背景,その解決策と予防策について手紙を書いた。その解決策はお互いに無条件の愛を与えること,そして「愛すること」とはすべてをゆるすことから始まると伝えた。
> ＊夫と妻の話し合いの結果,「せっかく,縁あって一緒になったのでもう少し結婚生活を続ける」ということになった。その後,妻から「……今日で41歳。人生で一番華やかなこの10年間を有意義に過ごしたいと思います」という返信があった。

　家庭不和は離婚で幕が閉じる。戦前戦中の日本社会では離婚の主導権はあくまで夫が握り,当時の相談者は「辛抱の知恵」を授ける形でしか援助できなかった。1950年代は戦争により多くの未亡人を生み,また適齢女性は結婚可能な多くの男性を失った。一方,幸いに復員したが他の男性の配偶者としての妻を発見するのみという悲劇もあった。戦後の混乱期を過ぎ,女性の社会的地位の向上とともに離婚率の増大は必然ではあった。女性が優位に立ち,妻の不倫という旧来との逆転現象をみるようになったのは1980年代である。1990年代は家庭内における別居生活（いわゆる家庭内離婚）という形態の特異な夫婦崩壊現象も現れた。若い世代では「成田離婚」「バツイチ」など,流行語を通して離婚が日常現象化した。近年の話題は熟年離婚である。人生観・価値観の違いから妻が長年連れ添った夫に離婚を申し立てる,夫の定年を待って妻から三下り半を突きつけるなどがみられるようになった。1970年代,結婚20年以上で離婚した夫婦は年間約5000組で離婚全体の5％に過ぎなかった

が，1980年代では1万組，1998年には約3万9000組と離婚全体24万3000組の約16％を占めた。

　結婚の形態は見合い結婚から恋愛結婚へ，家族構成は大家族から核家族へと変化した。祖父母，父母との三世代同居あるいは父母との二世代同居，あるいは小姑の存在など，いわゆる大家族構成はそれなりに経済的利点もあるが，大家族特有の軋轢は避けられない。養子縁組の場合は「妻とその母」の意思の疎通があって嫁姑の同居より比較的円満にいくが，養子の夫と義母との不仲がないわけではない。嫁や婿と両親を含めた家族との確執はいつの時代にも絶えないのは，嫁や婿は心理学的にいえば周辺人またはマージナル・マン（marginal man）だからである。これはパークによる社会学的用語で，人が2つ以上の集団にまたがって存在しつつ，いずれの集団にも完全に所属していない場合のことを意味する。嫁や婿は嫁いだ家族または婿に入った家族の規範や様式のなかで一貫した行動を確立できず，どちらの家族にも帰属感がもてない中間的存在である。そこに不安感，情緒不安定，疎外感，攻撃的傾向などが生じ，家族内病理現象として表面化し，遂にはドメスティック・バイオレンスとなる。同居する父母があっても，嫁が悪いからといって嫁に対する息子の暴力を是認してしまうようでは歯止めにならない。

　夫婦だけという核家族におけるドメスティック・バイオレンスは周辺人説では説明がつかない。それはそれで原因を明らかにする必要があるが，いずれにせよバイオレンスに走るという異常性には当事者の素質的側面を無視できない。あるドメスティック・バイオレンス常習の夫は暴力を振るうたびに後悔するが，どうしても暴力をやめられずに苦しむという矛盾も，これがどうにもならない素質なればこそである。妻に対する夫の暴力の背景に，夫の「男らしさ」や「強さ」の意味のかけ違いが指摘されるのもそれである。夫婦喧嘩で妻の弁舌に何も言い返

マージナル・マン：周辺人，境界人。2つ以上の集団にまたがって存在し，いずれの集団にも所属していない個人。

せず，暴力でしか自己表現ができない夫もある。精神的意思的弱者ほど力でねじ伏せようとして暴力的行為に走るものである。

ドメスティック・バイオレンスについては最近，総理府も世論調査の対象にしている。それは20歳以上の男女4500人を対象にしたが（回収率75.5%），「生命の危険を感じるほどの暴行」を受けた経験があるという回答は女性の4.6%にあった（男性は0.5%）。また脅迫的な性行為を強要された経験のある女性は6.8%で，そのうち相手に面識がないのは25.6%だが，友人，知人，恋人もともに14.9%で少なくなかったという（2000.2.26朝刊各紙）。

高齢社会を迎えて問題は深刻度を増しつつある。高齢期は「喪失の時期」ともいわれ，配偶者との死別以外にも，家（慣れた環境）の喪失や主婦としての役割の喪失，自立の喪失などが何人にも起こり得る悲哀の時期である。ボウルビィはこの悲哀の心理過程を3つの段階に分けた。第1段階は失ったものを心的世界のなかに探し出し保持しようとする対象保持の段階で，対象喪失を認めない抗議の位相である。第2段階は対象喪失の現実を認め，絶望と失意，不穏・不安から，やがてひきこもりと無力感を体験する，第3段階では失った対象はいまや断念し，代わりに新しい対象を発見して喪失から離脱しようとする。

家族内の軋轢は家族間に多くの葛藤を生ぜしめ，諸種の身体的精神的症状を呈する現象として現れる。しかしまた家族というものはその問題を理解し解決する可能性を生み出す源でもあるところになにがしかの救いがある（事例6-2参照）。

2節　被虐待児と虐待する親の家族病理

事例6-3　幼児虐待の事例研究

児童虐待とは親または親に代わる保護者により非偶発的に児童に加えられる行為（身体的暴行，保護の怠慢ないし拒否，性的暴

行，心理的虐待）をいう。下記に示す幼児虐待の一事例を分析し、被虐待児の身体的発達，言語行動，対人行動の特性を考察してください。

事例　（被虐待児）A子：3歳7カ月（女），既往歴：出生時体重1560g

家族　父30歳（職業：長距離トラックの運転手），母30歳（主婦：幼少時被虐待児），子ども：長女7歳，長男6歳，次女（A子）3歳，次男2歳

被虐待児（A子）の生活年齢，言語発達年齢とその内容，発達の遅れ

生活年齢	言語発達年齢	言語発話内容	発達の遅れ
4歳2カ月	1歳3カ月	一語文使用	2年11カ月
4歳3カ月	1歳5カ月	終助詞使用	2歳10カ月
4歳10カ月	1歳6カ月	助動詞使用	3歳4カ月
5歳3カ月	1歳10カ月	複数語・二語文使用	3歳5カ月
5歳7カ月	1歳10カ月	色彩名使用	3歳9カ月
6歳0カ月	2歳3カ月	副詞，指示名詞，人称代名詞	3歳9カ月

A子の対人関係場面における行動特性

情緒　憤怒，チック症状，恐怖，嫉妬，怒り，強情，拒否，甘え，情緒不安定，悲しみ，緊張，すねる，顔をそらす，ヘッド・バンギング

表情　無表情，無反応，無感動，無気力，沈黙，肌荒れ，硬い表情，暗い表情，上目づかい，横目で流し目をする

対人行動　請求，同調，模倣，抗争，同意的泣き，拒否，期待，照れ，命令，嫌悪，反抗，視線回避，気恥ずかしさ，羨望，大泣き，喧嘩，戸惑い，喜び，泣き，食に対する渇望，注視，指しゃぶり，非自発性，他者への愛着と働きかけ

6-2-1　児童虐待とミュンヒハウゼン症候群

　ボウルビィは母性的愛情の欠如が乳幼児の心身の発達に深刻な影響を及ぼすと警告した。第二次世界大戦時，施設に収容された戦争孤児に独特な精神発達遅滞現象が現れ，ひいては後遺症的な人格障害をもたらし，死亡率も高かった。これははじめ

施設病（hospitalism）とよばれたが，施設病は必ずしもその原因が施設そのものにあるのではなく，養育者の温かい接触が欠如したためと考えられ，施設病の代わりに**母性剝奪**（maternal deprivation）とよばれるようになった。ところでこのような母性剝奪と違って，母親はいるのだがその母親に虐待されることによる**被虐待児症候群**（the battered child syndrome）というのがある。被虐待児症候群には骨折，硬膜下出血，軟組織の腫脹，栄養不良，皮膚の打撲などがともない，結果として子どもは死んだり，永久的な障害を残すことが多いという，ただ事でないもので，たんに「打つ」（batter）ではすまないものがある。そこで現今では児童虐待をチャイルド・アビューズ（child abuse）と称している。

　事実，被虐待児の身体症状は皮膚外傷，皮下出血，擦過傷，撲裂傷，火傷，熱傷など，ひどいものである。虐待のやり方はいろいろである。もっとも多いのは殴打で，その他，蹴る，つねる，地面や壁に叩きつける，ベルトなどで殴る，床に投げ出す，階段から突き落とす，マッチやタバコの火をつける，焼火箸をつける，熱湯をかける，首をしめる，フトン蒸しにする，溺れさせる，刃物で刺す，逆さ吊りにする，毒物を飲ます，食物を与えない，冬戸外に締め出す，寝具を与えない，一室に拘禁する，唇を切断したり，フライパンで子どもを焼くなど，まさにありとあらゆる残酷な方法といって過言でない。

　児童虐待で問題となっているものに，「代理による**ミュンヒハウゼン症候群**」がある。これは医療行為を利用した母親の児童虐待という特殊な様相を呈するものである。つまりわが子が健康であるにもかかわらず，薬と称して子どもに毒物を飲ませたり，窒息させたりし，子どもを医師に診せて偽りの症状を医師に訴え，わが子に不必要な検査，入院，手術，治療を施すもので，子どもには苦痛である。病気ではないと医師にいわれても母親は納得せず，他の病院をわたり歩く。これをドクター・

施設病：施設の子どもに特有な精神発達遅滞現象と後遺症的な人格障害が発症する現象。

母性剝奪：乳幼児における母性的愛撫の喪失した状態。

被虐待児症候群：身体的虐待を受けた子どもの特有の症候群。

ミュンヒハウゼン症候群：病気でもないのにわが子に医療行為を強制する児童虐待。

ショッピングという。ある症例では1カ月の間に50人から100人の医者に診せるということで，病院をわたり歩くうちに医者は子どもの症状も診ずに母親の言うがままに検査や手術を行う。結局，医師の治療は虐待にほかならない。

このような虐待行為は母親が医者と接触したいという自己満足のためで，母親における精神の病である。この母親は自分をひとりの人格ある人間として実感できず，家族や社会から取り残されたと感じる女性である。それが妊娠や出産によって人々から気づかわれたり，子どもの病気で人々から心配される経験を経て，それが忘れられなくなる。その結果，病院に行けば医療スタッフと親密な関係が保たれるという図式でドクター・ショッピングを行うのである。こういう母親の人生はたしかに平坦ではなく，夫にも問題があることが多い。その行為は母親の精神の病の危険信号であり，心の叫び・絶叫でもある（NHKビデオ，1997参照）。

6-2-2 性的虐待と近親姦

性的虐待は児童虐待のなかでも特殊である。親子などの血縁関係者の性的関係をインセスト（近親相姦）という。従来，性的虐待の範疇に近親相姦が入っていたが，近親相姦は両者の合意による性的交渉を意味している。それに対して近親姦は成人から一方的に強制された性的行為をいう。性的虐待は強姦（rape）とは異なる。強姦は強制以上の暴力による性的交渉である。近親姦の加害者は実父，実母，義父母，継父母，同居・同棲者があげられるが，父娘の関係がほとんどである。アメリカの報告では加害者の心理的行動特性は，受動的―攻撃的次元の人格障害，間欠性爆発性障害などと診断されることが多い。また劣等感と依存性が強く，欲求不満耐性が低く衝動的で，反社会的行為をしても罪悪感をもたない。アルコール依存症が多いともいわれている。池田（1984）の臨床事例からみると，性

的暴行を働く男の夫婦関係は冷え切っており，父，母，娘の役割は混乱している。そこに母親の不在やアルコールも手伝って事件を起こす。母親は「黙認者」で，父親の性的虐待行為を見て見ぬ振りをする「不可解な人物」であることが多い。これが家族の精神病理でなくてなんであろうか。

6-2-3 被虐待児の特徴と虐待を受ける条件

　被虐待児は子どもとしての人格を認められず，子どもらしい好奇心や探求心すらも罰せられる。実際，被虐待児には生活の喜び，楽しみ，幸せの体験がない。いつも無視され，阻害されているが，時には思わぬ承認(心理学的にいえば行動の強化)を受ける。しかしそのように強化される行動的基準が一定でない。親の暴力は突然で，予期できない。被虐待児は虐待する親の危害を避けるために，親の身体的，感情的要求に対して過度に気を使い，それを感じとる本能的な知覚能力をもっている。それとともに危機的場面に遭遇する時には被虐待児特有の表情をする。

　被虐待児の他者関係場面における行動特性として，その表情を「凍りついた凝視」と表現することがある。その他，他者への恐怖，場面恐怖，視線回避，無表情，無反応，無気力，無感動，沈黙，上目づかい，横目で流し目，**チック**，ヘッド・バンギング等，日常普通の子どもの表情にはみることのないものである。これらの行動の背景には親が突然として暴力者に変貌するショックから自己を防衛する機制があるものと考えられる。また親の暴力を前にして呆然と立ちすくむ子どもの精神構造は，重篤な心的外傷による一時的な精神病的状況のそれであって，現実吟味が不可能になっているものと考えられる。

　池田（1984）によると，虐待されやすいのは多胎児や未熟児で，母親にとって手のかかる育てにくい子どもであることが多い。被虐待児は「望まれざる子（unwanted child）」として生

チック：自己の意志にかかわりなく，不随意で無目的に，突発的，急速，頻繁に主として筋肉群に起こる反復運動。

まれ，排便，発育などにも障害があった。実際，多胎児の多くは未熟児で，出産後保育器で養育されるなどの母子分離体験があり，そのような母性剥奪の条件が虐待へと結びついた可能性もある。虐待を招く子どもは扇動的振る舞いをし，攻撃的，衝動的，多動，反社会的であったり，逆に無口，抑うつ的，反応の乏しい子どもであったりして，子どもの側にも他者の攻撃を誘発する側面がある。

6-2-4　虐待する親の特徴と虐待の予防策

　虐待する親の方はどうであろうか。スティールによると，虐待する親は未熟で依存的で，しばしば慢性的なストレスをもっている。それは要するに貧困，子育て不安，夫の非協力，社会的孤立，不充分な住居などの社会的ストレスで，したがって多くは慢性化している。彼らは自ら満足を探し求めたり，獲得することができず，自信欠乏症に陥っている。

　精神遅滞や身体障害などの子，世話のしにくい乳児，育てにくい難しい子，育て甲斐のない子，両親の期待に合わない子，奇形や先天疾患をもった子，そういう場合の親が虐待に走りやすい。早産であったりして新生児期に長期の入院を余儀なくされ，そのために母と子の初期の**アタッチメント**を妨げられた場合もそうである。

　子を虐待する親は子をみる見方が歪んでいる。しばしばみられるのが役割知覚の逆転で，これは虐待のひとつの心理機制である。親の役割は子を愛することであるが，それが逆転して親の方に子に愛してもらいたいという無意識的な心理メカニズムがある。もちろん乳児や幼児にそのような役割を期待することはできない。そこで母親は怒って虐待に及ぶ。当然そういう親には，子どもの身になって子どもの要求を聞き，適切に対応する能力はない。要するに虐待する親は愛に飢えているにもかかわらず，自分から甘えることができない自虐的なパーソナリテ

アタッチメント：愛着。ある特定の対象に対して強い情愛的結びつきをもとうとする特性。

ィである。

　虐待する親は配偶者にも問題がある。緊密で援助的な夫婦関係が保持できず，精神的にも性的にも不満があるが，それでいて子だくさんで，年子の世話などがストレス因子となる。若年結婚が多い。夫の頻繁な失業，たびたびの引越しなどの家事問題にともなう夫婦の口論などが子への虐待の誘引となる。それはいまや機能不全家族から家族崩壊への途の一歩手前である。

　そういうわけで子を虐待する親に対する心理的援助として西澤（1999）の提唱するのは，子どもを通してでなく現実的方法で欲求を満たす方法を探ること，親の社会的孤立を救うこと，パートナーとのコミュニケーションを改善すること，子どもに暴力を用いずしつける技術の習得などである。

3節　幼児期心的外傷とアダルトチルドレン

事例6-4：アダルトチルドレンの13の心理的特徴

　アダルトチルドレンは下記の13の特徴をすべてもっている者もいるし，そのいくつかの行動特性をもっている者もいる。
1．アダルトチルドレンは，正しいと思われることに疑いをもつ。
2．アダルトチルドレンは，最初から最後まで，ひとつのことをやり抜くことができない。
3．アダルトチルドレンは，本音を言えるような時に嘘をつく。
4．アダルトチルドレンは，情け容赦なく自分を批判する。
5．アダルトチルドレンは，何でも楽しむことができない。
6．アダルトチルドレンは，自分のことを深刻に考え過ぎる。
7．アダルトチルドレンは，他人と親密な関係をもてない。
8．アダルトチルドレンは，自分が変化を支配できないと過剰に反応する。
9．アダルトチルドレンは，常に承認と称賛を求めている。
10．アダルトチルドレンは，自分と他人とは違っていると感じている。
11．アダルトチルドレンは，過剰に責任をもったり，過剰に無責任になったりする。

12. アダルトチルドレンは，忠誠心に価値がないことに直面しても，過剰に忠誠心をもつ。
13. アダルトチルドレンは衝動的である。行動が選べたり，結果も変えられる可能性がある時でも，お決まりの行動をする。その衝動性は，混乱や自己嫌悪や支配の喪失へとつながる。そして混乱を収拾しようと過剰なエネルギーを使ってしまう。
（ウォィティツ，1983）

6-3-1　アダルトチルドレンの心理行動特性

> アダルトチルドレン：アルコール依存症者の子ども。

　もともと**アダルトチルドレン**とはアルコール依存症を援助し治療する過程で見出された新しい概念である（なおアルコール依存症は世界保健機構〔WHO：World Health Organization〕が提唱したアルコール中毒に代わる用語で，飲酒癖が嵩じて飲酒なしには精神的身体的安定を保てない状態をいう）。つまりアダルトチルドレン（ACOA：Adult Children of Alcoholics）とはアルコール依存症の親のもとで成人した子であるが，その後，一般に機能不全家族のなかで育った子ども（ACOD：Adult Children of Dysfunctional Family）も含まれるようになり，今日ではACOAとACODをまとめてアダルトチルドレン（AC）と呼称する。子ども時代にそのような家庭内で特異な心的外傷を体験することが，その後の成長に影響するということである。アルコール依存症の家族は過半数が親の死去，離婚，身体的虐待，性的虐待などによる多重ストレスを経験しており，それが長期的に反復して心的外傷となる。なお父親はアルコール依存症でないが祖父がアルコール依存症の子ども（祖父からは孫）がアダルトチルドレンの行動特性を現すのは**アダルト・グランドチルドレン**である。

> アダルト・グランドチルドレン：祖父がアルコール依存症者で父親はアルコール依存症者でなく，子どもがアダルトチルドレンの行動特徴を示す者。

　ここで改めて機能不全家族について素描すれば，すぐに怒りが爆発し，冷たく愛情に乏しく，身体的精神的あるいは性的虐待があり，他人や兄弟姉妹が比較され，あれこれ批判され，期待が大き過ぎて何をやっても不満で，金銭・仕事・学歴だけが

重視され，他人の目を気にする見てくれだけの，親は病気がち留守がちで，親と子の関係が逆転し，両親の仲が悪く喧嘩が絶えず，嫁姑の仲が悪く，その他云々という，そういう家族である（西尾，1995参照）。そこに育つ子どもにとって，このような家族の状態が心的外傷にならずしてすむはずがない。

ウォィティツ（1983：緒方1997参照）がその臨床経験から掲げたアダルトチルドレンの性格特性が事例6-4の13項目である。

彼らは他者への信頼感が乏しく，他者に甘えたくても甘えられず，依存したくても依存できない。他者に援助を求めることが下手である。周囲に気を使い，素直に自分を表現することができない。こうした感情表現と親密性の障害は子ども時代に自分の感情を抑えて過ごしたためである。彼らは成人しても寂しさにさいなまれ，結婚してもなお寂しく孤独である。

アダルトチルドレンの心性としての防衛機制に「否認」がある。飲酒に溺れた父，その父の繰り返す暴力，そして哀れな母の姿をみて慢性的な虚無感，悲哀，屈辱感など心的外傷を体験するなかで，子どもは自己を分裂させ，もうひとりの自分となって現実の姿を否認するのである。それは現実否認にとどまらず，内なる自己を否認し，「喪失された自己」として存在することになる。アダルトチルドレンは両親の葛藤や家族関係の歪みのなかで十分に教育も受けられない。その結果，内的に自責感をもち，低い自己評価を学習する。このようなことを調べるためのアダルトチルドレンのスクリーニング・テストにCAST（Children-of-Alcoholics Screening Test）がある。ジョーンズが開発したものは30項目からなる尺度で，そのうち6項目以上認められれば，アルコール依存症を父とした子どもであるとされている（表6-2には緒方，1997より，その15項目をかかげた）。

アルコール依存症は嗜癖の極みであり，そういう嗜癖家族のなかで育ったアダルトチルドレンもまた嗜癖症状を示すのは当然かもしれない。嗜癖は強迫的行動のひとつで，現代人は自ら

表6-2 アダルトチルドレンのスクリーニング・テスト
(ジョーンズ, 1981 ; 緒方, 1997)

1. あなたの両親のどちらかに, 飲酒問題があると思ったことがありますか。
2. 親の飲酒のために眠れなかったことがありますか。
3. 親に酒を止めるように勧めたことがありますか。
4. 親が酒を止められなかったために, 独りぽっちに感じたり, おびえたり, イライラしたり, 怒ったり, 失望したことがありますか。
5. 飲酒中の親と口論をしたり, 喧嘩したりしたことがありますか。
6. 親の飲酒が理由で, 家出をすると脅したことがありますか。
7. あなたの親は飲酒してわめき, あなたや他の家族を殴ったことがありますか。
8. どちらかの親が酔っているときに, 両親が喧嘩をすることがありますか。
9. 飲んでいる親から, 他の家族を守ったことがありますか。
10. 親の酒瓶を隠すか, 中身を流して空にしたいと思ったことがありますか。
11. 飲酒問題のある親が起こすいろいろな困難について思い悩みますか。
12. 親が酒を止めてくれたらどんな良いだろうと考えたことがありますか。
13. 親の飲酒に関して自分自身が責任があると思ったり, 罪悪感をもったことがありますか。
14. アルコールのために両親が離婚するのではないかと心配したことがありますか。
15. 親の飲酒問題に関する当惑や恥のために, 家庭外の活動や友人たちとの付き合いを避けて引きこもったことがありますか。

に襲いかかる不安を打ち消そうとして各種の嗜癖に走る傾向がある。嗜癖にはアルコール, 薬物, タバコ, ギャンブル, 貯蓄から, 果てはカルトまである。

　アダルトチルドレンの研究はベールに包まれがちである。それは彼らが自分の家の恥を認識しており, 過去の体験を語ろうとはしないからである。あまりにも長期にわたる家庭内トラウマ(心的外傷体験)であったがゆえに, いっそうこれを深く内界に抑圧するのである。

6-3-2 アルコール依存症者の妻：共依存者

　アルコール依存症者の配偶者を共依存者という。共依存 (co-dependence) と称するのはアルコール依存症者の家族 (とくに配偶者である妻) もまた何らかの形で当のアルコール依存症者の病態に引き込まれてひとつの病理対象となることを意味してのことであろう。妻はよきにしろ悪しきにしろアルコール依存症者である夫の支え手である。ウィットフィールド (1991)

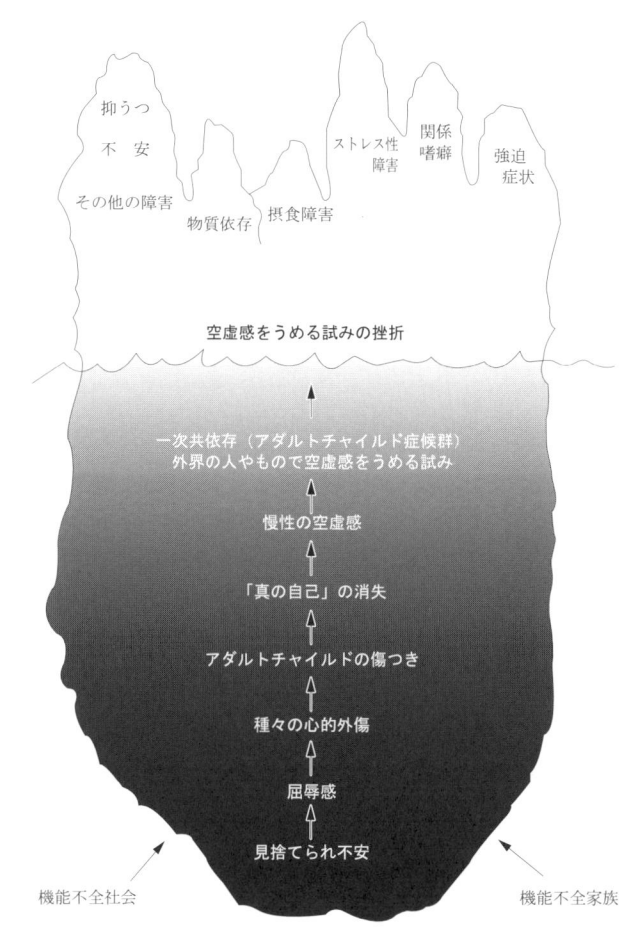

図中ラベル：
- 抑うつ
- 不安
- その他の障害
- 物質依存
- 摂食障害
- ストレス性障害
- 関係嗜癖
- 強迫症状
- 空虚感をうめる試みの挫折
- 一次共依存（アダルトチャイルド症候群）外界の人やもので空虚感をうめる試み
- 慢性の空虚感
- 「真の自己」の消失
- アダルトチャイルドの傷つき
- 種々の心的外傷
- 屈辱感
- 見捨てられ不安
- 機能不全社会
- 機能不全家族

図6-1 アイスバーグ（氷山）・モデル（緒方, 1997）

の提唱する共依存の形成過程は「アイスバーグ（氷山）・モデル」（図6-1）がもとになっている。それによると共依存の生じるひとつの段階として、アルコール依存者家族は社会的に孤立し、健全な人々と出会うことができず、そのことからやがて「見捨てられ不安」が出現し、屈辱感を味わうことになる。それに加えてさまざまな心的外傷体験によって心理的に傷つけられると「真の自己」が確立せず、空虚感が生じる。家族はこの空虚

感を埋めるために「偽りの自己」を形成するか、または外的な力を借りてこの空虚を埋め合わせるかの方法をとる。これは「自分らしさの喪失」でもある。この状態を「一次共依存」という。その後、子どもはアダルトチルドレンとして成人するわけであるが、この意味ではアダルトチルドレンも「共依存者」といってよいかもしれない。ちなみにアルコール依存症者のアダルトチルドレンはアルコール依存症者を配偶者として選択する傾向がある。このように共依存は家族病理であり、対人関係の社会病理でもある。

メロディ（Mellody, 1992）は共依存の一次症状と二次症状を分けた。一次症状には「自己を愛せない障害」、自己と他者の境界を設定できず、自己に他者が侵入してしまうという「自己保護の障害」、現実自己の認識が困難な「自己同一性の障害」、自分の欲求を相手に伝えられない「自己ケアの障害」、自己の年齢や現実状況に相応の振る舞いができないという「自己表現の障害」がある。二次症状には「見えざる逆支配」「恨み」「スピリチャリティの障害」「嗜癖、精神疾患、身体疾患」「親密性における困難」などがあげられる。

シェフ（1987）は共依存者の心理特性を次のようにとらえている。①他者の期待に応えようとして偽りの自己概念を確立し、時に生活の出来事を否認もする。②家族内に秘密があり、幸福感、肯定的感情、怒り、痛み、罪悪感を抑圧するという認知傾向の歪みがある。③なんでも自分流に操作しようとして失敗し、混乱する。④強迫的思考をする。⑤完璧主義者である。⑥自己がどう生きるかではなく、他者からよく思われたいだけの他人志向である。

そもそもアルコール依存症夫婦の結婚のあり方は成り行きまかせの投げやりのところがある。いったん失恋すると投げやりになって、異性なら誰でもよくなる。結婚相手も周囲の人の言いなりに決める。また自分の父親の飲酒の悪癖とそのための母

親や家族の苦労を十分に知りながら，飲酒癖のある相手を，事前にそれとわかっていながら配偶者としてしまう。

このようにアルコール依存症者の妻たちのなかには，好んで苦労を引き受ける傾向がある。彼女たちには「強硬な超自我」が発達しており，処罰的な超自我に支配されて「苦しみを通して悦びを味わうマゾヒズム的内界」があるようである。周囲からみると悲惨な結婚生活のようにみえても彼女たちは「子どものために病気の夫を放り出せない」という。このような妻たちは一家の経済的支柱として働き，その代表者として無能な夫や子どもたちを支えている（斎藤，1988）。

6-3-3　アダルトチルドレンと共依存者の役割と家族力動

クリッツバーグ（Kritsberg, 1985）によると，アダルトチルドレンには5つの役割タイプがある。①「家族英雄」とは，勉学，スポーツ，仕事などで高成績をあげ，他者からよりよい家族にみえるような役割をとる子どもである。その代表的なものとしてクリントン前大統領を例にあげる人もいる。②「道化者」は滑稽な振る舞いで家族を笑わせ，家族の葛藤を和らげる役割をとる子どもである。③「なだめ役」は家族に争いなどが起こると必ず仲介役にまわる子どもである。④「犠牲者」は家族内にトラブルが起きた時，自らその責任を買って出て甘んじて罰をも受ける子どもである。⑤「見えない子」は姿を隠したり目立たないことによってかえって他人の注意を自分の方へ向けようとする子どもである。いずれもこれらにおいて子どもは父や母の代理をして母親や父親の寂寥感や空虚感を癒す役割をとるのである。

一方，共依存者の役割タイプもアダルトチルドレンの役割と類似しており，次の5つがあげられる。①「支え手」とはアルコール依存症の配偶者の役割で，依存症者の嗜癖を支え持続させている。「支え手」はアルコール依存者である相手の責任ま

で引き受けてしまい，それに対して不平不満を感じない人も多い。②「家族英雄」はファミリーのヒーロー的役割で，その存在によってその家族の機能不全を外見的に取り繕ってしまう。③「マスコット」は機能不全家族のなかで明るく振る舞い，そのことによって家族を明るくする。④「犠牲者」は機能不全家族に適応できない配偶者をさす。そこで同じ境遇の者と出会ってアルコール依存症者に同一化し，自分もアルコール依存になる。⑤「隠遁者」は家族のなかで孤立し，孤独感や抑うつ感を感じてひきこもってしまう。

　斎藤（1988）によると，アルコール問題をかかえている家族には，夫婦間の勢力構造に特異な役割とルールがある。そこでは相互の役割が逆転したまま役割の固定ないし硬直が生じており，これによって夫婦間の相補関係がかろうじて維持されている。家の運営に関する意志決定はほとんど妻に委ねられている。アルコール依存症の夫の嫉妬念慮はステレオタイプな男性性へのこだわりから発生するが，これも妻との力動関係に依存しており，その嫉妬念慮の発現は患者の実家の父親優位性と関連するという（斎藤，1985）。

　アルコール依存症の家族はその4分の3が家庭崩壊をともなっており，母子家庭，父子家庭，継母または継父の家庭などの割合が高い。あるいは子どもが祖父母や里親や施設に預けられたり，子どもたちだけで生活しているケースもある。離婚，離別(含む蒸発)，2度以上の離婚再婚，母親が子連れで男を転々とするケース，近親相姦家族などなど，複雑な家族である。アルコール依存症の子どもたちは婚外出生（私生児），母との分離体験をもつ者，異父（母）兄弟をもつ者，兄弟が離散している者など，家族変動の複雑な生育歴をもっている者が多い。家族の社会経済的状態も低いのが普通である。

4節　家族システム理論とラバーテ理論

6-4-1　家族心理学の定義とその流れ

　家族心理学とは家族の関係を親，子，夫，妻という構成要素の単なる集合体としてみるのではなく，独自の系（システム）としてとらえる理論を背景に，家族にかかわるあらゆる心理学的諸現象を問題とする心理学である。具体的には親子，同胞（きょうだい）などの家族内関係，結婚と夫婦に関する心理，家族力学，嫁姑関係，父性と母性の問題，ファミリー・バイオレンス，家族の離別と再生，家族の喪失体験，家族の発達と形成，家族崩壊，家族をめぐる社会的状況の変貌，家族関係病理，家族療法，親教育などの家族心理過程に関する研究が対象となる。

　家族心理学が成立しておよそ20年ほどの浅い歴史しかないが，家族心理学の潮流はその爆発的な浸透に目をみはるものがある。家族心理学に至る歴史的背景を次のようにみることができる。

　まず1900～1940年代（第一期）における精神力動論と集団力学である。この時期，フロイトの精神分析理論が登場し，人格の深層構造，無意識の発見，感情転移現象の解明，神経症の治療法の確立など，画期的な展開があった。また性愛よりも人間関係を重視したアドラー型の「家族療法」，レビンの「集団力学」，いずれも家族心理学に寄与するところは大きい。1940～1960年代（第二期），家族内二者関係にかかわる理論が現れた。この時期は母原病の発見とそれへの批判である。それにはレヴィの『母親の過保護』（Levy, 1943），フロム＝ライヒマンの『精神分裂病原的母親』（Fromm-Reichman, 1948），ジョンソンの「超自我脱落」（Johnson, 1949）などが注目された。また結婚幸福度の研究や家族の心理，家族の多重世代間病理，人類学者ベイトソンのダブル・バインド（二重拘束性）がある。ダブル・バインド・コミュニケーションの日常的な反復は精神分裂病の発症因になるという。次いでアッカーマンの役割意識

論である。つまり家族のそれぞれに役割があり、その役割が不明確であったり、矛盾があると内部関係に対立が生じ、家族機能が麻痺する。この理論は家族心理学に多大の影響を与えた。1960～1980年（第三期）はシステムズ・アプローチの多彩な開花期であり、家族システム理論が誕生した。第四期は1980年から現在に至る諸理論の統合と家族心理学の確立期である。本節では紙数の関係上、第三期の家族システム理論と第四期のラバーテの理論をあげる。

6-4-2 家族システム理論

これは家族心理学の系譜（上述）のなかの家族システム理論であるが、家族を個人の単なる集合体としてではなく、独自の系（システム）としてとらえる。この理論は一般システム理論から派生した生物システム理論とサイバネティックス理論を基礎にしている。家族はひとつのまとまりをもつ生命的システムであり、有機的に結びついたいくつかのサブシステムから構成される。夫婦、父子、母子、同胞といった家族内の関係が個々のサブシステムとして機能すると同時に、相互に影響を与えあいながら全体としての家族システムを形成し、他の社会的システムとの相互に作用している。システム論の登場により、複雑な生命系として家族をとらえなおすことが可能になった。

家族システム理論のなかで、家族システムの構造変化を強調するミニューチンの構造的家族理論は夫婦・家族の構造に3つの側面があるという。第1に夫婦は家族システムを構成しているサブシステムのひとつであって、夫婦システムは夫と妻の2つのサブシステムで構成される。このシステムには明確な境界がある。第2にシステム間交互作用のパターン化である。第3ではストレスに対する家族の反応パターンの共通性である。これにもとづいて彼の構造的家族療法の理論には3つの前提がある。第1は人間は社会との相互影響過程に依存していること、

第2は社会的脈絡には構造があること,第3はその構造にはよいものと悪いものとがあることである。

6-4-3　ラバーテ理論

　ラバーテは家族心理学の開拓者のひとりで,豊富な臨床的事例にもとづいて家族心理学の理論を展開し体系づけた。彼は家族関係の精神衛生的予防手段の重要性を説いたが,家族の心理臨床的援助の方法として第一次予防（一般の家族を対象とした心理的教育的介入），第二次予防（問題を起こす可能性の高いグループへの介入），第三次予防（家族療法そのもの）がある。ラバーテの研究法は口頭による面接法のほか,症状別,問題別に合わせた記入課題をクライエントに与え,宿題として家族に記入をしてもらう方式をとった。これを SHA(systematic home assignment)法とよぶ。

　ラバーテ（L'Abate, 1986）は著書『体系的家族療法』のなかで,資源の交換の三角形モデルを提案したが,これはフォアの社会的資源交換理論にならって構成されたモデルである。サービスと情報が行動資源,金銭と物が所有資源,愛と地位が存在資源である。行動資源と所有資源の交換に関する能力を「交渉する能力」という。存在資源そのものが「愛する能力」である。存在資源はその代償として日常的に行動資源や所有資源とに交換されやすい。しかし存在の資源交換には知的でメンタルな成熟度が要求される。これらの資源にバランスのとれた交換があれば家族内は円満であり,バランスが崩れると家族内に葛藤が生じる。ちなみに愛を得ようとしても理解してもらえず,自分の存在を認められることもなく,代償として金銭や物が与えられたのではいい知れぬ反発を感じるであろう。

　ラバーテによると,家族関係のなかでパーソナリティが発達する過程において「愛する能力」と「交渉する能力」がそれぞれ学習される。「愛する能力」によって「私もあなたも重要で

ある」という相互のセルフを尊重する関係が可能になる。これは自分のセルフと他者のセルフの存在に気づき，それぞれの存在の意味と重要性を認知する能力である。これに対して自分だけが重要だと考えること，つまり「私は重要だが，あなたは重要ではない」は自己中心的関係であり，また相手だけが重要だ，つまり「あなたは重要だが，私は重要ではない」という考えは，自分を軽視する自己卑下的否定的関係である。もっとも悪いのは「わたしもあなたも重要ではない」という関係で，これは無感動（アパシー）である。これらの相互認識のレベルは家族の心理的健康度の簡易な査定に用いられる。これを ARC（Apathy-Reactivity-Conductivity）モデルという。

　ラバーテはこのような存在と存在との関係としての広義の愛とともに，狭義のかかわりとしての愛も論じた。それは広義の愛に含まれるが，狭義の愛は次のように操作的な内容のものである。①愛する人を肯定的にみる（よい点をみる）こと，②愛する人を思いやりをもって援助できること，③相手をゆるせること，④相手と痛みを分かちあえること。「ゆるし」は愛の重要な要因で，相手が自分の期待通りでなくてもその人の存在を受容することであり，相手をありのまま受け入れることである。また愛に関してラバーテが特有の意味で用いているのは「親密」であるが，それが「痛みの分かち合い」である（国谷，1998）。

【引用・参考文献】

フランクリン　1978　作田　勉（訳）1981　母性愛の危機──体罰と虐待　日本文化科学社

Fromm-Reichman, F. 1948 Notes on the development of schizophrenia by psychoanalytic psychotherapy. *Psychiatry*, 11, 267-277.

池田由子　1984　被虐待児症候群　至文堂

池田由子　1993　子どもの虐待　橋口英俊ほか（編）児童心理学の進歩　金子書房

Johnson, A. 1949 Sanctions for superego lacunae. In K. R.

Eissler (Ed.), *Search lights on delinquency*. International Universities Press.

Jones, J. 1981 *The children of alcholics screening test.* Family Recovery Press.

国谷誠朗 1998 家族関係への心理臨床的介入(1) 家族療法 岡堂哲雄（編） 家族心理学入門 培風館

Kritsberg, W. 1985 *Adult children of alcoholics syndrome.* Health Communications.

L'Abate, L. 1986 *Systematic family Therapy.* Brunner/Mazel.

L'Abate, L. 1993 *A theory of personality development.* John Wiley.

Levy, D. 1943 *Maternal overprotection.* Columbia University Press.

Mellody, P. 1992 *Facing love addiction.* Harper Collins.

西尾和美 1995 共依存症の精神療法 こころの科学, **59**, 39-44.

西澤 哲 1999 子どもの虐待と心理学的観点 岡堂哲雄・関井友子（編） ファミリー・バイオレンス 至文堂

西山 明 1997 AC（アダルトチルドレン）からの手紙 三五館

NHK 海外ドキュメンタリー 「子を虐待する母親たち──代理によるミュンヒハウゼン症候群」（デルタTVプロダクション, デンマーク, 1997年制作）

緒方 明 1997 アダルトチルドレンと共依存 誠信書房

大原健士郎 1996 「家族愛」, その精神病理 講談社

岡堂哲雄 1994 家族心理学講義 金子書房

岡堂哲雄・関井友子(編) 1999 ファミリー・バイオレンス──家庭内の虐待と暴力 至文堂

恩田 彰・伊藤隆二（編） 1999 臨床心理学辞典 八千代出版

斎藤 学 1985 アルコール依存症と性障害 斎藤 学（編） アルコール依存症の精神病理 金剛出版

斎藤 学 1988 アルコホリック家族における夫婦相互作用と世代間伝達 精神神経学雑誌, **90**(9), 717-748.

シェフ, A.W. 1987 斎藤 学（監訳） 1993 嗜癖する社会 誠信書房

Whitfield, C. L. 1991 *Co-dependence.* Health Communications.

ウォイティツ, J.G. 斎藤 学（監訳） 1997 アダルト・チルドレン──アルコール問題家族で育った子供たち 金剛出版

第7章 発達障害・精神病理を理解する
――その発達と教育のあり方

1節 乳幼児期の発達と障害

> **事例7-1 国民の通告義務**
>
> 児童福祉法 第25条（要保護児童発見者の通告義務）
> 「保護者のいない児童又は保護者に監護させることが不適当であると認める児童を発見した者は，これを福祉事務所若しくは児童相談所又は児童委員を介して福祉事務所若しくは児童相談所に通告しなければならない。ただし，罪を犯した満14歳以上の児童については，この限りではない。この場合においては，これを家庭裁判所に通告しなければならない。」
> ここで通告すべき事項は，
> ① 身体的虐待，性的虐待，保護の怠慢，精神的虐待が発生した（と推定される）こと
> ② 子どもが，養育，健康，教育，安全の権利を拒まれている実態，その例証
> ③ 守秘義務と通告義務
> 「医師の通告行為は，虐待を受けた児童の権利保障にもつながるとともに，児童福祉法上の根拠も有するものであり，正当な理由のある行為である。従って，専門期間への通告は守秘義務違反の問題を生じず，かえって通告をしないことは（罰則こそないが）児童福祉法第25条違反となると解される（岩田〔1995〕を参考）。

7-1-1 乳幼児期の愛着の形成とその剥奪

乳幼児期という人生の最初の段階は，人間関係の基礎を築く重要な時期である。この時期は，人間（他者）に対する基本的信頼感を形成する大切な時期であり，とくに特定の他者との間に対人関係が発達する。このような特定の他者との間に形成される緊密な情緒的絆を愛着（アタッチメント）という。ボウル

ビィ（1979）は，愛着について，親の存在が絶対的な意味をもつ乳幼児期あるいは児童期のみに適用される生得的な行動傾向であり，やがて，個体が自律性を獲得したあとでも形を変え，生涯を通じて存続するものだと仮定している。彼は1929年に不適応児の学校で6カ月間働いていた際，幼い子どもが母親との情緒的関係を形成した後に母親から分離された結果，人格形成に重大な障害を受けた例をみてきた。たとえば，レジーという男の子は，生後5カ月から施設で暮らしていたが，2歳8カ月の時にそれまで面倒をみてくれた若い看護婦が結婚してしまうことにショックを受け，絶望し突然倒れてしまった。また11歳になる非行少年は，生後15カ月の時に母親に死なれて以来，何人もの養育者によって育てられてきたため，養育者が変わるたびに自分が愛されていない，見捨てられた，拒否されたという気持ちを抱くことになった。

　早期に（母）親や家庭的環境を失い，施設にいるなど，特定の養育者との関係が築きにくい状況が乳幼児期から長期にわたってある場合には，施設などで過剰なまでに保護的である反面，準拘禁状態にあり環境への適応のために退行状態に陥らざるをえない。そのため，意欲減退，活動性の低下，感情鈍麻，外界への無関心，単調な思考や会話，身だしなみへの配慮の欠如など，外見上の変化を含む人格変容が起こる（佐々木，1992）。このような子どもの心身の障害，発達の遅滞をホスピタリズム（hospitalism）という。子どもたちは分離期間を経るに従って，体重減少や発達の停滞，運動性の低下，対人接触の拒否的傾向を表わし，さらには知的障害および感情的障害を引き起こす。それによって不適応を起こすことも多いといわれている。このように発達段階早期における特定の養育者との分離の影響が身体的，情緒的，知的，人格的，社会的という広範な障害を及ぼす可能性があることから，発達早期には養育者と子どもの安定した関係が重要であることが再認識させられる。DSM-Ⅳ

表7-1 DSM-Ⅳによる「幼児期または小児期早期の反応性愛着障害(Reactive Attachment Disorder of Infancy or EarlyChildhood)」の診断基準（APA，1994）

A	5歳未満で始まり，ほとんどの状況において著しく障害され十分に発達していない対人関係で，以下の(1)または(2)によって示される。 (1)対人的相互作用のほとんどで，発達的に適切な形で開始したり反応したりできないことが持続しており，それは過度に抑制された，非常に警戒した，または非常に両価的で矛盾した反応という形で明らかになる（例えば，子どもは世話人に対して接近，回避および気楽にさせることへの抵抗の混合で反応する，または固く緊張した警戒を示すかもしれない）。 (2)拡散した愛着で,それは適切に選択的な愛着を示す能力の著しい欠如(例えば，余りよく知らない人に対しての過度ななれなれしさ，または愛着の対象人物選びにおける選択力の欠如を伴う無分別な社交性という形で明らかになる）。
B	基準Aの障害は発達の遅れ（精神遅滞のような）のみではうまく説明されず，広汎性発達障害の基準もみたさない。
C	以下の少なくとも1つによって示される病的な養育： (1)安楽，刺激および愛着に対する子供の基本的な情緒的要求の持続的無視 (2)子供の基本的な身体的要求の無視 (3)第1次世話人が繰り返し代わることによる,安定した愛着形成の阻害(例えば，養父母が頻繁に代わること）。
D	基準Cにあげた養育が基準Aにあげた行動障害の原因であるとみなされる（例えば，基準Aにあげた障害が基準Cにあげた病的な養育に続いて始まった）。

（APA，1994）では，このように早期に起こった問題によって現れてきた障害を，幼児期または小児期早期の反応性愛着障害という項目に位置づけている（表7-1）。

7-1-2 幼児・児童虐待

　乳幼児期は人間関係の基礎を築く大切な時期であるが，この時期に，子どもの基本的な対人関係の形成を覆してしまうものに「幼児・児童虐待」がある。これまで日本ではあまり問題視されなかったが，最近事件としてたびたび報じられるように，その件数は急激に増加している。親または養育者による虐待は，次のように分類される。すなわち，①暴力により身体に損傷を生じさせる身体的虐待，②子どもの健康と発達に必要な衣食住の世話をしなかったり，病気や怪我の時に医療を受けさせない

養育の拒否・保護の怠慢，③非難・拒絶・無視・差別などにより身体の発達に問題を生じさせることあるいはそのおそれの大きい状態をもたらす心理的虐待，④子どもに性的行為をするまたはさせる性的虐待の4つである。

　幼児虐待の原因として，岩田（1995）は，表7-2にあるようなことが不幸にもいくつか重なったところに起こると報告している。親または養育者の虐待において，実母（60%），実父（13%），実父母（15%）と実母の虐待の率が高く，しかも，子どもが0〜2歳という生後まもない時期に起こる率も高い。また，同胞のなかでは，第二子が被虐待児となるケースが多いとの報告がある（岩田，1995）。実母の場合には養育の拒否・保護の怠慢がもっとも多く，実父の場合は身体的虐待が多い（開原，1994）。これらの子どもたちが医療機関にかかった初診時には，低身長，打撲・外傷があるなどの身体的特徴，過食・多飲，発達の遅れ，無気力などの精神行動的特徴がある。奥山（1997）は，虐待を受けた子どもが示す心理的問題を虐待の種類によって表7-3のように整理している。なかでももっとも多いのが，爆発的暴力（家庭内で起れば家庭内暴力）のような自傷・他害である。これは，攻撃者と同一化することで攻撃者となる場合と犠牲者と同一化することで崩壊的行動が現れる場合と両者の解釈が考え

表7-2　親または養育者の子どもに対する虐待の原因（岩田，1995より作成）

No.	内　容
1.	望まない妊娠，出産
2.	夫婦間がうまくいっていない
3.	未熟児であったり，病気であったり，育てるのが難しい子ども
4.	親子が早期に分かれて暮らした経験をもつ
5.	親の身体疾患
6.	他に手のかかる子どもなどがいる
7.	夫が妻を，妻が夫を支えられない
8.	相談する人や頼る人がいない
9.	家庭に経済的な問題がある
10.	親が自分や周囲の人に対して要求水準が高く，攻撃的でそれをコントロールできない性格的な特徴をもつ
11.	親自身が安定した依存関係を経験していない，または虐待された経験をもつ
12.	親が人格障害やアルコール依存症などの精神疾患をもつ

表7-3　各種虐待を受けた子どもに見られやすい心理的問題
（奥山，1997より作成）

身体的虐待	養育の拒否・保護の怠慢
・生活を楽しむ能力の低下 ・精神症状：夜尿，遺尿症，激しいかんしゃく，多動，奇異な行動 ・低い自己評価 ・学校での学習の問題 ・ひきこもり ・反抗 ・擬成熟行為 　　　　　（以上 Maryin ほか，1976） ・暴力（爆発的）	・愛情剥奪—感情分離 　（過度の愛情の希求と離れることの繰り返し） ・感情の極端な抑圧 ・他者と共感する能力の低下 ・暴力 ・非行 ・一般の知的能力の低下 　（認知的な刺激の欠如による） 　　　　　（以上 Polansky ほか，1981） ・多動 ・頑固 ・擬成熟
心理的虐待	性的虐待
・自己評価の低下 　（愛されておらず，求められておらず，自分には価値がないという感情） ・自己破壊的行動 ・抑うつ ・他者の顔色をうかがう ・激しい怒り，憎悪，攻撃性 ・孤立しやすい 　（他者とかかわりを結べない） ・不安や恐怖 ・多動や衝動性	・恐怖あるいは不安 ・抑うつ ・学校での困難 ・怒りや憎悪 ・不適切な性的行動 ・家出や非行 　　　　　（以上 Finkelhor，1986） ・集中力の低下や空想にふけることの増加 ・自己評価の低下 　（自分を汚いものと感じる） ・身体への過度の関心 ・身体症状の訴えの増加

られている（亀岡，1997）。次いで，万引き，家出，放火，盗癖などの反社会的行動，不登校や学習の問題，過食や多飲などの食行動異常となる。このような問題は虐待を受けている時期だけに起きるのではなく，その子どもの思春期，青年期にも影を落とすことになる。とくに性的暴行などの持続的な心的外傷体験は青年，成人期において多重人格障害などの解離性障害に発展するとも報告されている（中西，1999）。また，このような虐待は，被虐待者が成人し子どもを育てるという時，その次世代へのさらなる虐待を生む可能性が高く，世代を超えた問題

を含む（石川，1997）。

7-1-3 虐待等，幼児期早期に起こる問題への対処

人生の最早期において，人は特定の養育者が必要であり，できるだけその同じ人間に一貫して育てられるべきである。一般には，この時期，母親が乳児を抱き哺乳を行うことによって，生理的な欲求の充足とともにスキンシップを通して子どもが保護されている安心感を充足させることができる。そのため，母親との間には愛着関係を容易に築くことができる。このような哺乳時の保護のされ方を考えると，生物的に父親より母親の方が愛着関係を結びやすい立場にあるようである。このような点からも，「特定の養育者＝母親」であり，「子どもは3歳までは，母親の手で育てられないとその後の成長に悪影響を示す」という3歳児神話ができた。それによって女性は家に縛られ，子育てに対する責任を負わせられ，子どもに何かあると，即座に母親は非難の対象となってきた。男社会において女性が職業をもって社会に貢献していくことにも多くの困難がともない，職業をもつ女性は「家庭・子ども vs. 仕事・社会」の対立する要求を調整することを迫られる。このような状況下で，女性が子どもの要求を満たすための困難はけっして小さくはない（ボウルビィ，1979）。夫婦関係においても，妻の立場はまだまだ対等とはいえない。その母親を支えるべき父親も，最近では精神的に成熟していないようにも思える。このような社会的な拘束のなかで，ひとりの母親が子育てに関して，周囲の支援も受けられず，精神的に孤立することで，育児ノイローゼに陥ることがある。母親が子どもを虐待する背景には，社会的な背景も無視できないのではないかという指摘もある。3歳児神話は少なくとも合理的な根拠が認められていない（厚生省，1998）。すなわち，母親はアタッチメント形成に重要ではあるが，なにがなんでも母親のみがその重責を担わなければならないということ

ではない。また，母親やその他の養育者が子どもにかかわる時には，家族をはじめ周囲の人々，さらには社会そのものがそれを支える必要がある。

事例7-1にもあげたように，虐待が起こっている事実を発見したら通報する義務が国民にはある。虐待を食い止めるためには，人ごととしてまわりが放置しないことである。虐待の事実が明らかになった時には，子どもに対する援助と同時に，その家庭の生活に何らかのひずみがあるために虐待が成立していると考え，根本的なひずみを整理し，親の生活に余裕がもてるよう，親への援助も必要となる。生活の再構成のためには，児童養護施設などへ子どもを一時的に緊急に保護し，親と子どもを物理的に引き離すことも大切である。子どもにとっては，母親であろうとなかろうと，子どもの周囲にいる特定の育ての親が心理的に安定しながら子にかかわることが重要である。

2節　幼児期の発達とその障害

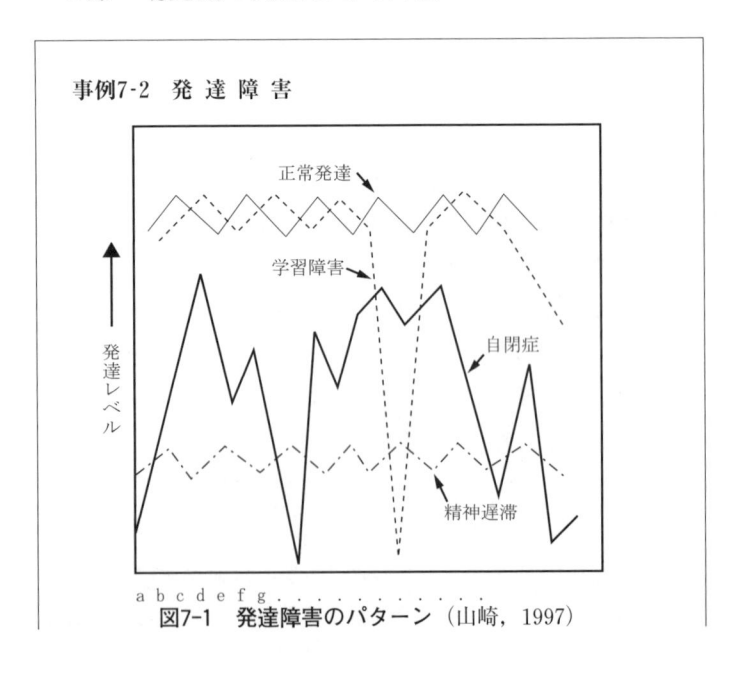

事例7-2　発達障害

図7-1　発達障害のパターン（山崎，1997）

> 発達障害は，全般的な遅れを示す発達障害（精神遅滞）と特定の領域の発達に遅れや偏りを示す発達障害（学習障害，運動能力障害，コミュニケーション障害など）と広汎な領域に遅れや偏りを示す発達障害（自閉症など）に分けられる（山崎，1997）。

7-2-1 幼児期の発達と発達障害

幼児期早期に基本的な対人関係の基礎が固まるが，それと同時に運動や言語の発達も促されることになる。発達にはさまざまな側面があり，大きくは運動，社会性，言語の領域に分けられる（遠城寺ほか，1977）。

運動は，姿勢保持や歩行などの粗大運動と指先等の微細運動に分けられる。定頸は生後3カ月，始歩は生後1歳頃，走り出しは1歳6カ月頃，足を交互に階段を上がるのが2歳〜2歳6カ月頃である。指で物をつまむ動作は，生後6カ月頃では熊手状のかき寄せ式であるが，9カ月頃には親指と人差し指の腹を使った鋏状の把握となり，1歳頃には指の先を使った釘抜状の把握となる。また，1歳になるとなぐり書きができるようになり，2歳頃には，直線を描く，丸を描くなど形を構成することができるようになる。

社会性を基本的生活習慣と対人関係とに分けると，前者においては，1歳頃になるとスプーンで食べようとする，1歳6カ月頃にはストローで飲み物を飲むことができ，2歳頃には排尿予告，2歳以降，靴や衣服の脱ぎ着ができるようになる。後者は，言語の発達との関係が深いが，1歳には人見知り，親の後追いがあるが，2歳6カ月を過ぎると友だちと手をつないだりできるようになり，親から離れて友だちと並行遊びができるようになる。

言語の発達においては，はじめて意味のある一語文のことばを発するのは1歳頃であり，その直後，指差しも合目的的に出現するようになる。二語文が発語されるのは1歳6カ月頃であ

り，その後は急激に表出語彙が増える。言語はとりもなおさずコミュニケーションの道具であり，このような発語に至るには，基本的に社会的な他者との関係が築かれ，その相手と交信しようという意欲がなければならない。

発達障害は，このような多くの領域のなかで，全般的な領域に遅れを示すもの，特定の領域の発達に遅れや偏りを示すもの，広汎な領域に遅れや偏りを示すものの3つに分けられる。これらのなかで，幼児期に発達の遅れや偏りが明確になるのは，全般的な遅れを示す精神遅滞や広汎な領域に発達の遅れや偏りを示す広汎性発達障害のなかの自閉症，レット症候群，崩壊性行動障害がある。ここでは，代表的な精神遅滞と自閉症にふれる。

7-2-2 精 神 遅 滞

精神遅滞は，知的な能力を基準にした障害名であり，おおよそIQ70以下という範囲である（表7-4）。精神遅滞の原因はさまざまであるが，原因を早期に発見することが，治療や予後対策への重要な鍵となる。精神遅滞のうち，30～40%が原因不明

表7-4　DSM-Ⅳによる「精神遅滞（Mental Retardation）」（APA, 1994）

A	明らかに平均以下の知的機能：個別施行による知能検査で，およそ70またはそれ以下のIQ（幼児においては，明らかに平均以下の知的機能であるという臨床的判断による）。
B	同時に，現在の適応機能（すなわち，その文化圏でその年齢に対して期待される基準に適合する有能さ）の欠陥または不全が，以下の2つ以上の領域で存在：意志伝達，自己管理，家庭生活，社会的／対人的技能，地域社会資源の利用，自律性，発揮される学習能力，仕事，余暇，健康，安全。
C	発生は18歳未満である。
	軽度精神遅滞　　　IQレベル　50―55およそ70 中等精神遅滞　　　IQレベル　35―40から50―55 重度精神遅滞　　　IQレベル　20―25から35―40 最重度精神遅滞　　IQレベル　20―25以下 精神遅滞，重症度は特定不能　精神遅滞が強く疑われるが，その人の知能が標準的検査では測定不能の場合（例：あまりにもひどい，または非協力的，または幼児の場合）

である。原因がわかるものでは，①遺伝子の異常（5％），②胎生初期の異常（30％），③妊娠および周産期の異常（10％），④小児期に罹患した身体疾患（5％），⑤環境の影響と精神障害（15〜20％）によるものがある（APA，1994）。それらの代表的なものをあげると，①には，常染色体劣性遺伝疾患である先天性代謝異常（テイザック病，フェニールケトン尿症，ガラクトース血症など），染色体変位（転座型ダウン症候群），②には，常染色体異常（21トリソミー型ダウン症候群，ネコ泣き症候群など），性染色体異常（ターナー症候群，クラインフェルター症候群など），薬剤，化学物質，母体ウイルス感染など（サリドマイド胎芽病，先天性風疹症候群，母体アルコール中毒など），④には，出産前後の新生児仮死，頭蓋内出血，未熟児，母子血液型不適合，交通事故や高所からの転落などによる頭部外傷や脳脊髄膜炎などの疾患など，⑤には，養育の欠如，社会的・言語的刺激の欠如，重度の精神病の合併などがあげられる（APA，1994；長畑，1987；池田，1995；佐藤，1998）。精神遅滞は，まず，幼児期に，ことばの遅れで気づかれることが多い。しかし，精神遅滞の場合には，ことばだけではなく，知的な遅れ，運動や社会性の遅れなど全般的な遅れをともなう。知的には，精神年齢到達曲線（Fisher & Zeaman，1970）とピアジェの発達理論（波多野，1986）との対応から，軽度の精神遅滞では，健常児が7，8〜11，12歳で達成するような具体的操作段階にとどまり，中度の精神遅滞は直観的思考段階，重度の精神遅滞は感覚運動的段階の思考段階にとどまると考えられる。

7-2-3 自 閉 症

広汎性発達障害の「広汎」とはそもそも「広汎な領域における発達の質的な歪み」を特徴としている（山崎，1997）。広汎性発達障害のなかに含まれる自閉症は，精神遅滞とともに幼児期に顕在化する発達障害である。自閉症は，3歳以前に発症し，

表7-5　DSM-Ⅳによる「広汎性発達障害(Pervasive Developmental Disorders)」の自閉性障害（Autistic Disorder）（APA，1994）

A　(1)，(2)，(3)から合計6つ（またはそれ以上），うち少なくとも(1)から2つ，(2)と(3)から1つずつの項目を含む。

　(1)　対人的相互反応における質的な障害で以下の少なくとも2つによって明らかになる。
　　a　目と目で見つめ合う，顔の表情，体の姿勢，身振りなど，対人的相互反応を調節する多彩な非言語性行動の使用の著明な障害。
　　b　発達の水準に相応した仲間関係をつくることの失敗。
　　c　楽しみ，興味，成し遂げたものを他人と共有すること(例：興味のあるものを見せる，もって来る，指さす)を自発的に求めることの欠如。
　　d　対人的または情緒的相互性の欠如。

　(2)　以下のうち少なくとも1つによって示される意志伝達の質的な障害。
　　a　話し言葉の発達の遅れまたは完全な欠如（身振りや物まねのような代わりの意志伝達の仕方により補おうという努力を伴わない）。
　　b　十分会話のある者では，他人と会話を開始し継続する能力の著明な障害。
　　c　常同的で反復的な言語の使用または独自な言語。
　　d　発達水準に相応した，変化に富んだ自発的なごっこ遊びや社会性をもった物まね遊びの欠如。

　(3)　行動，興味および活動の限定され，反復的で常同的な様式で，以下の少なくとも1つによって明らかになる。
　　a　強度または対象において異常なほど，常同的で限定された型の，1つまたはいくつかの興味だけに熱中すること。
　　b　特定の，機能的でない習慣や儀式にかたくなにこだわるのが明らかである。
　　c　常同的で反復的な衒奇的運動（例えば，手や指をぱたぱたさせたりねじ曲げる，または複雑な全身の動き）。
　　d　物体の一部に持続的に熱中する。

B　3歳以前に始まる，以下の領域の少なくとも1つにおける機能の遅れまたは異常：(1)対人的相互作用，(2)対人的意志伝達に用いられる言語，または(3)抽象的または想像的遊び。

C　この障害はレット障害または小児期崩壊性障害ではうまく説明されない。

とくに対人的相互作用，意思伝達，行動・興味および活動という3つの領域に質的な障害がある（表7-5）。対人的情緒的相互性が欠如しているため，なかにはいったん出だしたことばが(通常一語文で10語以内が出て)消えてしまうような折れ線タイプもおり，コミュニケーションのための言語が育たない。発語が維持されても，伝えるためのことばではなく，機械的で単調な独り言や一方的な会話のための発語，たとえば「この花きれい？」と尋ねれば「この花きれい？」というようにそのまま復唱してしまうような反響言語が現れるなど，言語表現は独特で

ある。重度になると発声がせいぜいで，発語がまったくない場合もある。また行動面では，同じ道を通って帰らないとパニックを起こすなど，こだわりや儀式的な行動パターンをもっている。自閉症児は，課題に対する興味の幅も限られ，知的能力にも偏りがあるため，一般的には，その子どもの全般的な知的能力をIQという数値で表しにくいタイプの子どもたちである。しかし，対人関係に障害があることで，知的能力のなかでも知的活動に重要な言語性能力が発達しないため，全体的な知的能力には限界がある。DSM-Ⅳの広汎性発達障害のなかには，自閉症以外に，レット障害，崩壊性行動障害，アスペルガー障害，不特定の広汎性発達障害がある。これらに関する詳細は他の専門書を参考にしていただきたい（APA，1994ほか）。

7-2-4　発達障害への教育的な対応

　佐藤（1998）は，精神遅滞児に対してスキルを獲得させるためには，①できるだけ早期から訓練を始めること，②ひとつのスキルを身につけさせる際に課題分析にもとづきそのスキルに含まれる個々の構成要素を順序よく学習させていくことが重要であることを指摘している。精神遅滞とはいえ，全体の発達の様子は個々人によって異なるのが常である。発達検査などにより，運動，社会性，言語などの発達のすべての側面について，まず，現在の発達の状況や特徴を把握することが必要である。さらには，その発達段階に合わせた指導を構成し，発達を促すと同時に基礎的な学習を積み上げていくようなカリキュラムを充実させる必要がある。ダウン症については，池田（1995）によって早期教育プログラムが示されている。

　自閉症は，興味の幅が狭く，行動に固執傾向があるため，その予後は困難な側面がある。自閉症児に対する教育的な対応として行動療法的アプローチが有効である。複数コミュニケーションモードの機能的な使用，機能的会話スキルの形成，買い物

指導，セルフマネージメントの学習などが開発されている（小林，1994；1999）。

3節　幼児期から児童期の発達とその時期に顕在化する問題

> **事例7-3　思春期の注意欠陥多動性障害児の問題例**
>
> 高校1年生，男子。家庭内暴力（母親，妹，家屋，物に対して殴る，蹴る，壊す）。
> 幼児期後半から，多動傾向があった。公園につれていくと本児は走り回ってまわりにいる友だちにかみついたりはたいたりするために，母親は謝りながら本児を追いかけるという毎日であった。幼稚園，小学校低学年の時には，動き回るので，授業中教師が本児を抱きかかえながら授業をしていた。高学年になると離席することはなくなったが，いつもごそごそしていた。教科学習では，図工，体育が苦手であったが，その他は中位の成績で，中学校は中高一貫教育の私立学校に入学した。母親のすすめにより剣道部にも入った。中学2年生になると，とたんに，家屋の壁を壊したり，物を投げたり，母親に殴りかかったりと暴力が始まった。中学3年までは休みがちだったが，なんとか出席しなければならない日数をクリアして，高校に進学した。しかし進学後まったく学校には行かなくなったため，退学した。近くのバイク屋さんにアルバイトに行きはじめ，暴力がおさまるかにみえたこともあったが，バイクを何台も買いたいと無理難題を言いはじめ，さらに暴れ出した。

7-3-1　幼児・学童期の発達とその問題

言語面では，幼児・学童期の語彙獲得数は目ざましい（第3章3-1-1参照）。また，就学に達するまでに，すでに，文章は文法的に構成され，従属文，接続詞，助動詞が使えるようになる。また，「はい」「いいえ」と答える疑問文だけではなく，「なぜ」「どうして」「いつ」「どこで」「なに」「どれ」に答えられるようになる。認知面では，ピアジェによると，それまで自分が動

くこと，見たりさわることなどによって外界を判断していた0～2歳程度の感覚運動的段階から，言語が獲得されそれによって象徴機能を獲得しはじめる（2～4歳）。2～7，8歳頃は，前操作期とよばれ，物理的に提示されたものを言語という象徴機能を使って直観的に思考するような段階に達する。このように，知的学習のレディネスたる言語や認知能力が発達した段階で，就園，就学となり「教育の場」に身をおくことになる。そこでは，教科のカリキュラムに従って，それまで生活のなかで自然に培ってきた学習スキルや知識をさらに系統的に学習させることになる。

　社会性の面では，2～3歳頃には，友だちと一緒にいても，隣で同じ遊びを楽しむという「並行遊び」の段階であるが，3～6歳頃になると，「仲間」というものが意識され，しだいに相互に役割をもってかかわるような遊びをはじめるようになる。ブランコに順番にのる，じゃんけんで勝ち負けを決める，おにごっこをして遊ぶ，砂場で協力して山を作るなど，あるルールにもとづき，仲間どうしの順番，役割をもって，仲間皆でひとつの目的を達成しようとする。しかし，これらがはじめからうまくいくわけではなく，当然仲間どうしのいざこざも多い。物や場所を専有したい欲求の衝突，不快な働きかけ，ルール違反，イメージのズレ，遊びの決定の不一致などを理由として，けんかが起こり，これを終結させるために，3歳台では，無視・無抵抗，あるいは単純な抵抗が多く，相互交渉したうえで調整するというよりも，自分自身で解決しようとする。しかし4歳頃からは，相互に交渉し，相手を理解したうえでの問題解決方法を探ることになる（木下ほか，1986）。このような交渉は，社会的能力の発達に不可欠である。1989年にエプスタインは，友人関係の成立には，近接性，同年齢性，類似性という三要因がかかわっていると指摘した（井森，1997）。幼児期には，ゼスチャーやことばによって交渉しやすい物理的な環境にある近接

性を重んじ、就学すると同年齢性が意識され、さらには類似性が意識されてくる。

　仲間との関係が形成され、集団を意識した行動がとれ、さらには、言語を獲得し内的な象徴機能が整ったうえで、さらに莫大な知識が学習されていくというこの時期に顕在化する障害がある。すなわち、これらの障害をもつ子どもたちは、1～2歳ぐらいまでの発達初期には大きな問題が認められないが、3,4～6歳ごろ、就園、就学などで集団生活や知的学習が始まると、とたんに支障をきたし、つまずきが顕在化する。このような子どもたちは「発達」の一部分が非常に遅れたり、特異的な領域に著しいアンバランスをもつ。たとえば、知的能力において著しいアンバランスがあり、そのために基礎的な学力が劣ってしまう場合を学習障害という。また、運動領域あるいはコミュニケーション領域においておもに著しい発達の遅れや偏りがあるものをそれぞれ運動能力障害あるいはコミュニケーション障害という。また、広汎性発達障害のなかにも、幼児期早期には問題がみえないが、学校における集団行動が始まると、その対人関係の悪さから、とたんにつまずきが顕在化するタイプとしてアスペルガー障害がある。アスペルガー障害とは、いわゆる自閉症のように言語能力に障害はなく、知的にも平均範囲あるいはそれより高い能力をもちあわせるが、自閉症のような対人関係の障害が基盤にあり、こだわりがあったり、他人の気持ちを理解することができなかったりする。この場合、自閉症と同じ広汎性発達障害のなかに入るとはいえ、幼児期にはことばの遅れ、目が合わないなどの問題もなく、幼児期早期から顕在化する自閉症とは様相がかなり異なる。学習障害、注意欠陥多動障害、広汎性闊達障害（とくにアスペルガー障害）は、それぞれを相互に分離しがたく、非常に近接した領域にある障害である（図7-2）。ここでは、学習障害と注意欠陥多動性障害（ADHD）について若干ふれることにする。

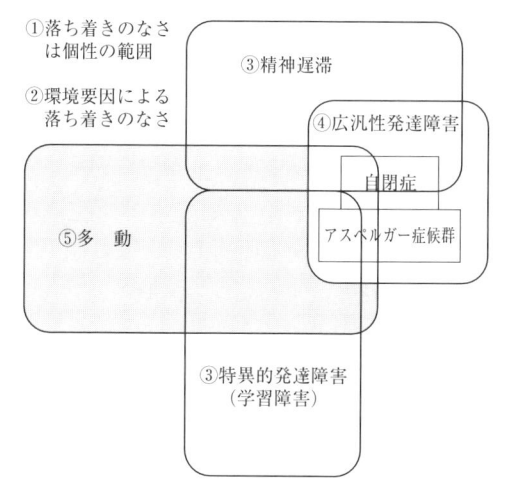

①落ち着きのなさは個性の範囲
②環境要因による落ち着きのなさ
③精神遅滞
④広汎性発達障害
　自閉症
　アスペルガー症候群
⑤多動
③特異的発達障害（学習障害）

※グレーの部分がADHD。
図7-2　発達障害の相互関係（石崎，1999）

7-3-2　学 習 障 害

　学習障害（learning disabilities）とは，基本的には全般的な知的発達の遅れはないが，聞く，話す，読む，書く，計算するまたは推論する能力のうち，特定のものの習得と使用に著しい困難を示すさまざまな状態をさす。その原因として，中枢神経系に何らかの機能障害があると推測されるが，視覚障害，聴覚障害，知的発達，情緒障害などの障害や環境的な要因が直接の原因となるものではない（文部省，1999）。具体的には，知能検査により全般的な遅れがないこと，または全教科のうち普通程度にできる教科もあること，しかし国語または算数の基礎的能力に小学校2，3年生には1学年以上，4年生以上中学生には2学年以上の著しい遅れがある子どもたちである（文部省，1999）。学習面では「ませたことばをつかってよく話せるのに，なんでこんなに漢字や作文が書けないのだろう」とか「計算はできるのに，文章題が解けないし，数量についても理解できていないのではないか」とまわりから思われる。そしてその原因は「家でやらせていないせいではないか」「本人が努力し

ていないからではないか」などと解され，本人の認知スタイルや知的能力のアンバランスに考えが及ばないことが多い。これまで日本では，学習障害の定義が明確にならなかったこともあり，疫学的調査は行われていないが，だいたい2～5％の割合で存在するといわれている。したがって，1クラスに1名程度存在することになる。この確率はそれほどまれなことではない。学校は，これらの子どもたちに対する援助システムを早急に整えていく必要がある。

7-3-3 注意欠陥多動性障害（ADHD）

注意の制御，行動の制御が著しく劣る子どもたちを注意欠陥多動性障害という（APA, 1994）。これには，不注意優勢型と多動衝動型の2つのタイプがある。すなわち前者は，話しかけられても聞いていない，いろいろな活動において綿密に注意の集中ができない，また持続することもできない，不注意な過ちをおかす，忘れ物をする，外からの刺激で容易に注意がそらされてしまうなどの症状がある。後者は，片時もじっとしていられず，椅子から離席したり，始終そわそわしたりする。時にはしゃべりすぎる，行動が突発的で出し抜けに答える，順番を守れないなどの症状がある。一般的な道徳感がわからないわけではないが，その瞬間に頭で考えるより先に体の方が動いてしまい，時にはとんでもないことをやってしまう。このような子どもたちが学力に困っていない場合には，親も教師もこのような障害を認められず，行動特性が見落とされることが多い。子どもをうまく理解できず対処が遅れ，その理解のズレが積み重なると，思春期ごろには爆発的で衝動的な暴力行為となることもある。

7-3-4 学齢時に顕在化する障害に対する援助

発達のアンバランスが極端で，できることとできないことの

差が激しいと子どもは，しばしばまわりから理解不能な状態として受け取られ，不適切な扱いを受ける。学力的には非常にできても，生活場面で列に並ぶことができないなど基本的なことができなかったりする。「こんな難しいことができるのに，なんでこれほど簡単なことができないのか」などと，発達の未熟な部分については，親の育て方の問題や本人の努力不足と解釈されたりする。

　これらの子どもたちに対しては，まず，彼らの発達のアンバランスな状態をありのままに理解することである。どのようなところが得意か不得意か，どの能力が高いか低いかなどを正確に把握する必要があり，そのためには，脳波などの医学的な諸検査，WISC-Ⅲ，K-ABCなどの診断的知能検査等の客観データをとることが必要となる。そのようなアセスメントの作業をいいかげんにするといつまでも彼らの正しい理解にはつながらない。

　つまずきが明らかになった幼児期後期あるいは児童期に援助しなければならない重要なことは，①社会スキルを身につけること，②基礎的学習スキルを身につけることであろう。これらの子どもたちは，たとえば，整理整頓，授業の準備，仲間との交渉など，他の子どもたちが日常生活のなかで当然のように身につけられることが，いつまでたってもうまくできない。したがって，社会的スキル訓練というように特別な指導を行う。学習障害児や注意欠陥多動性障害児に対する社会的スキル訓練は，仲間関係や対人交渉などをとりあげる前に，まず基本的な身体制御の訓練（ゲートウェイスクール，1993；倉持，1995）を行うべきである。すなわち，動く―止まる，力を入れる―力をぬくなどの基本的な身体の自己制御ができるように訓練する。そのうえで，友たちと遊ぶ時どう声をかけるかなどの対人関係に関する社会的スキルを身につけさせる。これらの指導の方法には，①モデリング，②正の強化，③コーチングと練習，④問題

解決スキルの訓練，⑤社会的スキル訓練パッケージなどの技法がある（井森，1997）。これらの技法を駆使し，子どもに理解可能な方法で課題を提示する。

　また，学校の教科学習を進めるうえでは，ひらがなや漢字を書いたり読んだりすること，基本的な計算をすることなど基礎的な学習スキルが必要となる。これらの学習は，個々人の知的能力のアンバランスの状態によって方法が大きく異なるため，通級制度を利用した個別指導の場で行われることが効果的である。具体的な方法は，これまでいろいろと紹介されているので，それらを参考にされたい（藤田ほか，1997など）。

　事例7-3にあげたケースは，幼児期の行動特徴からみられるように，本来多動性，衝動性をもちあわせた注意欠陥多動性障害のケースである。したがって，本来ならば，幼児期から行動制御のための療育や薬物療法を考慮しなければならなかった。このような事態になってしまった場合にも，やはり薬物療法で行動の制御がしやすい状況をつくる必要があるが，親御さんは医療機関を受診することを躊躇した。相談のために親が来るのも，暴力を振るわれた直後のせっぱつまった時だけで，継続して根本的に問題を解決していく気が果たしてあるのか疑問に思うケースであった。その後，父親に治療が必要なほどの傷を与える暴力を振るったことで，ようやく父親がこのままではだめだと認識し，地元の保健所を通じて医療機関につなげることができた。

　このように発達障害を基盤にもちながらも，思春期に至るまでなんとかやってこられた子どもたちは，思春期にいったんこじれると問題が長期化することが多い。親は子どものできるところや高い能力があることを見てきたため，自分たちに対して暴力を振るって我がもの顔に振る舞っているの子どもの理不尽な行動を異常だとは思えなくなってしまう。そのため，専門機関等，他者に対する援助の求め方もあいまいとなる。自分の命

が脅かされるような危険が身に迫った時には助けを求めるが，子どもの行動が落ち着くと「気のせいかもしれない」というように思い直してしまう。これは，他者からも援助しにくい状況であり，相談員等の専門家の立場としては，家族関係のダイナミクスを考慮し，タイミングを逃さずに援助できるように心がけなければならない。

4節　学齢期，思春期の発達と心の問題をもつ子どもたち

事例7-4　摂食障害の原因について

表7-6　摂食障害の原因(マクファーランド，1995；中井ほか，1999をもとに筆者作成)

	変数の種類	内容
準備因子	社会文化に関する変数（社会文化的背景）	・スリムな体こそ理想であるとする価値づけがなされ，かつ自己規制，コントロール，自立，魅力の象徴とみなされている。 ・肉体的容姿は，女性の魅力と社会的成功のひとつの尺度になっている。 ・女性に期待される役割は葛藤をはらんでいる：スーパーウーマン・コンプレックス
	家族に関する変数（本人に直接的な環境要因）	・家族は達成度の要求水準が高く，完全主義者である。 ・家族は容姿をきわめて重視し，食べ物，ダイエット，身体機能に熱心である。 ・家族は硬直して，メンバー間の境界があいまいであり，葛藤を解決する力がなく，過保護の傾向にある。 ・一等親と二等親の親戚にうつ病や躁うつ病，薬物依存，摂食障害などのエピソードをもつ者が平均より多い。 ・機能不全な家族内コミュニケーションにより，しばしば家族間に連合が生じている。
	個人に関する変数（本人の個人的要素）	・やや太めの思春期の女性に多い。 ・自己概念が傷ついており，全般的に非効力感をもっている。 ・容姿や体重に関する認知に特徴的な歪みがある。 ・ボディ・イメージの崩れと，空腹に関連する体内刺激に歪みがある。 ・気分が変わりやすく，情緒不安定で，衝動的である。 ・強迫的な行動をとる傾向がある。
誘発因子	ストレスダイエット行動	・思春期の発達課題への適応が困難である。 ・ダイエットの試みを繰り返している。

持続因子	生物学的変数（身体・心理・行動面の二次的変化）	・生理不順がある。 ・女性である。 ・セロトニン代謝異常が，炭水化物を多く含む食物の過食を引き起こしている。 ・満腹感のメカニズム（コレシストキニン）が損なわれている。 ・脳内のその他の化学物質に不均衡がある。 ・飢餓状態は気分，認知能力，性格特性を変化させ，その結果，摂食障害者はますますかたくなになり，治療に抵抗するようになっている。 ・食事制限によるダイエットは，一方で過食行動に関連する満腹感の役割や，体重増加を促す代謝率に影響を与えている。 ・厳格なダイエットと運動は，拒食症を引き起こす生物学的プロセスの引き金となりうる。

7-4-1 社会の変化と子どもたち

　日本は第二次世界大戦敗戦からの復興後，経済的に急激に裕福になり，日本人の栄養状態もその後継続的に改善されてきた。今では巷に物があふれ，あまり努力せずとも何不自由なく暮らせるような社会にもなってきている。栄養状態がよくなったため，女子では初潮の年齢が下がっていき，男子でも第二次性徴が早くなる傾向がある。その反面，社会が裕福すぎて，青年期に自分はどう生きていくべきかを真剣に考えなくとも，ともかく進学すればなんとかなるというような志向が蔓延し，精神的な自立は遅くなっているのが現状であろう。

　第二次性徴という体の変化が始まるのは，女子では8, 9歳頃，男子では，11, 12歳頃の小学校高学年である。そのような発達は，男子では，15, 16歳頃，女子では18, 19歳頃まで続く。この時期は，体の変化だけではなく精神的にも激動の時期となる。青年期の課題を成し遂げていかなければならない。現代の社会や家族関係の変化などから，この激動の時期で起こりうるさまざまな病がある。精神分裂病，うつ病などの精神疾患や，自己臭妄想や醜形妄想，対人恐怖症，心身症，チック，強迫神経症，リストカッティング，ヒステリー，家庭内暴力など疾患

という形ではない症状も多々起こりうる（古田，1997）。そして，そのなかにはかなり発症の年齢が下がっているものもある。このような心の病は，個人の生物学的な基盤とそれまで生きてきた環境から影響を受けてきたための所産である。そのため，思春期の問題は，その子どもたちのその時の状況のみを知ってもなかなか解決がつかないことが多い。ここでは，児童期，思春期の心の病の代表的なものをとりあげる。

7-4-2 神経症

　思春期や青年期には，さまざまなタイプの神経症が起こりうる。手洗いなどの行動が強迫的に起こる強迫神経症は，もっとも代表的なものである。しかし，これらの神経症を治療していくことは，非常に難しいのが現状である。症状そのものが拡大しないように手立てを講ずることも必要であるが，症状のみではなく，家庭，家族関係などの環境整備も必要である。むしろ，医師でない立場の援助者においては，環境の整備の方が重要であると思われる。

　また，若年の神経症として，ここでは，アパシーシンドローム（退却神経症）もとりあげたい。これは，1961年にワルターが提唱したスチューデント・アパシーという用語にならったものである。しかし，これは，学生だけではなく中年サラリーマンの症例報告もあることから，この用語では精神症状学概念を説明するうえで不十分であるため，笠原（1978，1984）が主観症状より行動化が主症状であることに注目し「退却神経症」という名前を提唱した。これは，マイルドな強迫性格の持ち主で，病前はむしろ環境に過剰適応するタイプの人に起こりやすい。さらに，次のような特徴をもつ（笠原，1994）。すなわち，①主観的には無気力感と目標の喪失感を主症状とするが，自我親和的であり，それによって悩むことはほとんどない，②社会的な本業（学生なら学業，会社員なら職場）からの選択的退却が

典型的で，それに対して悩むのではなく無関心な態度を示す，③後期青年期からヤングアダルトに好発し，男子が多い，④分裂病とは容易に区別できる，⑤一過性に終わる場合と長続きし，退学や退職に追い込まれる場合があることである。このような青年に対しては，休息療法や小精神療法が有効である。

7-4-3 摂食障害

摂食障害の成立について，中井ら（1999）は，やせている人が美しいという社会文化的背景，本人に直接的な環境要因，本人の個人的要素の3つの準備因子があるところに，思春期におけるストレス，ダイエットという誘発因子が加わって摂食障害が成立し，いったん成立した後に生じる身体面，心理面，行動面の二次的変化が持続因子となって，摂食障害からなかなか抜け出せなくなると説明している。「～するべき」義務を遂行することが，強迫性人格者が不安を減じる行為であり，そもそも厳格なダイエットを遂行し，高度な体重減少を達成することができること自体が強迫性のたまものである。このように，準備因子のひとつである個人的要素として，病前性格が，強迫的であり，秩序・完全主義で，効率性や柔軟性に欠け頑固な傾向があることがあげられる。また，対人関係や感情が不安定で，著しい衝動を呈し，自己像が希薄であるといった境界性パーソナリティーももちあわせる。しかし，境界性人格障害という診断基準を満たすほどの患者は一部である（野中・小島，1999）。その他，否定的な評価に対して過敏さを示す回避性，世話されたい過剰な欲求，しがみつき，分離不安を示す依存性のパーソナリティー傾向も加わる。また，準備因子のもうひとつである家族関係との関連性では，拒食型の患者は緊密で過干渉な家族性が周囲にあり，過食型の患者には放任でまとまりのない家族性があるという報告が最近されている（舘，1999）。ダイエット志向という文化的影響を多分に受けているこの障害は，当然

のことながら，摂食障害の低年齢化を引き起こしている。

　これらの摂食障害に対する治療法として，おもに症状の精神力動的な理解に到達することが不可欠であるとする立場，直接症状を管理することに集中する立場，家族の相互作用のパターンの変化を扱う立場の3つがある。背景の性格傾向まで視点に入れた療法としては，支持的精神療法や力動的精神療法が考えられるだろうし，直接症状に焦点を当てた治療としては，薬物療法や行動療法がある。また他者志向的―自己喪失感―認知の歪みに対しては認知行動療法，家族まで焦点に当てた治療法としては，家族療法がある（渡辺，1999）。最近では，これらに加えて，原因を探しつづけるのではなく患者が本来もっている能力や回復力を有利に働かせることに焦点を当てて解決しようとするソリューション・フォーカスト・ブリーフセラピーも有効であるとしている（マクファーランド，1995）。これらの治療法は，それぞれ個人の背景や年齢によって有効性が異なるように思える。いずれにしても，本人の人格や家族関係を分析しながら，ある程度の時間をかけて注意深く行われなければならない。

7-4-4　う　つ

　子どもにうつ病があるのかという議論は古くからあり，40年前は否定的な見解であった。しかし，1970年代にはアメリカで，1990年代では日本でも，小・中学生の無気力，疲れやすさなどが報告され，むしろ日本では欧米の子どもたち以上に，うつという状態が多い傾向があるのではないかという懸念さえもたれてきた（村田，1993）。若年性のうつ病の初発年齢は，12～15歳が多いと報告されている（大井，1978）。また病前性格は，素直，小心，まじめ，几帳面などと日本で報告されている（水川・挟間，1994）。思春期前期の子どもたちは，対人への配慮を強め対人緊張を募らせはじめるが，それに加えて，最近の

日本の教育・家庭・地域環境の規範意識が，さらに子どもたちの否定的自己認識を抱きやすくしている可能性があると指摘されている（村田，1993）。うつ病の子どもたちが最初に訴えるのは，夜眠れない，寝ついてもすぐ起きてしまう，頭痛がする，お腹が痛いなど，睡眠や身体に関するものである。面接すると表情も暗く，悲観的である。若年性のうつ状態のタイプには，①躁とうつの両病相を周期的かつ頻下位に反復する循環型うつ病，②単相性のうつ状態のみ反復する性格反応型うつ病，③自己中心，完全主義，対人過敏，依存的な性格傾向を基盤に単相のうつ状態を反復する葛藤反応型うつ病，④身体愁訴，身体症状，問題行動が前景に立つうつ状態，⑤その他のうつ状態の5つがあるが（大井，1978），傾向としては，単相性のうつ状態が加齢にともないしだいに循環性格的になってくる（山方ほか，1997）。また，抗うつ剤などの投与で一時的に改善するも，人生のいろいろな場面で努力が破綻すると，焦燥感を高め再び症状化し，難治性である（高田・高岡，1997）。このような若年性のうつ病の場合は，進学，就職，結婚など人生のなかで生じるさまざまな社会的，経済的，心理的問題について長期的に支援していく必要がある（山方ほか，1997）。

7-4-5 精神分裂病

青年期は，精神分裂病の好発年齢でもある。青年期に発症するような分裂病の症状は，いわゆるDSM-Ⅳ等に書いてある分裂病の中核症状の類型ではなく，中安（1990）の初期分裂病の特異的四主徴を基本的に考える必要があろう。特異的四主徴とは，自生体験，気付きの亢進，漠とした被注察感，緊迫困惑気分である。自生体験とは，何の前後関係や脈絡もなくふつふつと涌き出てくるような考えのことであり，これは，視覚的なイメージをともなう場合もある。気づきの亢進とは，周囲からみればとるに足らないことでも気になってしかたがなくなり，

気にすると通常の行動ができなくなるものである。また漠とした被注察感とは，どことなく人に注目され見られているような気がしてしかたがないような感覚である。さらに緊迫困惑気分とは，漠然とした不安や焦燥感がともなうものである。これらの症状は，家庭生活や学校生活のなかで周囲からすればなんとなく変だというような形で現れる。その後，このような初期症状から，幻声，妄想知覚，自我障害，緊張病症候群などの極期の分裂病の中核的症状に移行する（関・中安，1999）。ところで，おおむね15歳以下の年齢で分裂病特有の症状をみる時，これを小児（または小児期の）分裂病という（中根ほか，1993）。4歳という低年齢の発症も報告されているが，精神分裂病という診断が下せる時期は9歳後半から10歳台が最少年齢であろうと広沢（1999）は指摘している。小児期の分裂病の前駆症状として，学業低下，性格や生活態度の変化，閉じこもり，活力低下，自閉傾向，情動の減退，要素的不安，抑うつ症状などである（弟子丸・樋口，1996）。またその行動的な現れとして不登校という形も当然あるだろう。精神症状は，成人と比較して病初期の抽象化能力や言語化能力が未熟であるため，成人と同じ精神力動が作用していても出現される精神症状が異なる。すなわち，極度の不安と行動変容，体感症状を訴えることが多い（中根ほか，1993）。広沢（1999）はこれを，激烈な不安に圧倒されつづけるタイプと幻聴・幻覚などの分裂病症状により不安がある程度隠蔽されるタイプに分けている。

　精神分裂病の初期段階に，本人が進んで医療機関に行くことはめずらしく，家庭あるいは学校のなかで周囲の者が様子のおかしいことに気づき，説得して連れて行くようになる。周囲が病気であるという確信を得て本人に話すには，ある程度の期間が必要となるため，症状が進んでしまうことが多い。周囲の援助者は，より早期に症状の発現に気づき，本人を治療のルートに乗せてあげなければならない。しかし，周囲の人間がせっか

く本人を説得して医療機関に連れて行っても，このような症状を診察室のなかで精神科医がすべてうまく判断し対処してくれるかというとそうではない現実もある。

【引用・参考文献】

American Psychiatric Association（APA）1994 Diagnostic and Statistical Manual of Mental Disorders Fourth Edition（DSM-Ⅳ）.

ボウルビィ，J. 1979 作田　勉（監訳）母子関係入門　1981 星和書店

弟子丸元紀・樋口康志　1996　小児期の精神分裂病　精神医学，38, 686-698.

遠城寺宗徳・合屋長英・黒川　徹・名和顕子・南部由美子・篠原しのぶ・梁井　昇・梁井迪子　1977　遠城寺式乳幼児分析的発達検査法　慶應通信

Fisher, M. & Zeaman, D. 1970 Grouth and decline of retardate intelligence. *International Review of Reesarch in Mental Retardation.* Academic Press.

藤田和弘・青山真二・熊谷恵子　1997　長所活用型指導で子どもが変わる　図書文化

古田脩二　1997　思春期・こころの病　高文研

ゲートウェイスクール　1993　上野一彦（監修）LDのためのソーシャルスキルトレーニング──ゲートウェイ社会性開発カリキュラム　日本文化科学社

波多野完治　1986　ピアジェの発達心理学　国土社

広沢郁子　1999　学童期発症の精神分裂病　精神科治療学，14, 529-536.

池田由紀江　1986　知能障害児の特性　佐藤泰正（編）障害児教育概説　学芸図書

池田由紀江　1995　ダウン症の早期教育　ぶどう社

井森澄江　1997　仲間関係と発達　井上健治・久保ゆかり（編）子どもの社会的発達　東京大学出版会

石川知子　1997　虐待を（して）悩む親たち　臨床精神医学，26(1), 27-32.

石崎朝世　1999　多動な子どもたちQ&A──ADHDを正しく理解するために　すずき出版

岩田泰子　1995　児童虐待　臨床精神医学，24(8), 1053-1059.

開原久代　1994　被虐待児症候群　臨床精神医学，増刊号，23
　(5)，252-257.
亀岡智美　1997　被虐待児の精神医学　臨床精神医学，26(1)，11-
　17.
笠原　嘉　1978　退却神経症という新カテゴリーの提唱　中井久
　夫・中山康裕(編)　思春期の精神病理と治療　岩崎学術出版
笠原　嘉　1984　アパシーシンドローム――高学歴青年の青年心
　理　岩崎書店
笠原　嘉　1994　アパシー・シンドローム（退却神経症）　臨床
　精神医学，増刊号，23(5)，217-220.
木下芳子・朝生あけみ・斎藤こずゑ　1986　幼児期の仲間同士の
　相互交渉と社会的能力の発達――三歳児におけるいざこざの発
　生と解決　埼玉大学紀要教育科学，35(1)，1-15.
小林重雄　1994　自閉症児の行動療法Ⅱ　岩崎学術出版
小林重雄　1999　発達障害の理解と援助　コレール社
厚生省　1998　自立した個人の生き方を尊重し，お互いを支え合
　える家族　厚生白書　ぎょうせい
倉持親優　1995　多動を少なくするための運動にチャレンジ　岩
　崎朝世（編著）　落ち着きのない子どもたち　すずき出版　pp.
　96-138.
マクファーランド，B.　1995　児島達美（監訳）1999　摂食障
　害の「解決」に向かって――ソリューション・フォーカスト・
　ブリーフセラピーによる治療の実際　金剛出版
水川六郎・挟間秀文　1994　躁うつ病の加齢による影響　精神科
　治療学，9，423-433.
文部省　1999　学習障害児に対する指導について（報告概要）
　学習障害及びこれに類似する学習上の困難を有する児童生徒の
　指導方法に関する調査研究協力者会議
村田豊久　1993　小児期のうつ病　臨床精神医学，22(5)，557-563.
長畑正道　1987　遺伝および遺伝性疾患，染色体異常　高木俊一
　郎（編）　目で見る障害児医学　学苑社
中井義勝・夏井耕之・岡野五郎　1999　摂食障害の発症の成立過
　程について　思春期学，17(1)，46-51.
中根允文・岡崎祐士・小田　孝・藤田長太郎　1993　小児期の精
　神分裂病　臨床精神医学，22(5)，565-574.
中西俊夫　1999　多重人格典型例にみる乖離の縦断的変遷　児童
　期青年期精神医学，9(1)，13-21.
中安信夫　1990　初期分裂病　星和書店

野中幸之助・小島卓也　1999　摂食障害　精神科治療学, **14**, 829-834.

大井正己　1978　若年者のうつ状態に関する臨床的研究――年齢と病像の変換との関連を中心に　精神神経誌, **80**, 431-469.

奥山眞紀子　1997　被虐待児の治療とケアー　臨床精神医学, **26**(1), 19-26.

佐々木裕子　1992　ホスピタリズム　氏原　寛・小川捷之・東山紘久・村瀬孝雄・山中康裕（編）　心理臨床大事典　培風館

佐藤容子　1998　臨床心理学の対象1――乳幼児期　坂野雄二・菅野　純・佐藤正二・佐藤容子　臨床心理学（ベーシック現代心理学8）, pp.113-121.

関由賀子・中安信夫　1999　初期から極期への移行を観察しえた初期分裂病の1例――顕在発症予見の観点から―精神科治療学, **14**, 487-496.

舘　哲郎　1999　摂食障害患者の家族環境――摂食障害の発症と経過に関する家族環境因子についての検討　精神神経学雑誌, **101**, 427-445.

高田知二・高岡　健　1997　若年者のうつ病における持続的葛藤状況に対する検討　臨床精神医学, **26**(12), 1483-1488.

山方里加・石金朋人・中田潤子・加藤　温・笠原敏彦　1997　12歳で発症した難治性躁うつ病の1症例　臨床精神医学, **26**(12), 1497-1501.

山崎晃資　1997　発達障害の概念　臨床精神医学, **26**(5), 557-566.

渡辺直樹　1999　拒食・過食はなぜおこるのか　思春期学, **17**(1), 42-45.

第8章 学校病理

1節 いじめ

事例8-1 いじめの実態

文部省は,いじめを,①自分よりも弱いものに対して一方的に,②身体的・心理的な攻撃を継続的に続け,③相手が深刻な苦痛を感じているものと定義している。

いじめの発生件数は1986年をひとつのピークとして,その後漸次減少を続けていたが,1993年を境にまた増加してきている(図8-1)。

学年別に発生数をみると,図8-2の通り,中学校1年生を頂点とした正規分布に近い形を描いている(図8-2)。いじめのあった学校のおよその割合は,1997年度で小学校22%,中学校48%,高校31%であった。

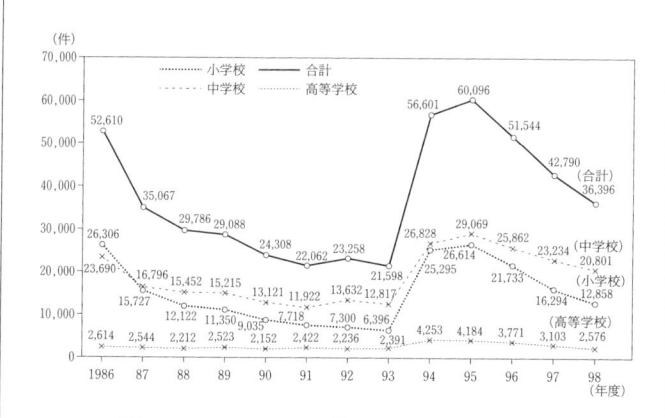

図8-1 いじめの発生件数(文部省,1999a)

図8-2 学年別いじめの発生件数（文部省，1998）

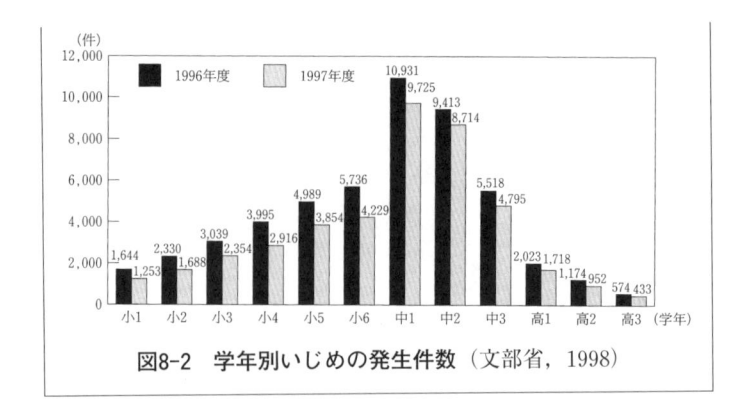

8-1-1 学校におけるいじめの現状

いじめは，隠された攻撃といわれ，表面化しにくい傾向がある。文部省の調査によると，小学校でも3分の1の子どもが，いじめられたことを教師に伝えないと回答している。また，教師の側からは，子どもたちの様子がいじめかふざけあいか見わけがつかないという回答が多く，いじめられた子どもが在籍する学級の約4割の担任教師がいじめに気がついていないなど，いじめが教師の見えないところで発生している実態がある。つまり，いじめの潜在化である。

いじめられっ子の傾向も，かつては，学級やクラブなどの集団のなかでおとなしい者や，成績や運動能力などその集団内のヒエラルキーの指標となる特定の能力が劣っている者，肥満や障害など何らかの弱点をもった者への攻撃が中心であった。しかし，現代のいじめでは，成績上位の者や優等生タイプの者，学級委員や生徒会などの役員をするなどリーダーシップを発揮する役割を得た者なども標的にされており，その集団の構成員の平均的レベルからプラスの方向に離れている者も標的になっているのが特徴である。

また，子どもたちは学級内などで気の合う数人の子どもたちと小グループを形成している。このような小グループのなかで

も，その小グループのメンバーの平均的基準から上下に外れた者をいじめの対象にすることが少なくない。この場合，メンバーが少人数であるため，その基準も多種多様であり，移り変わりも速いのである。したがって，教師がA子さんたちの仲よしグループという視点で特定のグループを見ていると，その小グループ内で行われているいじめが見えないわけである。子どもたちのいじめ被害を受けたという報告は，このような小グループ内で発生したものも数多く報告されている。

　いじめの態様も，小学校では，「冷やかし・からかい」「仲間はずれ」「ことばでの脅し」が上位3つを占めているが，中学校になると，「冷やかし・からかい」「ことばでの脅し」「暴力」という順番になる。そして，高校では，「暴力」「ことばでの脅し」「冷やかし・からかい」という順番になり，発達段階が高くなるにつれて，いじめと「非行」「校内暴力」とがクロスオーバーしてくるのである。

8-1-2　いじめの態様と構造の理解

　一口にいじめといっても，その態様はさまざまである。いじめを理解するうえで，いくつかのタイプに分けて理解することが対応ともつながってくる。そこで，深谷（1996）の説を中心に以下に整理する。

(1)　人間関係の軋轢レベルのいじめ

　集団があれば，必然的に発生する人間関係の摩擦がある。子どもどうしの意見の対立やちょっとしたことでのいさかいなどである。これらの出来事を解決するプロセスを学ぶことによって，子どもは学級という集団のなかで社会性を身につけていくわけである。しかし，現代の子どもは多くのきょうだいのなかでもまれた体験や，地域の世代を越えた仲間との遊び体験も少なく，このような出来事を自ら解決する能力が低下してきている。したがって，特定の集団でいつも劣勢にまわる子どもが出

現し、それがいじめへとつながっていくのである。

(2) 遊び型レベルのいじめ

いじめをする側の子どもには、「うっぷん晴らし」「ふざけ・からかい」という意識をもつ者が多い。つまり、はじめはおもしろ半分・からかい半分だったものが、しだいにエスカレートしていくわけである。「〜菌」や「無視」などの仲間はずれが代表的なものである。この場合、いじめる側の子どもには加害者意識が乏しいのである。したがって、このようないじめは学級などの集団全体に伝播しやすく、標的とされた子どもを集団内で孤立化させていくのである。

(3) 非行レベルのいじめ

継続的な暴力や金品の恐喝、便器をなめさせるなどの人間の尊厳への攻撃など、もはやいじめというよりも、非行ととらえた方がいいレベルである。

このように、いじめといってもその内容はさまざまであり、一般化しすぎず、ひとつひとつの問題を分析的に理解していくことが求められる。

集団内におけるいじめの構造は、**被害者**, **加害者**, **観衆**, **傍観者**の四層構造をなしていることを指摘している（森田ほか, 1994）。観衆は自らいじめを行わないが、いじめを見て楽しんでおり、いじめを容認している。傍観者はいじめには消極的であるが、積極的にいじめを止めたり仲裁することはしない。つまり、注意すべき点は、意識するしないにかかわらず観衆・傍観者の子どもは加害者側に属しているということである。この四層構造は、集団内の子どもたちがそのような位置をとりながら、いじめそのものを形づくっているのである。

8-1-3 いじめをとりまく環境の理解

現代のいじめの特徴のひとつに、被害者像や加害者像が特定されにくい点がある。これはいじめの問題を考える時、現代の

被害者：いじめ関係において、いじめられる側だった者

加害者：いじめ関係において、いじめる側だった者

観衆：いじめ関係において、いじめをはやし立てて面白そうに見ていた者

傍観者：いじめ関係において、いじめを見てみぬふりをしていた者

子どもたちがおかれている社会環境や学校環境について検討する必要性を示唆している。

　まず，少子化，都市化にともなって，かつて家庭や地域にあった子どもたちが他者とかかわりあいながら，ともに発達するという社会環境がなくなってきたことである。したがって，子どもは他者理解の発達が進まず，自己中心的な面が肥大化し，社会性や愛他心の発達に問題が生じやすいのである。被害者の心の痛みを察することもなく，遊び感覚でいじめをするのがこの代表的な例である。

　また，依然として残る学力重視・テスト受験体制が，学校から過度な競争原理を排除することができず，子どもを競争状態のなかに追いやり，子どもどうしが競争関係にある現状がある。この状態から嫉妬や妬み・恨みが生じ，いじめが発生しやすい背景があるのである。さらに，塾や習い事などの子どもをとりまく過密スケジュールが，子どもをイライラさせ「イラック・ムカツク」という情緒の不安定さにつながっている。

　このような社会や学校環境のなかで，子ども自身の存在感や自尊感情が満たされず，さらにうっ積した欲求不満状態が慢性化してきたことが，他者への攻撃として発散される方向に向かうことが考えられる。

8-1-4　学校でのいじめの対応

　学校内のいじめには，被害者，加害者，観衆，傍観者の構造が存在する（森田ほか，1994）。したがって，教師たちがいじめに対応する場合，被害者と加害者への対応とともに，学級などの集団全体へのかかわりが不可欠になってくる。たんに，教師がなかに入って，加害者が被害者に謝るという形式をとっても，いじめの本質的な解決にはならないのである。

　被害者には，その子どもの心の痛みを十分受容してあげることが求められる。被害にあったあとの心理的特徴は，自尊心の

低下，周囲への不信感，感情の抑圧などである。教師にいじめの苦しさを分かちあってもらうことで，心の痛みが軽減され，精神的にも落ち着いて，現在の自分を客観視できるようになってくる。いじめられるような存在だった自分に対する自己嫌悪感や人間不信感をなくすために，被害者の心の癒しをサポートする取り組みが長期間必要になる。

被害者の子どもについては，**ソーシャル・スキル**，とくに**アサーション・スキル**に問題がある場合が多く報告されている。したがって，気持ちが落ち着いてきたところで，それらのソーシャル・スキルについて学習させていくことが求められる。

いじめ行為は人権侵害にかかわる重大な許されない行為であることを，加害者には心情的にも理解させることが求められる。加害者はある意味では被害者と同じくらい援助が必要な子どもである。加害者の心理的特徴として，閉塞感や抑圧感などの心の葛藤，自尊感情の低さ，社会性や愛他心の未発達，存在を認められない不満やいら立ち，攻撃性の持て余しや暴力による欲求充足の行動パターンへの偏りなどがある。

いじめを存在感や自尊感情が満たされず，さらにうっ積した欲求不満状態を解消するための代償行為と考えるならば，背景にあるこれらの心的問題を教師が十分に受容することが求められる。そのうえで，いじめ行為の非建設性を自ら心情的にも理解できるように援助し，新たな行動パターンを学習させるのである。たんに事の是非をつきつけて叱責しただけでは，逆に被害者を逆恨みする例が少なくなく，自分の行為を反省することにつながらないのである。そして，両者が十分落ち着いてから，当事者どうしでじっくり語りあわせるなどの対策を講じることが大事である。観衆や傍観者には，学級集団での日々の生活を通して対応することが求められる。それは，学級内のいじめ行為を取り締まるという，管理を強化することではない。

いじめは集団の病理の側面をも内包している。集団内に緊張

ソーシャル・スキル：対人関係の持ち方の技術。いわば，人とのつきあい方のコツである。

アサーション：自分のことをまず考えるが，他者をも配慮するやり方。

や抑圧された雰囲気がある場合，犠牲者をつくって攻撃の対象にし（スケープゴード），残りのメンバーの緊張の緩和や結束を高めることに活用されるのである。したがって，学級集団内で子どもひとりひとりの存在感や自尊欲求が満たされる取り組みを継続して行う。他者の心の痛みに共感できる能力や人間関係を育成する。人権や命の尊さについて常日頃から話し合い，意識を高める。このような対応を，授業や学級活動の基本理念として，教師は学級経営に取り組んでいくことが求められる。そして，このような日頃からの取り組みが，子どもの自尊欲求充足の代償行為であるいじめを，建設的な行動へと導くのである。また，このような対応が，学級内にいじめは許さないという集団の規範を生み，いじめが抑止されるのである。

同時に，子どもが抵抗なく相談できる教育相談システムを確立する。定期的にアンケートや尺度を実施し，子どもの学級生活の実態を把握し，教師の日常観察で見えない点を補う。このような予防的な対応も，学校で必要とされていると思われる。

2節　校内暴力（暴力行為）

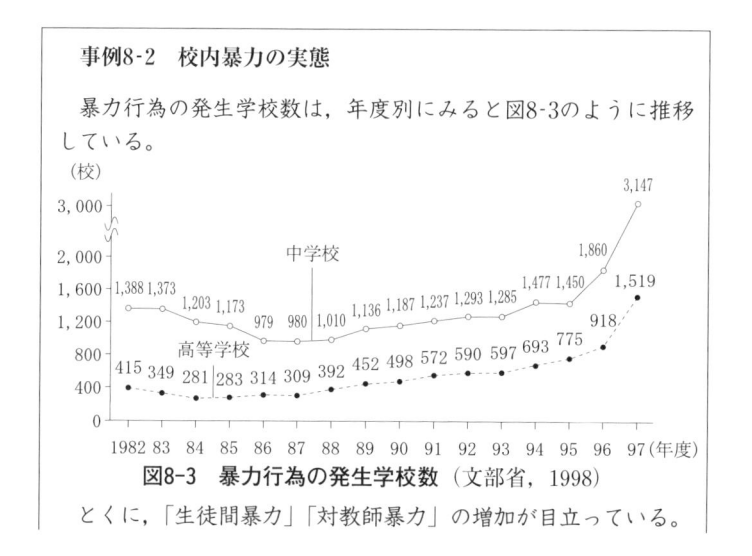

事例8-2　校内暴力の実態

暴力行為の発生学校数は，年度別にみると図8-3のように推移している。

(校)

中学校: 1,388 1,373 1,203 1,173 979 980 1,010 1,136 1,187 1,237 1,293 1,285 1,477 1,450 1,860 3,147

高等学校: 415 349 281 283 314 309 392 452 498 572 590 597 693 775 918 1,519

1982 83 84 85 86 87 88 89 90 91 92 93 94 95 96 97 (年度)

図8-3　暴力行為の発生学校数（文部省，1998）

とくに，「生徒間暴力」「対教師暴力」の増加が目立っている。

さらに，表8-1は，1997年度の男女別，校種別の加害児童・生徒数を示したものである。

表8-1　男女別加害児童・生徒数（1997年度）（文部省，1998）

区分		小学校				中学校				高等学校				計
		対教師暴力	生徒間暴力	対人暴力	器物破損	対教師暴力	生徒間暴力	対人暴力	器物破損	対教師暴力	生徒間暴力	対人暴力	器物破損	
男子	学校内	146	602	16	567	2,490	10,621	173	5,082	450	4,061	71	529	24,808
	学校外	0	126	46	—	63	3,858	1,940	—	16	1,532	790	—	8,371
	計	146	728	62	567	2,553	14,479	2,113	5,082	466	5,593	861	529	33,179
女子	学校内	7	32	12	52	173	999	12	411	23	447	4	42	2,214
	学校外	0	22	3	—	1	849	207	—	1	322	54	—	1,459
	計	7	54	15	52	174	1,848	219	411	24	769	58	42	3,673
計	学校内	153	634	28	619	2,663	11,620	185	5,493	473	4,508	75	571	27,022
	学校外	0	148	49	—	64	4,707	2,147	—	17	1,854	844	—	9,830
	計	153	782	77	619	2,727	16,327	2,332	5,493	490	6,362	919	571	36,852

8-2-1　校内暴力の現状と理解

文部省は，1998年より，従来の「校内暴力」（学校生活に起因して起こった暴力行為）の用語を，「暴力行為」とあらため，小学生も調査の対象に加え，調査結果を発表している。「暴力行為」は「対教師暴力」「生徒間暴力」「対人暴力」「器物破損」の4つに下位分類される。「対人暴力」とは，対教師や生徒間を除く，通行人や他校の見知らぬ人などへの暴力である。

暴力行為の発生件数は，1987年から微増を続け，1996年から増加が顕著になってきている。とくに，「生徒間暴力」「対教師暴力」の増加が目立っている。

さらに，男女別，学校種別の加害児童・生徒と4つの下位類型との関係をみると，すべての学校種で男女とも，「生徒間暴力」がもっとも多い割合である。また，いじめも1994年より増加がみられ，いじめの態様も「暴力」に類型化される事例が，高校では一番多く，中学校では3番目，小学校では4番目となっている。このことからもいじめと暴力行為は，関連性が考えられるのである。

人は欲求不満状態に陥ると，攻撃行動が誘発されやすい。「イ

ラつく（イライラする）」「ムカつく」は，現代の子どもたちがよく口にすることばである。小学校の高学年の50％以上が塾や習い事で毎日忙しいと感じ，増やしたいと思う時間は「友だちと遊ぶ時間」と「睡眠時間」と答える子どもが7割を越えるという報告がある。小学生でさえこの状態であり，生徒全員に受験というハードルがある中・高校生の状態は，容易に推測されよう。現代はストレス社会であるといわれるが，それは子どもの世界まで広がっているという認識が必要である。普通と思われる子どもも，じつは強い欲求不満状態になっていることは珍しくない。つまり，現代の子どもたちは攻撃行動が誘発されやすい状態にあるといえる。

8-2-2 非行の現状と理解

『警察白書』（警察庁，1998）によると，刑法犯少年（14歳以上20歳未満）の補導数は，人口1000人当たり16.1人で，少年非行の戦後第三ピーク時であった1988年以来9年ぶりに，1000人当たり16人台と増加してきている。内訳は，万引きや自転車・オートバイ盗などの初発型非行で補導された少年が，刑法犯少年全体の74.5％を占めている。この傾向は，少年非行の戦後第三ピーク時（1988年）から指摘されてきた，「遊び型非行」の延長線上にあると考えられる。

スリルへの挑戦，暴力や性へのたわむれなどは，従来，子どもの遊びから青年期への発達過程における一過性の逸脱行為として看過されてきた。しかし，流行化し，集団化し，罪の意識をともなわない非行の増加は，新たな問題を提起している。それは，現代の青少年の児童期における遊びの変容と体験量の減少，自立への逡巡にかかわる問題としてである。

8-2-3 女子生徒の性非行

現在の日本の社会には，「性の商品化」という風潮がみられ

る。そして，この問題に女子生徒が深くかかわっている。自分が着た制服や下着を「ブルセラショップ」に売り金銭を稼ぐことや，「テレクラ（テレホンクラブ）」「援助交際」などが一般の話題になることが珍しくなくなってきた。警察庁(1994, 1995)の「性の逸脱行動で補導された女子」についての調査結果によると，1995年度の補導された女子の総数は5481人で，前年度と比較して16.2％増加している。内訳は，高校生が全体の37.1％，無職の少女が28.1％，中学生が25.0％である。動機別でみると，「自ら進んで」が58.8％で過半数を越えていることが報告されている。

　「テレクラ」は，電話を用いた男女の出会いを提供する場であるとされているが，これが契機になって女子生徒が性非行に走ったり，犯罪の被害者になるなど，さまざまな問題を引き起こしている。科学警察研究所の報告によると，1995年度にテレクラにかかわる事件で被害にあった青少年は，1992年度と比較して3倍に増加しており，その3分の2が中・高校生であることが報告されている。なお，「おもしろそう」「ヒマだったから」という理由が，青少年がテレクラに電話した圧倒的に多い理由である。

　女子生徒による「援助交際」は，「交際」という隠れ蓑のもとに「性」を商品化するもので，いわゆる「売春」にほかならない。それを「援助交際」ということばに置き換えることで，罪悪感を軽減し，さらに正当化しようという意図が認められる。その背景には，遊ぶための金銭欲しさに，「性」を使って，「金銭」を稼ぐことに抵抗感を失っている現状がある（坂野，1999）。この背景には，これらの問題を若者の文化の一側面としてとりあげるマスメディアの存在と，それを鵜呑みにしてしまう青少年の問題だけではなく，物質的・経済的に豊かになり，「性が商品化」されるような享楽的な文化を受け入れ，モラルが低下したと考えられる日本の社会の問題も見過ごしてはならない。

第8章 学校病理　199

3節　不登校

事例8-3　不登校の児童・生徒数の推移

図8-4は，1997年度に「学校ぎらい」を理由に30日以上欠席した児童・生徒数を，学年別に表記したものである。そして，中学生の不登校になった直接のきっかけと，不登校の状態が継続している理由を整理したのが表8-2である。

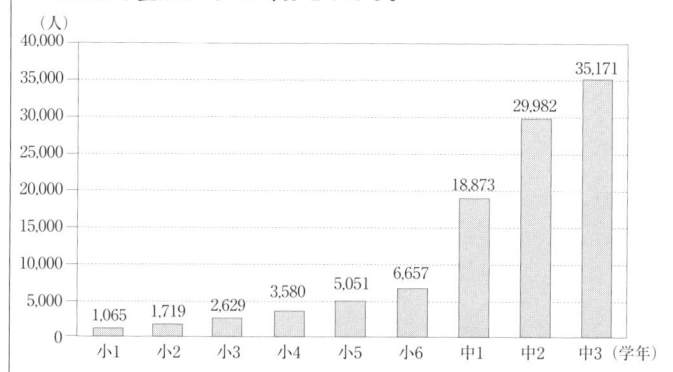

(人)
- 小1：1,065
- 小2：1,719
- 小3：2,629
- 小4：3,580
- 小5：5,051
- 小6：6,657
- 中1：18,873
- 中2：29,982
- 中3：35,171

図8-4　学年別不登校児童・生徒数（文部省，1998）

表8-2　不登校となった直接のきっかけと継続している理由（中学生）（文部省，1998）

(単位：人)

直接のきっかけ	不登校状態が継続している理由	学校生活上の影響	あそび・非行	無気力	不安など情緒的混乱	意図的な拒否	複合	その他	計	比率(%)
学校生活に起因	友人関係をめぐる問題	4,758	1,272	2,025	4,850	782	3,391	167	17,245	20.5
	教師との関係をめぐる問題	391	158	185	260	188	285	21	1,488	1.8
	学業の不振	697	2,389	3,955	1,278	295	1,257	99	9,970	11.9
	クラブ活動,部活動等への不適応	241	68	195	413	61	279	14	1,271	1.5
	学校のきまり等をめぐる問題	178	1,399	277	97	245	257	3	2,446	2.9
	入学,転編入学,進級時の不適応	312	169	474	933	177	528	47	2,640	3.1
	小計	6,577	5,455	7,101	7,831	1,748	5,997	351	35,060	41.7
家庭生活に起因	家庭の生活環境の急激な変化	107	686	1,132	955	159	745	124	3,908	4.7
	親子関係をめぐる問題	144	1,566	1,687	1,752	384	1,497	201	7,231	8.6
	家庭内の不和	61	804	910	778	141	703	67	3,464	4.1
	小計	312	3,056	3,729	3,485	684	2,945	392	14,603	17.4
本人の問題に起因	病気による欠席	217	122	1,113	1,620	137	1,061	416	4,686	5.6
	その他本人に関わる問題	723	3,034	6,433	5,489	1,241	5,102	660	22,682	27.0
	小計	940	3,156	7,546	7,109	1,378	6,163	1,076	27,368	32.6
その他		70	355	646	375	201	649	338	2,634	3.1
不明		138	263	1,004	937	258	1,274	487	4,361	5.2
計		8,037	12,285	20,026	19,737	4,269	17,028	2,644	84,026	100.0
比率(%)		9.6	14.6	23.8	23.5	5.1	20.3	3.1	100.0	

8-3-1　不登校の現状

　1997年度，「学校ぎらい」を理由に30日以上欠席した児童・生徒は，ついに10万人を突破し，10万5466人となった。これは文部省が1966年より調査を開始して以来，過去最高を記録した。

　学年別にみると，学年が進むにつれて，不登校児童・生徒の数は増加している。とくに，小学校6年から中学校1年に進む段階で，その数は約3倍に急増している。

　なお，用語の整理をすると，従来の「登校拒否」が特定の**適応機制**・症状形成や経過から判断するような診断名に近いのに対して，「不登校」とは登校をしていない現状や態度から理解しようという立場から生まれた用語である。「長期欠席」は，年間50日以上および30日以上の欠席をさすものである。「学校ぎらい」は，長期欠席に該当する児童・生徒のうち，その理由に病気による欠席，経済的な理由による欠席など，とくに登校への障害が特定されない長期欠席の理由をさしている。これらの用語は，文部省の学校基本調査に用いられる用語である。

　現在学校に登校している児童・生徒のなかにも，登校回避感情をもつ児童・生徒が多数存在することが指摘されている（森田，1991）。これは，学校に行きたいという子どもから学校に向けられる心のきずな（ソーシャル・ボンド）が，低い水準になっていることを示唆している。不登校は「特定の子どもの特定の問題」ではないという視点で，現代の子どもに適合した学校環境のシステムのあり方，教師の対応のあり方を再検討することが，学校や教師に強く望まれている。また，子どもたちが不登校に至る際に示すサインを見逃さない，尺度などを活用して子どもの内面を把握するなど，不登校を未然に防ぐような，予防的な対応が不可欠になってきている。

8-3-2　不登校の態様と理解

　公立小学校では，約3校に1校の割合で1人以上の不登校児

適応機制：フラストレーションによって生ずる緊張を，非合理的な反応で解消すること。この場合，困難な場面から逃避することによって心の安定を守ろうとするもので，適応機制の「拒否」にあたる。

童が存在している。不登校となった直接のきっかけは,「本人の問題」「家庭生活」「学校生活」の順に起因しているが,「不安など情緒的混乱」により不登校が継続している割合が高い。小学生の場合,本人の問題と家庭生活は密接な関係をもっている。低学年にみられる母子分離不安や,些細なことに神経が過敏になってしまうタイプ,自己中心的な傾向があり,規則正しい集団生活を送ること,他人と協調して生活していくことに強いストレスを感じるタイプなど,その子ども本人の問題は家庭生活で培ってきた面が強いからである。また,「本人の問題」「家庭生活」という学校外の要因で不登校になった児童は,「無気力」により不登校が継続していることが示唆される。

公立中学校では,約4分の3の学校で不登校生徒が存在している。不登校となった直接のきっかけは,「学校生活」「本人の問題」「家庭生活」の順に起因している。学校生活に起因する要因のなかでも,中学校では小学校と同様の「友人関係をめぐる問題」が第1位である。これは1節のいじめとの関係も無視できない。1996年の文部省のいじめに関する調査結果でも,いじめられて「学校に行きたくない」と思った子どもが42.7%おり,実際に小学校で8.7％,中学校で19.8%の子どもが学校を休んでいる。続いて,中学生では「学業の不振」も高い割合を占めていることは注目する必要がある。学校の授業を理解できない状態で,授業が1日の大半を占める学校生活に意欲がもてないことは容易に推測できる。さらに,不登校継続の理由でも,中学生では「あそび・非行」の割合が高まるなど,継続理由の多様化が認められる。

不登校児童・生徒が学校に再登校できるようになったのは,4人に1人の割合である。また,不登校児童・生徒が,相談学級や適応指導教室などで相談や指導などを受け,指導要録上「出席扱い」になっている児童・生徒数は,1万3056人であった。

8-3-3 不登校の子どもを受け入れる側の必要条件

　人が社会のなかで自立した生活を送れるようになるためには，必ず学校に行かなければならないということはない。知識や技能の獲得，人格の陶冶や自己の確立という，2つの要素が満たされれば，学校に行かなくても子どもの発達は促進されることだろう。とくに前者については，家庭教師や塾，大検予備校など，選択肢はいくらでもある。しかし，後者についてはどうなのだろうか。子どもは家庭中心の生活から一足飛びに社会人になるのではない。家庭という集団から，仲間集団へ帰属集団を移し，そのなかでのさまざまな体験を通して，子どもは自己を確立していくのである。このような集団は何かと考えた時に，学校以外にその選択肢は少ないのが現状であろう。したがって，不登校の子どもたちの再登校を促す前に，学校環境や教師の対応について，前述の2つの要素がともに十分満たされているかどうか，再検討することが必要になる。つまり，不登校という現象は，子ども本人の問題と学校環境との相乗的な面があるからである。

　学校（学級）環境や教師のあり方として，チェックしておきたい内容は次のような点である。①過度に学習の成果が重視されていないか，②競争的な雰囲気が強く，人間関係がギスギスしていないか，③集団管理的な雰囲気があり，子どもたちがリラックスできない場になってはいないか，④不登校をネガティブにとらえていないか，⑤受け入れる校内体制は整っているか，などである。この5つのポイントは，不登校の子どもを受け入れる環境側の必要条件であるともいえる。

8-3-4 不登校への対応

　現在の不登校の事例は，従来指摘されていた原因が複合化し，明確に分けることができない多様性をもっている。たとえば，神経症的な事例もあれば，あそび・非行型の事例もある。し

がって，ここでは学校生活に起因した不登校への対応例を田上 (1999) の説を参考に解説する。

(1) 登校しぶりの段階

朝になると腹痛や頭痛を訴えたり，学校に来てもからだの調子が悪いと訴えて，しばしば保健室に休養に行くような状態が，登校しぶりの段階である。

この段階では，登校をしにくくしている原因を解消し，登校しやすい条件を整えてあげることが求められる。たとえば，いじめ被害を受けていないか，友だちや教師との不快な体験はなかったか，学習や活動を友だちや教師から認められているかなどを検討し，それらに対する環境を整え，子どもが学校に来た時に，登校してよかったと思えるようにするのである。

(2) 不登校状態が続いている段階

家や自分の部屋にひきこもり，テレビを見たり，テレビゲームにふけるという状態がこの段階である。学級集団に参加することや対人関係の失敗で，自分はダメな人間なのだという自信喪失や劣等感が背景にある。この場合は，自分の生活を充実させるという視点での援助がポイントになる。学校に行くかどうかは，その二義的な問題なのである。まず，朝起きる，着替える，家族のなかで分担された家事労働をするなど，家庭生活にリズムをつけることである。

そして，家庭において，よい人間関係や楽しいという思い，自分にとって意味のあることの達成感を十分体験すると，子どもの行動範囲が徐々に広がってくる。朝晩の散歩や，仲のよい友人が遊びにきたのを受け入れる，読書や趣味などに自主的に取り組む，などである。そして，自分をとりまく外の情報が，少しずつ気になってくるのである。定期的に送られてきている学年通信なども，少しは読む余裕が出てくる状態である。

教師が家庭訪問を考えるのは，この時期からである。ただ，教師が最初から学校に来ることを強く求めてしまうのはマイナ

スである。家庭訪問では，最初から学校の話題を持ち出すのではなく，その子どもの家庭での様子や最近思っていることなどをじっくり聞くのである。その時，教師役割は脱ぎ，ひとりの人間として対話することが望ましい。このような家庭訪問を何回か実施して，子どもが自分の生活をより充実させるためには，学校に行くことも選択肢のひとつだと思えるようになった時，無理のない再登校について，教師が相談にのることになる。その際，けっして無理をさせないことである。無理をして学校にしばらく行っても，結局は長続きはしない。行けそうなところから，無理のない時間で，クラスに行けなければ保健室でもいいから，少しずつ子どもの行動の広がりを援助していくことが肝要である。

　子どもが成長するにしたがって，家庭から離れ仲間集団に帰属しようとするのは，発達上自然なプロセスである。それは子どもが自己を確立するうえで，必要なものだからである。したがって，集団への帰属がうまくできず傷ついた子どもは，自分が帰属できる集団を得て，初めて癒されるともいえる。都市化が進んだ現在の日本では，仲間集団が学校の外にできにくくなっている。そのことも含めて，学校のあり方が問われているといえよう。

4節　学級崩壊

8-4-1　学級崩壊とは

事例8-4　学級崩壊の現状

　文部省が学級崩壊の現状について調査した「学級経営をめぐる問題の現状とその対応（中間まとめ）」（1999b）によると，教師の指導力不足と考えられるものが7割，残り3割は指導力がある教師でも困難と思われるような学級だったと報告している。表8-3は，文部省の発表に先立って，東京都教育庁の学級運営実態調査の代表的な内容をまとめたものである。これは，都内のすべて

の公立小学校1393校を対象にしたもので，学級運営上の問題を15項目に分類し，こうした状況が1学級でもみられた学校数について，複数回答で尋ねたものである。

表8-3 学級運営実態調査（東京都教育庁，1999）

学級運営上の課題の内容	学校数	割合(%)
・担任が注意すると，反抗的な言動をとる	323	23.2
・授業が始まっても自分の席に着こうとせず，おしゃべりをしたり遊んだりしている	314	22.5
・授業中大声を出したり，関係のない話をしたりしている	250	17.9
・担任が個別指導をしている間に，他の児童が学習以外のことを始める	242	17.4

文部省はいわゆる学級崩壊を，「子供たちが教室内で勝手な行動をして教師の指導に従わず，授業が成立しないなど，集団教育という学校の機能が成立しない学級の状態が一定期間継続し，学級担任による通常の手法では問題解決ができない状態」と定義した（文部省，1999b）。同報告では，学級崩壊をしている学級102学級を調査し，学級崩壊の要因として次の10項目を指摘した。なお，要因は複数回答である。

① 教師の学級経営が柔軟性を欠いている（74学級）
② 授業の内容と方法に不満を持つ子供がいる（65学級）
③ いじめなどの問題行動への適切な対応が遅れた（38学級）
④ 校長のリーダーシップや校内の連携・協力が確立していない（30学級）
⑤ 学校と家庭などとの対話が不十分で信頼関係が築けず対応が遅れた（27学級）
⑥ 特別な教育的配慮や支援を必要とする子供がいる（26学級）
⑦ 必要な養育を家庭で受けていない子供がいる（21学級）
⑧ 校内での研究や実践の成果が学校全体で生かされなかった（16学級）
⑨ 家庭のしつけや学校の対応に問題があった（14学級）

⑩就学前教育との連携・協力が不足している（11学級）

同報告では，学級崩壊は学級規模と地域との相関関係は認められず，どのような学校でも起こり得る可能性を指摘している。

河村（1999）は，公立小学校のべ400学級を調査し，学級という集団が規範を失い，教育環境を維持できなくなる過程には，児童たちが担任教師に反発するタイプと，学級が集団として成立しないまま拡散していくタイプの2つがあることを明らかにしている。前者は，1970年代からみられた高校や中学校の荒れに近いものである。子どもの学校生活におけるフラストレーションが，教師に対する反抗や授業妨害として発散されたものである。後者は，核家族化や少子化，都市化にともなって，家庭や地域での集団体験を通して獲得される，対人関係能力や社会性が十分獲得されていない子どもたちの問題である。そのような子どもたちは，ひとつの学級に集められても，自ら友人関係を広げたり，小集団から8人ぐらいの中集団を形成するだけで，その世界のなかで自由に遊ぶことができなくなっている。したがって，何カ月もともに学校生活を送っていても，学級集団は相変わらず所属集団に過ぎず，学級の他の子どもを仲間とは思えないのである。そのなかで，幼児的な自己中心的行動が頻発し，学級は集団として成立できないままにバラバラの状態になっていくのである。

さらに，学級崩壊が発生する背景として，変わってきた子どもと変われない学校・教師のマッチングの悪さがあり，学級崩壊は日本の学校教育のあり方の根本的な問いなおしを提起していると指摘している（河村，1999）。

8-4-2 現代の子どもの実態

核家族化や少子化，都市化により，子どもたちが，対人関係能力や社会性を十分獲得できにくくなっている現状を説明したが，それは子どものどういう面に現れているのだろうか。

(1) 人間関係の希薄化

　従来，日本の社会では，相手の心を「察する」ことが美徳とされてきた。これは共同体社会（村社会）という小さな社会のなかでの濃密な人間関係，その村社会を形成する強い規範の影響が大きい。共同体社会の規範は，個人の独自性や自己主張性を妨げる側面もあるが，村のしきたりに従っていれば，おおむね大過のない生活ができるという面がある。このようななかで，人々は刺激は少ないものの，安定した，相互に依存しあう人間関係を育んできたのである。このような社会は，少なくとも青年期を迎えるまでの子どもは，安定した人間関係を提供し，対人関係能力を育成してきたのである。

　しかし，現代は都市化や核家族化の進むなかで，この共同体社会やそこで営まれていた人間関係が急激に衰退してきた。村の規範はマスコミの流す多量の情報に取って代わられ，さらに価値観が多様化するなかで，人々はどの情報を選択すべきか自己選択を迫られる時代になってきたのである。子どもたちは多くの人々とかかわる喜びを体験することが少なくなり，ギャングエイジに代表される遊びを通した仲間集団への参加も，塾や習い事などのスケジュールに追われ，体験していない子どもが増えてきた。したがって，人間関係を形成する意欲も能力も十分育っておらず，機械的に集められた学級のなかで，子どもどうしの人間関係は希薄なものになってしまう傾向があるといえる。

(2) 欲求不満耐性の低下

　欲求不満耐性とは，自分では直接その欲求を充足できない時，何らかの間接的な方法でその欲求不満を和らげ，欲求不満に耐える力のことである。この形成は，幼児期からの成育条件によっても左右される。核家族化や少子化で親の愛を独占し，欲求不満の状態を体験することが少ない現代の子どもたちは，欲求不満耐性が低いことが考えられる。

(3) 「キレる」という攻撃行動の発揮

攻撃行動とは，他者に有害な結果をもたらす行動で，人は欲求不満状態に陥ると，攻撃行動を誘発されやすい。それが攻撃行動として現れるかどうかは，相手との人間関係における情緒的結びつきの強さ，欲求不満耐性の高さの影響が大きい。したがって，欲求不満耐性が低く，相手との人間関係における情緒的結びつきが弱い場合，欲求不満状態に陥ると攻撃行動に移りやすいのである。また，「キレる」と形容される衝動的な攻撃行動に至る背景には，幼児が，遊んでいたおもちゃを自分の思い通りに動かせなくなって投げ捨てるような，幼児性も考えられる。

8-4-3 教師の学級経営の問題点

現代の子どもが変わってきたことを8-4-2で述べたが，それに対して学校は，教師はどのように対応してきたのだろうか。

1993年の学習指導要領から，文部省は知識や学力偏重の教育を改め，子どもひとりひとりの個性の育成や多様な可能性を開花させることを教師に強く求めた。戦後から高度経済成長期にかけて，子どもに一定レベルの知識と技能の習得を競争原理にもとづいて推進してきた流れからの，大きな転換である。それは，効率よく学習や社会性を子どもたちに獲得させるための管理的な手段の面が強かった学級集団から，集団で生活することを通して，子どもひとりひとりの個性を育成していくという，学級集団での生活そのものが目的になるという，学級経営上の大きな転換をも示唆している。

しかし，河村（1999）の調査によると，子どもの70%が教師が管理的な教育を行っていると認知していることを報告している。具体的には，教師から子どもへの上下関係にもとづく人間関係，競争原理による子どもの行動や態度のコントロールなどとしてとらえられている。

つまり，子どもが変わってきており，社会が学校教育に求めるものが少しずつ変化していくなかで，教師は依然として従来と同様の，学級集団に学習や社会性を効率的に獲得させるための手段に近い実践を行っている実態が示唆される。ここに，子どもたちと教師の学級経営のマッチングの悪さが現出しているのである。従来の管理的な学級経営は，一定の知識や技能の獲得を重視する社会風潮のなかで，共同体社会やその規範のもとに育った子どもたちには，有効な手段として活用できたのである。

しかし，それをそのまま現代の子どもたちに当てはめるのには無理がある。このミスマッチが，学級崩壊の事例の大きな割合を占めているといえよう。教師は学級集団での生活が目的となるような，学級経営を行う意識と技術が求められている。

8-4-4　学級崩壊への対応

教師がとても強い管理の力で子どもの反抗を跳ね返し，子どもたちを抑え込み，学級集団を意図する形にまとめる。これでは，崩壊した学級の子どもたちの荒れた行動だけは抑えられるが，根本的な解決にはならない。それは学級での生活を通した，集団体験による「学び」という教育的作用が失われているからである。学級崩壊への対応は，たんに担任教師が学級集団をどのようにまとめるかという問題ではない。対人関係や集団にコミットできなくなっている子どもたちを，学級集団での集団体験を通してどう育てていくのか，それを具現化する方法を検討することである。

たとえば，**構成的グループエンカウンター**を学校教育に活用するなどは，注目される取り組みである。つまり，学校教育のなかに，自己や他者を理解したり，情緒的結びつきを促進するような意図的な活動を取り入れるわけである。子どもどうしの人間関係の形成，子ども自らがコミットした小集団を，活動の

構成的グループエンカウンター：主にメンバー間の感情交流を意図とした集中的グループ体験。リーダーによって課題が構成されている。

広がりとともに学級集団へと発達させることができるような能力を育成する。このような教師の援助が，最終的には学級崩壊の対応になる。

　そのためには，従来の学級王国的な教師と子どもとの関係を改善し，子どもにとって魅力的な学級づくり，ティームティーチングの効果的活用，校内体制の整備などが，学校に求められてくる。さらに，学校が家庭により開かれ，学校と保護者が相互に理解しあい，協力できる体制づくりが必要である。

5節　校内の連携および関係機関との連携

事例8-5　学校内の体制

　図8-5は，学校内の生徒指導と教育相談の校務分掌中の位置づけの例である。この位置づけは各学校に任されており，タイプによって一長一短がある。なお，校務分掌とは，学校教育にともなう事務（校務）を，教員がそれをいくつかの役割に分担して受け持つことである。その役割そのものをさすこともある。

教育相談部独立型

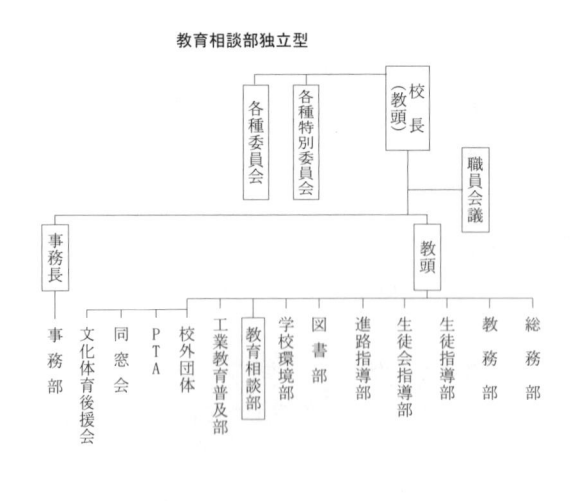

校長（教頭） ― 各種委員会，各種特別委員会，職員会議

事務長 ― 事務部，文化体育後援会，同窓会，PTA，校外団体

教頭 ― 工業教育普及部，教育相談部，学校環境部，図書部，進路指導部，生徒会指導部，生徒指導部，教務部，総務部

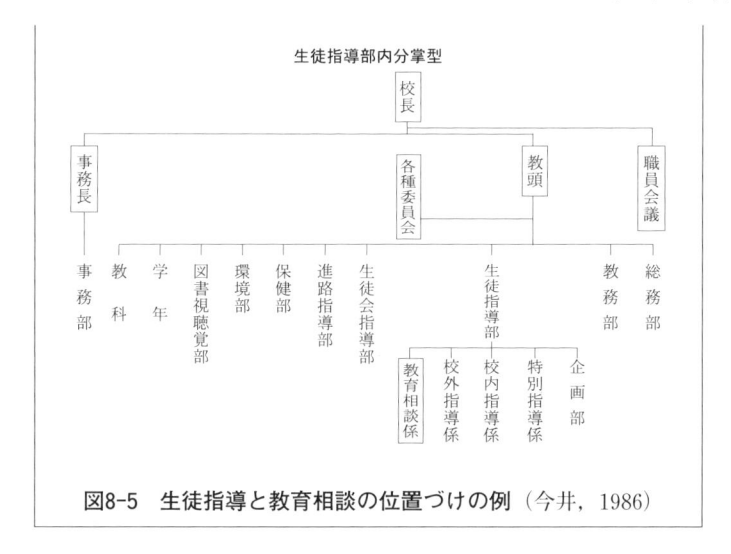

図8-5 生徒指導と教育相談の位置づけの例（今井，1986）

8-5-1 生徒指導と教育相談の考え方

　生徒指導とは，児童・生徒の人間性，個人的成長を援助する教育活動である。すなわち，生徒指導は学校で行われるすべての教育活動を通じて行われるものである。これは，教師主導でまとまった「しつけ・訓練」という形で特定の行動や態度，考え方を注入するものではない。児童・生徒が自ら生きる力を身につけることができるように，援助することである。

　文部省は生徒指導を，「すべての生徒の個別的・発達的な特性をとらえたうえで，生徒の人格の全体に働きかけ，学校生活や将来の社会生活での適応と自己実現をはかっていくこと」と定義している。そして，この側面は生徒指導の積極的な側面であり，消極的な面での生徒指導として教育相談があるとしている。消極的な面とは，発達的観点に立ち児童・生徒の成長を促進させるような面ではなく，適応上の問題や心理面の問題をもつ児童・生徒への対応である。だが，今日では，教育相談には個別対応を必要とする児童・生徒への治療的なかかわりだけではなく，すべての児童・生徒がかかえる発達上の問題に対して，

予防・開発的に対応するニーズが高まってきている。つまり、生徒指導と教育相談はそれぞれ独立したものではなく、表裏一体をなしているのである。

したがって、教師は生徒指導と教育相談を自分のなかで統合して、実践できることが望ましいといえる。それには、児童・生徒個々に応じて、必要ならば現実のルールの枠を弱めてもその子どもの心情面を十分に受け入れ、そして、徐々に発達的観点に立った対応をしていくという展開をとることである。また、ある時は、毅然として現実社会のルールをもとに、その子どもの逸脱行為を指導できることなどである。

生徒指導をする場合でも、教育相談をする場合でも、対応の中心はやはり担任教師である。生徒指導（教育相談）が学校で行われるすべての教育活動を通じて行われるものであるならば、担任教師は学級経営や授業のなかにも、このような観点からの実践が求められているといえよう。児童・生徒ひとりひとりの人格を尊重し、受容的・共感的な対応をする、すなわち、カウンセリング・マインドにもとづいた対応がスタートになるのである。

8-5-2　生徒指導と教育相談との連携

教師は学級の運営、授業や行事の指導とは別に、校務分掌の役割を担当している。校内で組織的な対応が必要な児童・生徒に対しては、この校務分掌の役割間、担任教師および同学年の教師間との連携が、その解決に向けての重要な要因になる。

校務分掌における生徒指導と教育相談の位置づけも、各学校それぞれで、一長一短がある。大事なことは、児童・生徒個々に対応するのに、より望ましい形で連携できることである。反社会的な行動と非社会的な行動は密接に関連しており、そういう子どもたちに十分な対応をするためには、生徒指導と教育相談の両面からのかかわりが大事である。しかし、学校現場では、

生徒指導は校則違反などの反社会的な行動をした子どもを指導するのが役割で，教育相談は不登校などの非社会的な子どもを援助するのが役割である，という風潮がみられる。

図8-5の上図は，教育相談部が校務分掌内で独立した位置づけをされているタイプである。どちらかというと，治療的な相談活動は実施しやすいが，相談室中心になりがちで，他の教師と連携が取りにくいという難点がある。

図8-5の下図は，教育相談部が生徒指導部内の一係として位置づけされているタイプである。このタイプは多くの学校で実施されており，もっとも一般的なタイプである。教育相談担当と他の教師が連携を取りやすいという長所があるが，受容・共感的な援助をじっくりできないという難点もある。教育相談室が，子どもに注意を与える場所になっている学校も少なくない。

このほかにも，前述の2つのタイプを混合したり，アレンジしたタイプがいくつか考えられる。また，保健室を運営する養護教諭がどのような位置づけになっているのかでも，生徒指導と教育相談の関係は微妙に異なってくる。最後に，予防・開発的な教育相談をより推進する方策として，進路指導部と教育相談が統合されて，校務分掌内に位置づけられるタイプもみられるようになってきた。つまり，子どもの理解と，自分の生き方を模索することを援助しようという大きな視点に立った取り組みである。

このような，学校体制で子どもひとりひとりの健全な発達を援助しようという試みは，これからの学校教育には不可欠なものである。しかし，これを達成するにあたっては，教師間の目的に対する共通理解の有無と，柔軟な連携の可能性という，古くて新しい問題が，学校現場に根強く存在している。それと同時に，学校と保護者との開かれた関係の形成なども重要である。

8-5-3 養護教諭の役割

　学校でただひとり，子どもを評価しない教師，それが養護教諭である。気分が悪い，頭痛がするなどの内科的疾患の背景には，精神的な要因が関係している場合が少なくない。そして，保健室はほとんどの子どもにとって，困った時，調子が悪い時に休める居場所となっている。したがって，昨今，保健室を訪れる子どもは増加し，実質的に保健室が相談室的な役割を担っている場合が多い。今後もますます，保健室，養護教諭への相談的機能へのニーズは高まってくると思われる。したがって，養護教諭が教育相談研修を積極的に受け，その技能を高めることはとても意義があることである。それと同時に，養護教諭の取り組みの意義が全教師に理解され，校務分掌などにその役割が明確に位置づけられることも必要である。たとえば，教育相談部に所属し，1カ月に1回ぐらいの割合で学年の連絡会に出席し情報交換をするなどである。傷ついたり疲れたりした子どもがすっと入りやすい保健室の，気軽に相談しやすい養護教諭は，学年体制で動くことが多い学校社会のなかで，孤軍奮闘していることが多いのである。

8-5-4 関係機関との連携

　学校で生起する問題は多岐にわたっており，そのすべてを学校で解決できるとは限らない。関係の専門機関との連携を図ることによって，解決の道が見出されることも少なくない。

　関係機関としては，次のような機関が考えられる。

　まず，地区の教育委員会が管轄している教育相談所である。多くの場合，教育センターなどにおける事業のひとつとして，教育相談活動を実施している。そこで，学校内で対応の難しい事例などを相談し，助言を受ける。

　次に，14歳未満の触法少年，18歳未満の要養護児童，情緒障害児，心身障害児などを福祉的な援助と必要な指導をする児童

相談所である。そこでは，児童福祉士，心理判定員，医師などによる助言を受けることができ，継続的な相談面接，遊戯療法，一時保護，児童福祉施設への入所などの援助も期待できる。

最後に，各学校に配置されはじめた，スクール・カウンセラー，心の相談員，ボランティア相談員との連携もある。これらの人は，心理臨床の専門家，素人であるが教育に関心のある人などさまざまである。派遣される人によって，学校側が期待する役割，連携のあり方も変わってくる。

関係機関の連携で大事なことは，学校側の体制を整え，どのような機関とどのように連携するのかについて，教師間で共通理解されていることである。また，常日頃から定期的に連絡会議などを実施して，学校と関係機関相互が連携の意味や方法を理解しあい，信頼関係を形成しておくことが求められる。

【引用・参考文献】
深谷和子　1996　「いじめ世界」の子どもたち　金子書房
今井五郎　1986　学校教育相談の組織・計画　今井五郎（編著）学校教育相談の実際　学事出版
河村茂雄　1999　学級崩壊に学ぶ　誠信書房
警察庁(編)　1994　警察白書　平成 6 年版　大蔵省印刷局
警察庁(編)　1995　警察白書　平成 7 年版　大蔵省印刷局
警察庁(編)　1998　警察白書　平成10年版　大蔵省印刷局
文部省　1998　生徒指導上の諸問題の現状と文部省の施策について
文部省　1999a　平成11年度学校基本調査報告書　大蔵省印刷局
文部省　1999b　学級経営をめぐる問題の現状とその対応（中間まとめ）
森田洋司　1991　「不登校」現象の社会学　学文社
森田洋司・清永賢二　1994　新訂 版いじめ　金子書房
坂野雄二（編著）　1999　性（スクールカウンセラー事例ファイル 6）　福村出版
田上不二夫　1999　実践スクール・カウンセリング　金子書房
東京都教育庁　1999　学級運営実態調査

第9章　検査の利用と研究法

1節　心理検査とは何か

> **事例9-1　注意欠陥多動性障害（ADHD）**
>
> 　小学校3年男子のAくんは，授業に集中できないようである。Aくんの担任教師は困って，新任のスクールカウンセラーに相談してきた。スクールカウンセラーが聞いてみると，Aくんに関するエピソードとして以下のような情報が集められた。
> 　授業中に，座っていられず立ち歩く。忘れ物や無くし物も多い。話を聞いていないことが多い。何か物音などを聞くとすぐにそちらに注意がいってしまう。先生の質問が終わる前に手を挙げるが答えを聞いてみるとわからないことが多い。順番を待つことができない。このように，多動，不注意，衝動性が顕著であった。スクールカウンセラーは，Aくんの行動パターンをDSM-IVの診断基準に照らし合わせ，ADHDと診断できることを知った。いくつかの心理検査も実施したところ，それを裏付ける結果が得られた。
> 　その結果をもとに，スクールカウンセラーは教頭とAくんの担任の先生に報告した。ADHDということで特別な配慮が必要な子であるということを伝えたかった。しかし，「やはり病気だったか」「それで指導が通らなかったのか」と一部の先生方には，Aくんは病気であるということの印象が強まったようである。教師の間には，Aくんの教室内での行動は，病気だからどうしようもないという見方が蔓延していた。

アセスメント：
対象者の生活を改善するための方法を見出すために行う一連の活動。

9-1-1　心理アセスメントにおける心理検査

　事例9-1について考えてみよう。スクールカウンセラーは，**アセスメント**を行っているのだがその過程にはいくつかの問題点がある。ひとつは，アセスメントの結果が，すぐに本人の生活

の改善につながらなかったということである。また，Ａくんの学校の教員へのコンサルテーションも不十分である。そのため，働きかけを放棄してしまった教員も出てしまった。さらに，専門家への照会なども行うべきであった。

　教育現場での心理検査は，心理アセスメント（assessment 査定とも訳す）のために用いることが一般的である。興味本位で検査を実施したり，検査をやりっぱなしでは，意味がない。心理検査を利用して，被験者に対する介入の指針を得たら，実際の介入を行い，被験者の問題を改善することが前提となる。その際，実施者が手に負えないような重篤な問題であれば，専門機関などへ照会することも必要となる。このほか，心理検査は選抜や雇用のためなど，アセスメント目的以外で用いられることもある。

9-1-2 アセスメントの種類

　心理アセスメントには，心理検査による方法以外にも，**面接**，行動観察などの方法もある。

（1）面接による心理アセスメント

　相談機関などは，問題や悩みをもつ人本人やその人にかかわる人（例：親などが多い）に対して直接一対一の面接による，アセスメントが行われる。面接は，落ち着いた雰囲気の内装で，適当な照度があり，防音設備があり，空調の整った，閉じられた空間となる個室で，一定の時間制限を設けて行われる。このような面接のうち，最初の数回の面接はそのケースにかかわる情報を集める面接とされ，今後の面接内容の方針などを決める重要な面接となる。このような面接をインテーク面接あるいは受理面接とよぶ。

　この受理面接では，相談申し込みの経緯になった主訴の確認，問題発生の契機・背景，本人の性格，生育歴，病歴，学歴，職業歴，家族構成，交友関係，援助資源などの情報を集める。ま

面接：対象者と面接者の間の言語的コミュニケーションを通して対象者の理解や問題解決をすること。

218

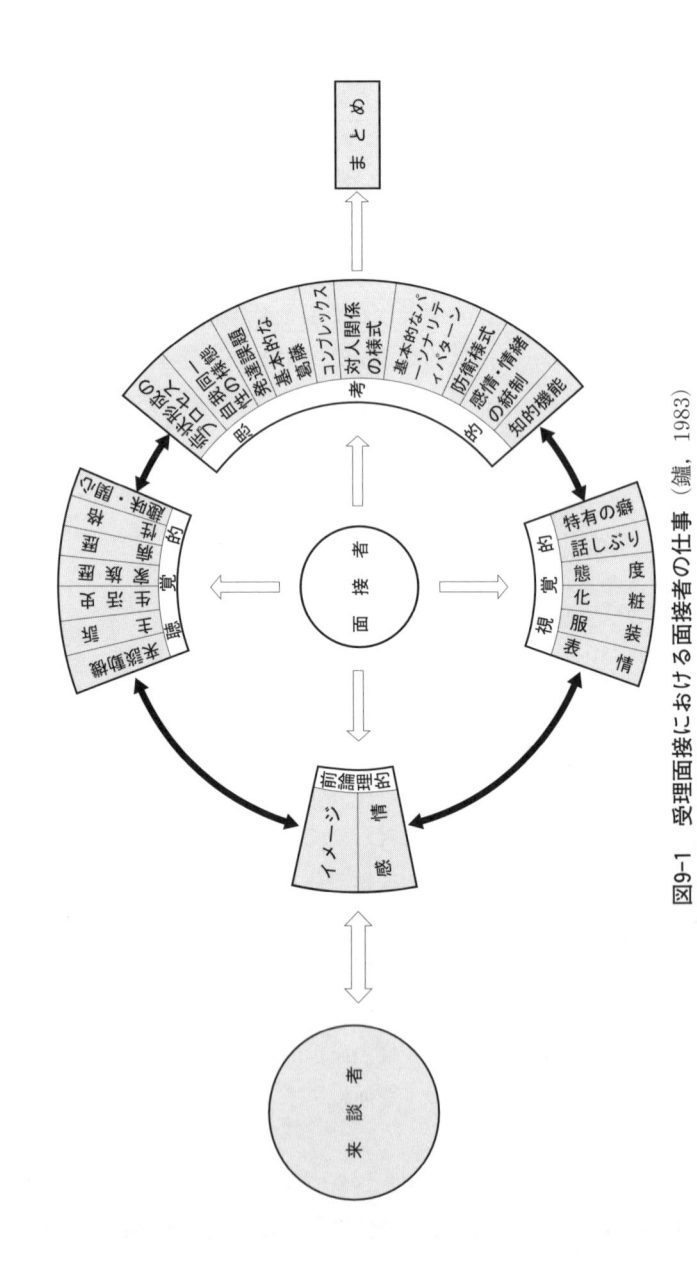

図9-1 受理面接における面接者の仕事（鑪, 1983）

た，相談の際の振る舞い方，話し方，行動パターン，相談への態度・期待，服装などの観察を行う。話の内容よりも観察結果の方が重要な情報を与えてくれることが多い（図9-1）。

学校現場での相談形態では，このような受理面接を組むのは難しい。教員どうしでのちょっとした会話や生徒からの話など，断片的な情報をもとにして行われることが多い。問題をもつ人を直接対象とした相談という形態にもなりにくい。

(2) 診断分類マニュアルによるアセスメント

精神疾患の診断分類が開発されている。そのひとつは，アメリカ精神医学会（1994）によって，発表された「精神疾患の分類と統計マニュアル第4版」（**DSM-IV**）である。2000年6月にテキストのみが修正された（DSM-IV-TR）。この診断分類マニュアルに掲載された診断基準は，現場で見られるさまざまな患者には適合しないものもあるという批判があるものの，その診断基準の信頼性は高いといえる。しかしながら，これをたんに患者のラベル貼りだけに利用しては，アセスメントにはならない。DSM-IVは，障害を17のカテゴリーに分けている（表9-1）。

DSM-IV：アメリカ精神医学会が1994年に出した精神疾患の診断分類と統計を含むマニュアル。

診断基準にクライエントの障害が適合することを，次の5軸上で診断する必要がある。多軸評定といわれるDSM-IVの特色となっている。

第Ⅰ軸　精神遅滞と人格障害以外のすべての障害で使われる。
第Ⅱ軸　人格障害か精神遅滞。
第Ⅲ軸　その障害に潜在的に関係している一般的な医学的状態。
第Ⅳ軸　その障害に関係している心理社会的および環境的問題。
第Ⅴ軸　機能の全体的評価（Global Assessment of Functioning：GAF）。

すべてのクライエントには，このような診断基準がその併発症状の複雑さから合わないかもしれない。また，教育現場で出会うクライエントは，精神疾患という診断を得るほど重症ではないことが多いだろう。このような疾患が疑われる場合，照会

表9-1　DSM-IVにおける17の診断カテゴリー（DSM-IV）

1. 通常，幼児期，児童期あるいは青年期に初めて診断される障害
2. せん妄，痴呆，健忘および他の認知障害
3. 他のどこにも分類されない一般身体疾患による精神疾患
4. 物質関連障害
5. 精神分裂病および他の精神病性障害
6. 気分障害
7. 不安障害
8. 身体表現性障害
9. 虚偽性障害
10. 解離性障害
11. 性障害および性同一性障害
12. 摂食障害
13. 睡眠障害
14. 他のどこにも分類されない衝動制御の障害
15. 適応障害
16. 人格障害
17. 臨床的関与の対象となることのある他の状態

などの措置が念頭に上るようにしておきたい。専門機関へつなげる際の考慮すべき点は，本人の意思の尊重が必要となる。

9-1-3　心理検査による心理アセスメント

各種**心理検査**を利用したアセスメントである。それぞれの検査は，背景にある独自の心理学的理論をもとに作られていることが多い。検査を利用する際に重要なのは，心理検査の測定対象となる心理学的理論の理解である。

実施に検査器具，マニュアル，採点表が必要となる。当然のことながら，検査実施に際して，検査に習熟していることが前提となる。また，マニュアルに記載された，検査に必要な要件も満たしている必要がある。また，検査器具以外に，ストップウォッチ，紙と鉛筆などが必要な場合がある。

9-1-4　心理検査実施に不可欠な条件

心理検査実施に不可欠な条件として，以下のように，検査側の条件，被験者側の条件，および検査者側の条件をあげることができる。

> **心理検査**：心理的な理論を背景に，その個人の長所と短所を明確にするように作られた器具。

(1) 検査側の条件

心理検査は一般に次の3つの条件を満たしていなければならない。①信頼性が高く，②妥当性が高い。また，③標準化がされていることである。これらは，通常テストのマニュアルに記載がなされている。

信頼性とは，測定にともなう誤差が少ないことを示す指標である。テスト結果の安定性があり，いつもその人の特徴を正確にとらえているかを表す。信頼性は仮想概念であり，その推定をするための方法がいくつか考えられている。

再検査法　同じテストを適度な時間間隔をあけて，2度実施しその得点の相関をみる方法

平行検査法　同じような内容を測定する同一でない項目群を2つ用意し両群間の得点の相関をとる方法

折半法　あるテストを構成する項目をランダムに2群に分け，その2つの群の得点の相関をみる方法

内的整合法　各項目の通過率や相関をもとに推定する方法。α係数などが算出される

分散分析法　同種のテストを複数用意しそれらを何回か実施し得点を分散分析によって分析する方法

妥当性とは，その検査が測定しようとしているものを正しく測定しているかどうかの指標である。妥当性について，いくつかの妥当性概念が提出されている。

基準関連妥当性　同じ測定対象を測定している異なるテストの得点との相関や，外部の基準値との相関などによるもの

構成概念妥当性　そのテストが心理学的構成概念や特性をどの程度適度に測定しているか

内容的妥当性　心理テストの内容について，目的のものが正しく測定されているかについての専門家などの判断によるもの

標準化とは，以下のような手続きのことをさしている。大規模な被験者集団にその検査を一定の手続きで実施して，規準と

信頼性：測定の誤差が少なく，いつもその人の特徴を正確にとらえている程度を表す指標。

妥当性：その検査が測定しようとしているものを正しく測定しているかどうかを表す指標。

標準化：テスト実施手続きの確定と，大規模な母集団にテストを実施して得られる得点傾向をもとに，得点の大きさを判断する規準を確定すること。

なる全体の得点傾向を把握する。たとえば，ある特定の年齢で，ある検査の50点をとったものは何％の人たちがおり，それ以下の得点をとったものは何％いるかなどである。このように，その得点傾向をもとにして，ある特定の個人に検査を実施して得られた検査得点の大きさの程度を判断する。図9-2に示したものが，標準化の手続きである。

(2) 被験者側の条件

被験者にあった検査であることが必要となる。検査が必要とする年齢，能力（言語能力，知能程度，内省力），病理，負荷（回答に要する時間，作業の重さなど），利用目的などに被験者が合っているかどうかにより，実施ができない検査がある。

検査を実施する際には，被験者の検査態度も重要な要因となる。たとえば，検査へのやる気や検査への期待，まじめに回答しようとする意欲，被験者の健康状態，気分や体調，睡眠時間なども影響する。

(3) 検査者側の条件

正式に訓練を受けたか，そのテスト実施への習熟程度，倫理的問題（プライバシーの問題）など被験者への配慮が必要となる。検査態度について観察する能力なども必要とされる。

(4) 検査場面の条件

適切な照明のある，防音され空調された個室で行う必要がある場合もある。1日のうちどの時間帯にとられたものか，また検査前後の行事がどのようなものであったかも影響する。学校において実施する場合，年間行事日程との調整が難しい問題となっている。

9-1-5　心理検査の形式からの分類

心理検査は，形式面から以下の**質問紙法**，**作業検査法**，投影（投映）法の3つに分類される。その例として，パーソナリティを測定する検査を中心にあげ，それぞれの長所・短所を述べ

質問紙法：調査用紙に書かれた質問に対して，あらかじめ用意された選択肢などに回答させる手法。自由記述なども使われる。

作業検査法：検査対象者に対して一定の作業を課し，その作業の過程や結果からパーソナリティや知能などを把握しようとする指標。

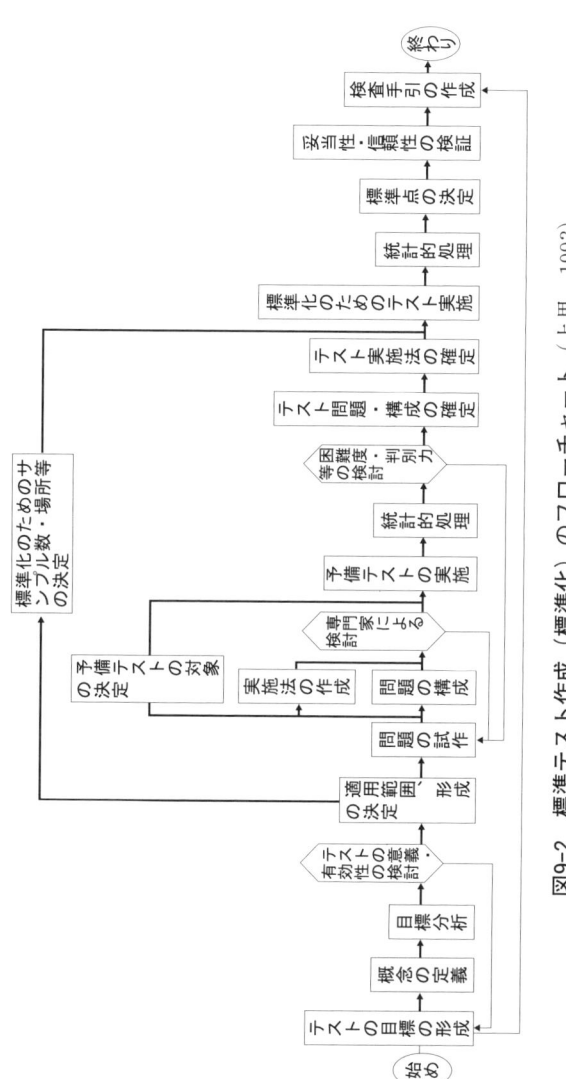

第9章　検査の利用と研究法　223

図9-2　標準テスト作成（標準化）のフローチャート（上里，1993）

(1) 質問紙法

検査用紙に書かれた質問に対して，回答欄に「はい」「いいえ」で答えさせる方法である。紙と鉛筆テスト（pencil and paper test）ともよばれる。性格検査を中心にあげると，向性検査，顕現性不安尺度(MAS)，アイゼンク性格検査(EPI)，MPI，矢田部・ギルフォード（Y-G）性格検査，ミネソタ多面人格目録（MMPI）などがあげられる。それぞれ理論背景をもち開発された検査がおもであるが，MMPIなどは臨床的知見から開発されている。

このような，質問紙法の長所として，以下のものがあげられる。①多数の人に同時に簡単に実施できる。②採点も容易である。カーボン紙などを利用したり，採点の工夫がされており，簡単に集計し得点の全体での位置が確認できるようになっているものもみられる。③結果の解釈にも主観が入らない。

しかし，短所として，以下のものなどがあげられる。①質問の内容と検査場面によっては，意識的，無意識的に自分をよくみせようとする傾向が現れる。反論として，虚偽発見スケールを用意し，被験者の意図的な回答のゆがみを発見するものも用意されている。②質問項目の内容をすべての被験者が同じように受けとっているとは限らない。③質問を理解し，それが自分に当てはまるかどうかを洞察する能力が必要である。

(2) 作業検査法

一定の作業を課し，その作業の過程や結果からパーソナリティーや知能などを把握しようとする方法である。個別式および集団式知能検査にも，このような形態が多い。

代表的な例は，内田・クレペリン検査である。隣合う一桁の数字をできるだけ速く加算し，その答えの一桁目だけを記入していく。1分ごとに，合図を送って改行させ，15分後に5分間休憩し，その後15分間連続作業させる。

各行の加算作業の最終到達点を結ぶと，作業曲線が描ける。その曲線のパターンにより性格の特徴をとらえようとするものである。

作業検査法における長所として，検査の目的がわかりにくい。被験者が答えを歪曲できないなどの点がある。作業検査法における短所としては，判定には，高度の熟達を要する。検査で得られるのは，性格のある側面のみである。主観が入りやすいなどがあげられる。

(3) **投影法（投映法）**

あいまいな刺激やあいまいな場面における反応を分析してパーソナリティーを測定する。主として，フロイトなどの精神力動理論を背景にもつものが多い。

視覚刺激によるものとして，ロールシャッハ検査，絵画統覚検査（TAT），絵画欲求不満検査（PFスタディ），ゾンディ検査などがある。図9-3は，ロールシャッハで使われるインクブロットの例である。

ことばによる刺激によるものとして，連想検査，文章完成検査（SCT）などがある。

描画や表現によるものとして，人物画検査（DAP），HTP

投影法（投映法）：あいまいな刺激やあいまいな場面における反応を分析してパーソナリティを測定する手法。

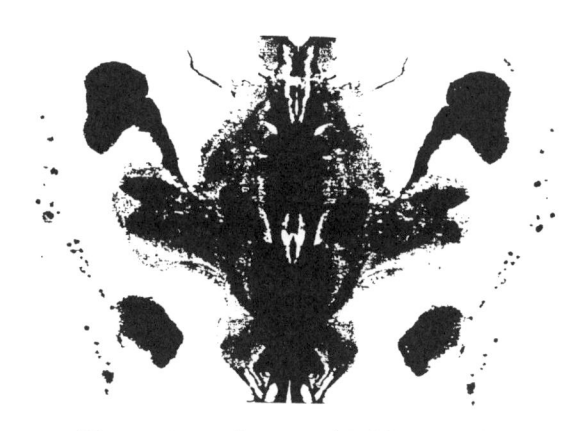

図9-3 インクブロットの例（渡部，1993）

検査，バウム検査，フィンガー・ペインティング，モザイク検査などがあげられる。上記はパーソナリティー検査であるが，知能検査として，グッドイナフ人物描画知能検査(DAM)がある。

　遊びや劇によるものとして，プレイ検査，ドル・プレイ，サイコ・ドラマ（心理劇）などがあげられる。

　これらの投影法による長所として，①検査の意図がわかりにくいので，被験者が意図的に答えをゆがませることができにくい，②パーソナリティーの全体的，力動的な姿を深層にわたってとらえることができるなどがある。その短所として，①背後にある精神力動理論の理解が難しい。②判定者の主観が入り，客観的なデータが得られにくい。③分析や解釈には，高度の技術，経験，洞察が必要とされるなどがある。

9-1-6　心理検査の目的面からの分類

　心理検査は，その利用目的から以下のような種類に分けることができる。発達検査，知能検査，性格検査，社会性検査，親子関係診断検査，進路・職業興味検査，学力検査などである。

(1)　発　達　検　査

　その子どもについて，それぞれの領域ごとの発達状態を，該当年齢集団と比べて調べるものである。特別な教育ニーズをもつ障害児の発達に関して適切なアセスメントを行うために開発された。発達年齢などを算出し，その子の実年齢（生活年齢）との比較を行うこともある。

　　発達指数（DQ）＝発達年齢／生活年齢×100

　この領域の検査には，乳幼児精神発達診断法（津守式），遠城寺式乳幼児分析的発達検査法，新K式発達検査法，行動発達検査法，ミュンヘン機能的発達診断法，MN式発達スクリーニング検査，改訂日本版デンバー式発達スクリーニング検査，MCCベビー検査などがある。老年期の知能状態を調べるものに，長谷川式簡易知能評価スケールなどがある。

たとえば，遠城寺式乳幼児分析的発達検査法は，0カ月から4歳8カ月まで適用可能であり，ある行動ができるかどうかに関して課題が用意され，それをできるかどうかによって得点を算出することになる。対象となる発達領域には，運動（移動運動，手の運動），社会性（基本的習慣，対人関係），言語（発語，言語理解）などがある。それぞれの下位領域において，その子どもの発達年齢が算出されるようになっている。

(2) 知能検査

知能検査は，現在のような学級での勉強についていけず，個別指導など特別な教育が必要とされる子どもたちをアセスメントするために開発されてきた。19世紀末から始まった初等教育の義務教育制度化が世界に浸透するにつれ，このような子どもをいかにして選別するかを科学的に行う必要性が出てきた。このような背景をもとに，ビネーとその弟子のシモンにより，世界初の知能検査である1905年ビネー検査法が開発され，ヨーロッパ，アメリカなど全世界に広まった。アメリカのターマンが再標準化したスタンフォード・ビネー知能検査（Terman, 1916）をもとにして，日本では田中ビネー知能検査，鈴木ビネー知能検査などが標準化された。

①個別式知能検査　個別式知能検査は，検査者と被検査者とが一対一となる場面で実施される形態の検査である。1時間程度の時間を費やす場合が多い。上記のビネー式検査は，個別式知能検査の一種である。実施場面の被験者の様子が観察でき，いろいろな情報を得ることができる，厳しい制限時間を設けないために，その子どもの本当の知能を測定できるなどの長所がある。個々人の測定に対して，時間を費やすことになり，大勢の被験者対象に実施する場合効率性が悪いなどといった問題が生じる。

日本で代表的な個別式知能検査には，ビネー式とウエクスラー式がある。ビネーの流れをうけた，ビネー式検査には，田中

ビネー検査，鈴木ビネー検査などが日本で標準化されている。検査で得られた精神年齢とその子どもの実年齢である生活年齢とを用いて，知能指数などを算出する。

　　　知能指数（IQ）＝精神年齢／生活年齢×100

　それに対して，ウェクスラー式は，アメリカのウェクスラーによって開発された診断性知能検査である。言語性知能，動作性知能，全体知能などが算出される。言語性知能得点と動作性知能得点との不一致などから，疾患を見出すことも可能である。成人用のWAIS-Ⅲ，児童用WISC-Ⅲ，幼児用WPPSIなど適用年齢別に標準化されている。

　このほか，認知心理学や神経心理学の知見をもとに，学習指導に結びついた査定を行うことを目的として開発されたのはK-ABC心理・教育アセスメントバッテリーがある。ITPA（Illinois Test of Psycholinguistic Abilities：言語学習能力診断検査）は，情報を受け取り，解釈し，他の人に伝えるコミュニケーション過程に必要な心理的機能を測定しようというテストである。グ

男：7点　　　　　　女：31点　　　　　　男：66点
年齢：5歳8カ月　　年齢：8歳8カ月　　　年齢：12歳11カ月
標準得点　73　　　標準得点　103　　　　標準得点　134

図9-4　DAMの結果（Anastasi & Urbina, 1997）

ッドイナフ人物描画知能検査（DAM）は，人物画を描かせて，それをもとに知能を測定することを目的としている（図9-4）。

②集団式知能検査　大勢の被験者に対して，知能検査を実施する場合，いっせいに実施する形態が必要とされた。アメリカでは，第一次世界大戦参戦を期に，大勢の被験者を兵士と士官などに選抜する必要性が出てきたため，ヤーキースらによる陸軍精神検査（Army Mental Test）として最初の集団式知能検査が開発された。アメリカでは，移民が多く，公式言語である英語が理解できないものも多数存在した。英語を理解するものに対するαテスト，英語が理解できなくても実施可能なβテストも開発されることとなった。αテストは，A式テストという形態で現在も残っており，言語理解が必要な問題を中心に構成される。βテストは，B式テスト（非言語式）という形で現在も使われており，数字，記号，図形などの問題から構成されている。

集団式知能検査は一度に短い時間で多数の被験者に実施できる。実施方法について訓練を受けずに実施できる。採点や診断もマニュアルにそって行えばよく，実施者の習熟による誤差も少ないなどの長所がある。それに対して，時間制限などがあり，その間の被験者の集中力，体調，気分，受験態度などの影響を受ける。その被験者に応じた細かな査定が難しいなどの短所が指摘される。

一般に集団式知能検査は，スクリーニングテストとして用いられる。すなわち，集団式知能検査で得点が低い場合，個別式知能検査を実施して細やかなアセスメントを行う場合が多い。

(3) 性格検査

前項で述べたように，質問紙法，作業検査法，投影法などがある。ロールシャッハ検査やMMPIなど性格病理の診断目的に使うものもある。

(4) 社会性検査

学級内で使うものとして，ゲスフー検査（学級内でのある行動特徴をもつ児童・生徒の選択など），ソシオメトリー（遊び場面や勉強場面での友人などを3名以内で書かせる）などがある。問題行動傾向検査なども市販されている。新版S-M社会生活能力検査は，精神発達に遅れのある子どもに対して，社会生活能力を測定することを目的として開発されている。

(5) 親子関係診断検査

親子関係は，その子どもの個性や行動，対人関係を理解する重要な情報である。親子関係を客観的に診断しようとするものが親子関係診断検査である。両親が記入する親用テストとその子どもが記入する子用テストがある。

(6) 進路・職業興味検査

中学や高校での卒業後の進路（高校の普通科，総合科などの学科，大学，短大の学部学科，および職業）選択に必要とされる自分の性格や興味，能力などの情報を集めるために開発されている。一般職業適性検査，VPI職業興味検査などがある。

(7) 学力検査

アチーブメント検査ともいわれ，その子どもの学力について規準集団のどの位置にいるのかを明らかにするために開発されている。教師が作成する教師作成検査と標準化された標準学力検査とがある。

9-1-7 テストバッテリー

心理検査を行うに際して，人間の総合理解のために，いくつかの検査を一緒に施行することをテストバッテリーという。また，その組み合わせ方をさすことがある。それぞれの検査の長所・短所，査定内容を加味して組み合わせることが行われる。

> テストバッテリー：各検査の長所短所，査定内容を加味して，いくつかの検査を一緒に実施すること。

9-1-8 発達上の問題をもつ子どもの測定・臨床

オリンとキーティンジ（Olin & Keatinge, 1998）は，精神疾患のそれぞれに対して，診断上望ましいテストバッテリーの一覧とその結果，必要とされる介入法を示している。たとえば，ADHDでは，ウェクスラー式知能検査で，動作性知能が言語性知能よりも高く不一致である傾向がみられる。アッシェンバックによる行動チェックリスト（CBCL）にも敏感に現れるという。TAT，ロールシャッハ，MMPI-2などの結果も利用できる。

2節 研究法編

事例9-2 卒論の事例

大学生のAくんは，初めて卒論に取り組んだ。テーマは，学級崩壊を選んだ。とりあえず，現場の先生に聞き取りに行ったが要領を得ない。どうにかひとりの先生に協力してもらい，事例研究でまとめていった。指導教官に作成した論文をみせたところ，「これでは，感想文だ」と言われてしまい落ち込んでしまった。

Bくんは，自分で自分なりのテーマを考えアンケートを作成した。それをもとに300名もの小学生に回答してもらった。それをもって，久々に指導教官のもとに行ってみたら，これでは論文にならないと言われてしまった。

Cくんは，質問紙を作成し，調査を依頼しようと何校もの学校を訪問したが，そのような質問紙は生徒に悪い影響をあたえるので現場ではできないと断られてしまった。

Dくんは，実験研究法で，算数指導法の効果を研究しようとした。ある学校の5年1組と5年2組の算数時間を使って実験を行った。ところが，事前テスト得点で有意な差が出てしまい途方に暮れてしまった。

事例9-2は，研究法についての知識が少ないことが原因となっている。これから研究法についての概観をしていくこととする。

9-2-1 研究とは

研究とは，知識を増やすために行う活動である。日常の生活における活動との違いを以下にあげることにする。

まず第一に，日常における疑問や先行研究から得られた疑問などをまとめる。このような疑問に答えるために，計画的に集めたデータから結論を出そうとする。すべてではなく，いくつかの疑問に焦点を当てて研究計画を立てる。その際，自分なりの疑問に対する模擬解答（仮説とよぶ）を設ける場合がある。どのような種類のデータが疑問に満足に答えられるかを考えたうえで，注意深く研究の方法(データをどのようにして得るか)が立てられる。同じような条件を繰り返すことができる（追試できる）手続きをとって，公的に観察でき，実証できる現象を追求する。答えに対する証拠の説得力を最大にするように体系的に，研究データが収集され，分析され，解釈される。

9-2-2 研究における変数とは

研究のうえで立てられた疑問を明確に表現するには，ふつう変数という概念を使わなければならない。変数には，研究者が焦点を当てた個人の特徴，環境，課題，行動などさまざまなものが考えられる。たとえば，個人の特徴に関連する変数には，年齢，性別，学年，学業成績などがある。「年齢とともに，記憶力が弱くなるか」ということが疑問としてとりあげた研究があるとしよう。年齢という個人特徴に関する変数，記憶力という行動に関する変数などがとりあげられることになる。変数をとらえるのに，変数のどの側面に焦点を当てて測定するのか，なども考慮する必要がある。

9-2-3 変数（データ）収集方法

変数をどのようにデータとして測定するかについての方法には，さまざまな方法がある。大きく分けると，面接による方法，

質問紙による方法と観察による方法の3つに分けられる。

(1) 面接による方法

面接者が被験者に直接会い，コミュニケーションをしながらデータを収集することである。質問紙では得ることができない，深い内容や経験を測定することもできる。面接法には，質問する内容，その順序，言葉遣いなどを統一してなるべく同一なやり方で行う「構造化面接」と，そのような細かい規定を用意しないで，その被験者に応じた聞き方などの配慮を行う自由応答式の質問を中心とする「半構造化面接」がある。面接法においては，①面接による研究への被験者の協力を得ること，②面接者と被験者間の信頼関係の構築の重要性，③面接時間と場所の確保，④面接内容の記録のとり方などが課題となる。

このようにして得られたデータをどのように分析するかについては大きな問題となる。記述的に処理することも可能であるが，他の人を説得するためにはかなりの労力を要する。カテゴリーデータや連続変量データについては，数値データや数量データに変換したり，自由記述的な内容については，カテゴリーデータに変換することもある。

(2) 質問紙による方法

9-2-4で述べるような質問紙法によるデータの収集である。質問紙は，聞きたい内容について書かれた項目に対する，被験者の反応データを収集することになる。一般的な方法として，被験者の反応に，「はい・いいえ」などの2値や「まったくそう思わない」「すこしそう思わない」「少しそう思う」「非常にそう思う」など4件法などを用意してデータとする。このような回答を数値的データに変換することで分析を行うことが多い。

自由記述に関しては，内容について記述的に処理したり，カテゴリーデータなどに情報量を落とすことで分析が行われる。

(3) 観察による方法

人間の行動を観察によって，データ収集を行う方法である。

他のデータ収集の方法と比べ，被験者に対する拘束や制約が少なく日常生活場面の自然な行動についてデータを収集できる。他のデータ収集方法が，直接質問したり質問紙に書かれている内容を読むなど言語を媒介としたものが多いのに対して，観察法においては，被験者の言語能力を必要としない。乳幼児，障害児なども対象として研究を実施できる。

しかしながら，以下のような短所も存在する。生起頻度が低い行動について観察を行う場合，非常に時間がかかる。人間の思考内容など外部に表出されない行動は観察できない。観察された行動の解釈において，観察者の主観が入りやすい。

観察場面において被験者に行動制限を設けない自然観察法や，観察場面において被験者に行動制限を設ける実験的観察法などがある。観察者と被験者との関係を積極的にとろうとする参加観察法などもある（表9-2）。

観察の対象者が話したメッセージ内容（発話）を分析し，そこに反映された思考や認知過程を分析する手法である，プロトコル分析なども新しい流れとして存在する。

9-2-4 研究方法

さまざまな研究方法がみられるが，本章では**事例研究法，調査研究法，実験研究法**に絞って紹介をしていくこととする。

(1) 事例研究法

事例について観察（測定）を繰り返すことで，関連している変数が従属変数に及ぼす影響を検討する研究法である。個人，

事例研究法：個人，集団，施設，学校，職場，コミュニティなどといったひとつの社会的単位を詳しく研究する方法。

調査研究法：大量の被験者に対して，質問紙を用いて調査し，変数間の関連などを検討する研究方法。

実験研究法：いくつかの変数を操作し，別の変数へのその操作の影響を調べる研究方法。

表9-2　観察の事態と形態（中澤ほか，1998）

観察事態	自然観察法 ←―――――→ 実験的観察法 ―――→ 実験法
	偶然的観察　組織的観察
観察形態	参加観察法　　　　　　　　　非参加観察法
	交流的観察 ↔ 面接観察 ↔ 非交流的観察　　直接観察 ↔ 間接観察

集団，施設，学校，職場，コミュニティといったひとつの社会的単位を詳しく研究するために行われる。

　臨床場面でのサービスを中心とした事例研究と，純粋に研究のための事例研究があるとされる。前者は，事例についてのより深い理解をし，その人に対する今後のより良いサービスをすることが目的とされる。類似した問題をかかえた事例なら，この事例研究により得られた知見を生かせるかもしれない。それに対して，後者は，研究されている事例を越えて一般化し，今後の調査研究や実験的研究などでのさまざまな方法での検証へとつなげていくものである。

　カズン（Kazdin, 1998）によると，事例研究の価値について，次の5点あげている。①概念や仮説の源となる。②セラピー技法の発展のための源となる。③めったにない現象の研究ができる。④一般に普及している概念のための反証事例を提供する。⑤説得力および動機づけ的な価値をもっている。

　どのようなデータをとりあげ，どのように記述するか，事例をもとにどのように考察するか，事例の特異性と，一般性をどう区別するかなど，たんなる感想文やレポートを越えて，研究論文として仕上げるために難しい問題が存在する。

(2) 調査研究法

　大量の対象者に対して質問紙を用いて調査し，統計的に変数間の関連を検討する研究法である。心理的なある側面を測定するいくつかの項目を用意し，心理尺度化することがよく行われる。尺度化とは，信頼性と妥当性を備え（9-1-4参照），その尺度における得点が全体的にどのような位置にあるかがわかる，「モノサシ」をつくることである。

　このような調査の対象となる被験者が，母集団を代表している標本集団であるという調査が大前提となる。すなわち，サンプリングが問題となる。中学2年生の不登校傾向について，心理尺度を作成する際には，日本の中学2年生全体を代表してい

ると考えられる被験者集団に対して実施することが望ましい。

調査研究法の特徴として，以下のようなものがあげられる。①多数のサンプルを集めることで母集団を反映しやすい。②日常生活について聞ける。③2変数間および多変数間の関係をみることができる。④因果関係は測定できない。⑤質問紙の意図が伝わると，反応の歪みが起こりやすい（たとえば，社会的望ましさなど）。⑥紙に書かれた質問に対する反応であるので，質問のどのような面に回答したのか反応あいまいさがある。⑦分析に際して統計的知識が必要不可欠である。

(3) 実験研究法

実験研究法では，いくつかの変数を操作し，その操作の別の変数への影響を観察する。操作された変数を独立変数，観察される変数を従属変数とよぶ。この独立変数以外で，従属変数に影響を与えると考えられる変数を剰余変数とよび，実験研究法では，このような剰余変数の余分な影響を排除するためいろいろな計画方法が編み出されている。このような実験を真の実験（true experiment）とよぶ。

実験研究法においては，独立変数の効果をできるだけ純粋に知るために，それ以外の変数をそろえた群（統制群）を設けることが多い。実験群と統制群との比較を行うことによって独立変数の効果を調べるのである。教室場面での実験では，理想的な統制群をつくることはかなり難しい。また，性格や知能といったような特性変数は変化させることはできない。自然に起こった関連変数の変化を利用したり，できるかぎり等質になるように2つの学級の被験者群を選定するなど適切な方法により実験的に検討するものを準実験法（quasi-experiment）という。

実験研究法の特徴として，以下の点があげられている。①変数のコントロールが行われることにより，従属変数へ影響が容易に観察できる。②因果性が明確になりやすい。③関連変数を統制するために，実生活と遊離したものとなりやすい。④簡単

な結果なら，t 検定，分散分析など基礎的な統計手法で十分である。このほか薬理学から派生した1事例の実験デザインなどを利用した研究も多くなってきている。

9-2-5　発達研究の方法

発達研究の方法には，代表的なものとして2つある。同一年齢の被験者集団について，年度ごとの変化を測定する縦断的方

表9-3　年齢（学年1-6年），測定時期，コホート（C1-C11）による5つのサンプリングデザイン（Rosenthal & Rosnow, 1991）

単純横断的デザイン

学年	期間					
	1975	1976	1977	1978	1979	1980
1	C6	C7	C8	C9	C10	C11
2	C5	C6	C7	C8	C9	C10
3	C4	C5	C6	C7	C8	C9
4	C3	C4	C5	C6	C7	C8
5	C2	C3	C4	C5	C6	C7
6	C1	C2	C3	C4	C5	C6

単純縦断的デザイン

学年	期間					
	1975	1976	1977	1978	1979	1980
1	C6					
2		C6				
3			C6			
4				C6		
5					C6	
6						C6

コホート順次デザイン

学年	期間					
	1975	1976	1977	1978	1979	1980
1						
2						
3	C4	C5	C6			
4		C4	C5	C6		
5			C4	C5	C6	
6				C4	C5	C6

時系列デザイン

学年	期間					
	1975	1976	1977	1978	1979	1980
1				C9	C10	C11
2				C8	C9	C10
3				C7	C8	C9
4				C6	C7	C8
5				C5	C6	C7
6				C4	C5	C6

クロス順次デザイン

学年	期間					
	1975	1976	1977	1978	1979	1980
1	C6					
2	C5	C6				
3	C4	C5	C6			
4		C4	C5	C6		
5			C4	C5	C6	
6				C4		

法，異年齢集団について同時に測定を行い，異年齢集団の特徴をとらえる横断的方法である。そのほか，コホート（出生年次による差異）を扱う手法が考えられている（表9-3）。

9-2-6 統計的基礎知識
(1) データをまとめる

ある変数について，データを収集した場合，これらのデータ集合をどのようにまとめるかが問題となる。**代表値**や**散布度**などを用いることが多い。

代表値は，その測定値の集合内で中心的位置を表す数値である。平均値，モード（最頻値），メディアン（中央値）などが用いられる。散布度は，その測定値の集合内のばらつきの程度を表す数値である。最小値と最大値の差をとった範囲，平均からの各データの距離の自乗の平均した分散や，その平方根の標準偏差などが用いられる。

$$分散 = 1/n \ (\Sigma X - m)^2$$

（n はデータ数，X は各データ測定値，m はそのデータの平均値）

このほか，歪度（測定値がその集団内で一方に偏り，分布が左右にゆがんでいるかどうかの指標となる数値）や尖度（分布のとがり方の程度）などの指標も知られている。

(2) 正 規 分 布

A君が算数の得点が64点をとったとしよう。64点は正解だった問題数などを示してくれるかもしれないが，その得点が全体に対して，高い得点だったか低い得点だったかについては，わからない。このように異なった測定値間の比較をするためには，共通の原点と単位を決める必要がある。

よく行われるのは，そのデータ集合の平均値を原点にとり，標準偏差を単位にする方法である（z 得点）。

代表値：そのデータ集合内での中心的な位置を表す数値。平均値，モード（最頻値），メディアン（中央値）などがある。

散布度：そのデータ集合のばらつきの程度を示す数値。範囲，分散，標準偏差などがある。

$z = (X - m) / SD$

(X は測定値，m は平均，SD は標準偏差)

平均を50，標準偏差を10とする一次変換を行ったものは，T得点（偏差値）とよばれる。素点を一次変換し，それぞれのデータ集合を同一の平均と標準偏差をもつような得点にすることを，規準化とよばれる。規準化した測定値どうしでも，分布形が同一でなければ完全には比較可能ではない。比較を行うためよく用いられるのは，**正規分布**の利用である。正規分布では，得点が平均を中心として，釣り鐘上の形態をとり，ある得点がどのくらいの割合で存在するかの指標ともなる（図9-5）。

> **正規分布**：統計的検定などで確率計算をする時に利用される分布。

平均値や標準偏差を測定できるデータにおいては，この正規分布の性質を用いて検討することがよく行われる。

(3) 統計的仮説検定の論理

統計的に，仮説が正しいかどうか判断する場合，以下のような手順を踏む。

① 帰無仮説を立てる（例：AとBには平均値に差はない）。
② データ収集（結論と関連のあるデータの収集。調査や実験）。
③ そのような結果が偶然に出る確率計算をする（正規分布やF分布，t分布，χ^2分布などの利用）。
④ めったにない確率であった時（1％や5％などの値が用いられる），帰無仮説を棄却し，対立仮説（AとBとに平均値で差がある）を採用する。

(4) データの処理法（まとめ）

現在多くの場合，SPSSやSASといった統計パッケージを利用して，統計的分析が行われる。

①割合（％），期待値からのズレの検討方法

平均，標準偏差などといったパラメータが使えない場合，χ^2といった，ノンパラメトリック統計法が使われる。データに対応がある場合，マクニマーの法などがある。

②平均値の比較

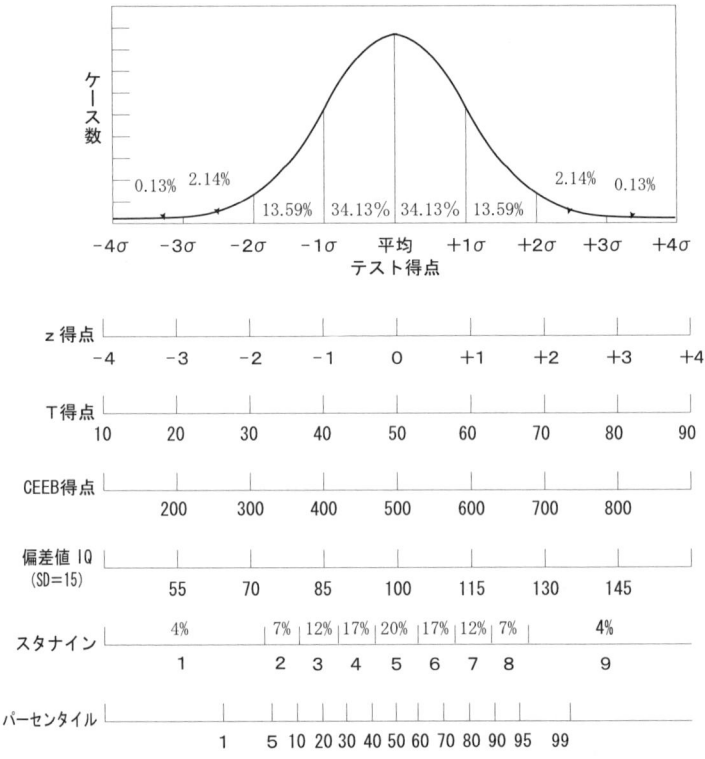

図9-5 正規分布におけるテスト得点と変換値との関係
(Anastasi & Urbina, 1997)

a．2値の平均値の比較（t検定：3種類ある）

データに対応のある場合（例：カウンセリング研修前と研修後の得点を比較する）対応のあるt検定が使われる。

データに対応のない場合（例：カウンセリングを受けた者と受けなかった者の得点を比較する），2つの得点群の分散が等質な場合，通常のt検定，2つの分散は等しくない場合，ウェルチの法などが使われる。

b．3値以上の平均値の比較（分散分析）

1要因の場合，データに対応がある時，被験者内一要因分散分析（SA型：同じ被験者が2度以上同じ検査を受けるなど）

が使われる。データに対応がない時，（被験者間）一要因分散分析（AS型：性差，年齢差など被験者が異なる者どうしを比較する）が行われる。

2要因の場合，データに対応がある時，被験者内2要因分散分析（SAB型）が行われる。データに一部対応がある場合，混合計画の2要因分散分析（ASB型）が行われる。データに対応がない場合，被験者間2要因分散分析（ABS型）が行われる。

3要因以上の平均値の比較もあるが，複雑になるので避けた方がよい。分散分析によって，主効果，交互作用が有意かどうかがわかる。3値以上の平均値の差の比較においては，どこの条件とどこの条件間に平均値が差があるか，多重比較などによって，検定する必要がある。従属変数が2つ以上の場合，多変量分散分析（MANOVA）もある。

c. データ（変量）の関連性

2値どうしの関連性については，相関係数（ピアソンの積率相関係数），順位相関・ノンパラ相関係数等が使われる。相関係数とは，それぞれの変量をz得点に変換し，掛け合わせたものの総和の平均値である。

$$r = 1/n \times \Sigma ZxZy$$

3値以上の場合は，用途によって，分析がさまざまなものがある。主成分分析，因子分析（解釈を容易にするためバリマックスなどの回転を行う），クラスター分析，重回帰分析，判別分析，パス解析（名義尺度については，数量化理論による分析などもある）などである。

多変量解析（3値以上の分析）においては，被験者数が変数数より十分に大きいことが必要となる。たとえば，因子分析の場合は変数数の3倍以上の被験者数，重回帰分析では4倍以上といった基準も知られている。

【引用・参考文献】

上里一郎（編） 1993 心理アセスメントハンドブック 西村書店

アメリカ精神医学会（APA）（編） 1994 高橋三郎・大野　裕・染矢俊幸（訳） 1995 DSM-IV 精神疾患の診断・統計マニュアル 医学書院

Anastasi, A. & Urbina, S. 1997 *Psychological testing*. Prentice Hall.

Hadley, R. G. & Mitchell, L. K. 1995 *Counseling research and program evaluation.* Pacific Grove : Brooks/Cole Publishing Company.

池田　央　1971　行動科学の方法　東京大学出版会

鎌原雅彦・宮下一博・大野木裕明・中澤　潤　1998　心理学マニュアル質問紙法　北大路書房

河合隼雄　1970　カウンセリングの実際問題　誠信書房

Kazdin, A. E. 1998 *Research design in clinical psychology* (3rd ed.) Allyn & Bacon A Viacom Company.

中澤　潤・大野木裕明・南　博文　1998　心理学マニュアル観察法　北大路書房

Olin. J. T. & Keatinge, C. 1998 *Rapid psychologcal assessment.* John Wiley & Sons.

Rosenthal, R. & Rosnow, R. L. 1991 *Essentials of behavior research : Methods and data analysis* (2nd ed.) McGraw-Hill.

高橋順一・渡辺文夫・大渕憲一（編著） 1998　人間科学研究法ハンドブック　ナカニシヤ出版

鑪幹八郎ほか（編）　1983　心理臨床家の手引き　誠信書房

Terman, L.M. 1916 *The measurement of intelligence.* Houghton Mifflin.

渡部　洋（編）　1993　心理検査法入門　福村出版

WHO（編） 1993　融　道男ほか（監訳） ICD-10精神および行動の障害——臨床記述と診断ガイドライン　医学書院

人名・事項索引

ア行

アイスバーグ（氷山）モデル 151
アイゼンクの特性説 122
愛他心 112
愛着（アタッチメント） 41, 86, 161
アセスメント 219
遊び型レベルのいじめ 194
アタッチメント（愛着） 41
アダルト・グランドチルドレン 147
アダルトチルドレン 147
アニミズム 82
意識 123
いじめ 192
いじめの態様と構造 193
一語文 66
遺伝説 17
イド 117
イメージ 38
隠遁者 153
うつ 183
ADHD（注意欠陥多動性障害） 178
エインズワース 87
エゴ（自我） 115
エゴ・アイデンティティ 126
エリクソン 125
援助交際 200
エントレインメント 87
横断的方法 240
親子関係診断検査 233

カ行

外的統制型 111
過干渉 50
学習障害 177
学力検査 233
家系調査法 18
仮説演繹的な推論 46
家族英雄 152
家族システム理論 154, 155
家族心理学 154
学級経営 210
学級崩壊 206
学級崩壊への対応 211
家庭内暴力 136
過保護 50
感覚運動期 24, 28, 79
環境説 17
気質 110
犠牲者 153
機能不全家族 137
基本的信頼 125
虐待 162
キャッテルの特性論 122
教育相談 214
共依存者 150
共感 113
教師期待効果 100
きょうだい 95
キレる 210
近親姦 143
勤勉感覚 126
具体的操作期 24, 28, 79
クレッチマーの類型論 119
形式操作 48
形式的操作（段階） 47
形式的操作期 24, 28, 79
計数能力 76
ゲゼル 24
結晶性知能 59
語彙 66

向社会的（プロソーシャル）行動　113
口唇期　124
構造化面接　236
校内暴力　198
肛門期　124
刻印づけ　87
黒胆汁質　111
個性記述学　122
ことばの獲得　40
個別式知能検査　230
コンピテンス　114

サ行

作業検査法　226, 227
支え手　153
散布度　241
シェマ（認知的図式）　79
シェルドンの類型論　120
自我（エゴ）　115
自我同一性（アイデンティティ）　55, 126
自我の統合　126
思考　79
自己中心性　82
自己中心的（前操作的）段階　41
施設病（ホスピタリズム）　142, 163
自尊感情　114
しつけ　42, 93
実験研究法　237, 239
質的発達　11
質問紙法　226, 227
児童期　43
自発性　127
自閉症　171
社会的検査　230
社会的スキル　100
社会的ルール　100
就巣性　85
集団維持機能　105

集団式知能検査　232
縦断的方法　240
熟知語　67
出生前診断　35
シュプランガーの類型論　121
順位相関・ノンパラ相関係数　245
生涯発達心理学　15
情緒的サポート　106
初語　66
女子生徒の性非行　200
自律訓練法　117
自律性　125
事例研究法　237
新奇場面法（ストレンジ・シチュエーション法）　87
神経症　181
神経症的不安　115
身体的虐待　163
新フロイト学派　125
親密　126
信頼性　224
心理検査　219, 223
心理社会的発達理論　125
心理的虐待　165
進路・職業興味検査　233
スキーマ（認知的図式）　79
スクール・モラール　104
ストレス・コーピング　118
ストレンジ・シチュエーション法（新奇場面法）　87
性格　109
性格検査　232
性格類型論　119
性器期　124
正規分布　242
成熟前傾化現象　46
生殖　126
精神遅滞　169

精神分析理論　123
精神分裂病　186
成長加速現象　46
性的虐待　143, 165
生徒指導　214
青年期　43, 48
成年期　53
摂食障害　181, 184
前意識　123
漸成　25
前操作期(直観的思考期)　24, 79
前操作的(自己中心的)段階　41
潜伏期　127
相関係数　245
操作　79
双生児研究法　19
ソシオメトリック・テスト　100
ソーシャル・サポート　106

タ行

第一次心理的離乳　49
体液四気質説　111
胎児期　31, 32
第二次心理的離乳　49
第二次性徴期　45
代表値　241
多血質　111
妥当性　222
男根期　124
胆汁質　111
知識獲得　69
父親不在　96
チック　144
知能　110, 113
知能検査　230
注意欠陥多動性障害(ADHD)　178
調査研究法　237, 238
調節　79

直観的思考期(前操作期)　24, 28
DV(ドメスティック・バイオレンス)　139
t検定　142
DSM-Ⅳ(の多軸評定)　163, 222
テストバッテリー　233
テレクラ　200
投影(投映)法　226, 228
同化　79
道具的サポート　106
統計的仮説検定の論理　240
道化者　152
道徳的不安　115
特性理論　121
ドメスティック・バイオレンス(DV)　138

ナ行

内的作業モデル　90
内的統制型　113
宥め役　152
ナルシシズム　129
二次的動因説　86
乳児期　35, 37
人間関係の軋轢レベルのいじめ　193
認知的図式(シェマ, スキーマ)　79
粘液質　111
望まれざる子　144, 145
ノンパラメトリック統計法　244

ハ行

パーソナリティ　109
ハーロウ　87
バイオフィードバック法　117
発達加速現象　9
発達課題　11
発達曲線　10
発達研究の方法　240
発達検査　229
発達の最近接領域理論　26, 29

発達の文化的相対性の原理　28
発達の領域固有性　29
発達理論　9
母親語　96
母親就労　97
半構造化面接　236
反応性愛着障害　164
ピアジェ　24
被虐待児　144
被虐待児症候群　142
非行の現状と理解　199
非行レベルのいじめ　194
ヒポクラテス　111
氷山（アイスバーグ）モデル　151
標準化　224
表象　27, 77
ファミリー・バイオレンス　136
不安　116
父子関係　91, 131
不登校　201
不登校の態様と理解　202
不登校への対応　204
フロイト　114, 123
フロイトの性格発達論　123
フロイト理論における人格構造　123
プロソーシャル（向社会的）行動　113
分散　242
分散分析　242
文章題　77
文章理解　69
変数　235
変数（データ）収集方法　235
法則定立学　122
ボウルビィ　41, 162
保護の怠慢　165
母子関係　129
ホスピタリズム（施設病）　85, 143, 163
母性剥奪　85, 142

保存概念　74
ポルトマン　85

マ行

マージナル・マン（境界人, 周辺人）　139
マスコット　155
マゾヒズム　129
見えない子　153
三つ山問題　81
ミュンヒハウゼン症候群　142
無意識　115, 123
面接　220
目標達成機能　105
物語文法　71

ヤ・ラ行

役割取得能力　100
野生児　21
友人関係　99
ユンクの類型論　120
養育の拒否　165
養護教諭　214
幼児期　35, 39
欲求不満耐性　209
四層構造　194
ライフ・サイクル　125
ラバーテ理論　154, 156
リーダーシップ　105
離婚　138
離巣性　84
リテラシー　72
リビドー　124
流動性知能　59
量的発達　11
量の保存実験　23
老年期　56
ローレンツ　87

編　者

杉原　一昭（すぎはら　かずあき）　元東京成徳大学人文学部
次良丸　睦子（じろうまる　むつこ）　前聖徳大学大学院臨床心理学研究科
藤生　英行（ふじう　ひでゆき）　筑波大学人間系心理学域

執筆者〈執筆順，（　）内は執筆担当箇所〉

杉原　一昭（第1章）　編　者
大川　一郎（第2章）　筑波大学人間系心理学域
山本　博樹（第3章）　立命館大学総合心理学部
渡部　玲二郎（第4章）　茨城大学大学院教育学研究科
次良丸　睦子（第5・6章）　編　者
熊谷　恵子（第7章）　筑波大学人間系障害科学域
河村　茂雄（第8章）　早稲田大学教育・総合科学学術院
藤生　英行（第9章）　編　者

事例で学ぶ生涯発達臨床心理学

2001年 8月10日　初　版　発　行
2020年 9月25日　第13刷発行

編著者　杉原　一昭
　　　　次良丸睦子
　　　　藤生　英行
発行者　宮下　基幸
発行所　福村出版株式会社
　　　　〒113-0034　東京都文京区湯島2-14-11
　　　　電話　03-5812-9702

広研印刷　協栄製本

© K. Sugihara et al. 2001
Printed in Japan
ISBN978-4-571-23042-4　C3011
定価はカバーに表示してあります。

福村出版◆好評図書

川島一夫・渡辺弥生 編著
図で理解する 発達
●新しい発達心理学への招待
◎2,300円　ISBN978-4-571-23049-3　C3011

胎児期から中高年期までの発達について，基本から最新情報までを潤沢な図でビジュアルに解説した1冊。

櫻井茂男・大川一郎 編著
しっかり学べる発達心理学〔改訂版〕
◎2,600円　ISBN978-4-571-23046-2　C3011

基礎的な知識と新しい研究成果を紹介しつつ，学びやすさと本格派を追求。新しい情報をふんだんに盛り込み改訂。

繁多 進 監修／向田久美子・石井正子 編著
新 乳幼児発達心理学
●もっと子どもがわかる 好きになる
◎2,100円　ISBN978-4-571-23047-9　C3011

「子どもがわかる 好きになる」をモットーに，子どもの発達と心を把握する豊かな目を養う乳幼児発達心理学の書。

田丸敏高 著
発達心理学のこころを学ぶ
●心理学入門〈対話篇〉
◎1,600円　ISBN978-4-571-23056-1　C3011

これから発達心理学を学ぶ人に，子どものこころと発達について学ぶ意味を，心理学者と学生の対話篇で教示。

藤田主一・齋藤雅英・宇部弘子 編著
新 発達と教育の心理学
◎2,200円　ISBN978-4-571-22051-7　C3011

発達心理学，教育心理学を初めて学ぶ学生のための入門書。1996年初版『発達と教育の心理学』を全面刷新。

藤田主一・齋藤雅英・宇部弘子・市川優一郎 編著
こころの発達によりそう教育相談
◎2,300円　ISBN978-4-571-24067-6　C3011

子どもの発達に関する基礎知識，カウンセリングの理論・技法，学校内外の関係者との協働について解説。

渡部 洋 編著
心理検査法入門
●正確な診断と評価のために
◎2,800円　ISBN978-4-571-24029-4　C3011

信頼性・妥当性などの理論を紹介し，Y-Gなど代表的な検査について，データの扱い，解釈を実践的に解説する。

◎価格は本体価格です。